Annette M. Sauter/Werner Sauter   Blended Learning

unter Mitarbeit von
Harald Bender/Christian König

SAUTER | SAUTER

BLENDED LEARNING

EFFIZIENTE INTEGRATION VON E-LEARNING UND PRÄSENZTRAINING

UNTER MITARBEIT VON
HARALD BENDER UND
CHRISTIAN KÖNIG

LUCHTERHAND

Die Deutsche Bibliothek – CIP-Einheitsaufnahme

Sauter, Werner / Sauter, Annette M.:
Blended Learning : effiziente Integration von E-Learning und Präsenztraining / Werner Sauter ; Annette M. Sauter. – Neuwied ; Kriftel : Luchterhand 2002
ISBN 3-472-04469-1

Alle Rechte vorbehalten

© 2002 Hermann Luchterhand Verlag GmbH, Neuwied · Kriftel (Taunus)
Das Werk einschließlich aller seiner Teile ist urheberrechtlich geschützt. Jede Verwertung außerhalb der engen Grenzen des Urheberrechtsgesetzes ist ohne Zustimmung des Verlages unzulässig und strafbar. Das gilt insbesondere für Vervielfältigung, Übersetzung, Mikroverfilmung und die Einspeicherung und Verarbeitung in elektronischen Systemen.
Umschlaggestaltung: Andreas Ruers, Department Drei, Wiesbaden
Satz: Satz- und Verlags-Gesellschaft mbH, Darmstadt
Druck und Binden: Wilhelm & Adam, Heusenstamm
Printed in Germany, September 2002

∞ Gedruckt auf säurefreiem, alterungsbeständigem und chlorfreiem Papier

Sie finden uns im Internet unter: www.luchterhand.de

Vorwort

Blended Learning – eine praxisorientierte Annäherung

Es gibt vermutlich wenig Themenbereiche, bei denen die Vorstellungen der Menschen so weit auseinander klaffen wie beim E-Learning. Während die einen an eine streng standardisierte, netzbasierte Massenqualifizierung denken, stellen sich die anderen hoch individualisierte Lernarrangements mit vielfältigen Möglichkeiten der Kommunikation vor. Dies macht die Diskussion über diese innovative Lernform oftmals schwer, teilweise unmöglich.

Erste »Innovationsschübe« im Bereich des E-Learning liegen nun hinter uns; gleichzeitig haben wir vielfältige Erfahrungen mit den neuen Lernsystemen, von der Bildplatte über CBT – Computer Based Trainings – und WBT – Web Based Trainings – bis hin zu »gemixten« Blended Learning Systemen gesammelt. Welche Erfahrungen können wir – ein Netzwerk von E-Learning Konzeptionisten und Praktikern – weitergeben? Wie können wir Ihnen helfen, die maßgeschneiderte Lösung für Ihr Unternehmen zu finden? Dies sind die Grundfragen, die wir in diesem Buch aufgreifen.

Wenn in den Unternehmen heute und noch mehr in der Zukunft immer mehr Mitarbeiter mit intranet- und internet-basierten Arbeits- und Beratungsprogrammen umgehen müssen, ergeben sich daraus zwingend Konsequenzen für die Lernsysteme. Wie lange werden noch Lernangebote akzeptiert, die zukunftsorientierte Inhalte mit der Didaktik und Methodik von vorgestern vermitteln; und wie lange wird die Rolle von Bildungsanbietern erhalten bleiben, die sich nicht den neuen Erfordernissen anpassen?

Lernen findet zukünftig immer mehr integriert in die Arbeitswelt, unabhängig von Zeit und Ort, konsequent orientiert an den Bedürfnissen der Lerner und in einem »blended« System statt. Es kommt also vor allem darauf an, für das einzelne Unternehmen und den jeweiligen Zweck maßgeschneiderte und integrierte Konzepte zu erstellen und umzusetzen.

Prognosen, die dem E-Learning in Unternehmen jährliche Wachstumsraten mit 50% und mehr vorhersagen, häufen sich. Dies verwundert nicht, wenn man sich die wesentlichen Vorteile des E-Learning, insbesondere in Kombination mit klassischen Lernformen, dem so genannten Blended Learning, vor Augen hält. Im Finanzdienstleistungsbereich nutzen nach einer Untersuchung der IC eLearning AG zur Zeit jedoch nur ca. 5% der

Institute, insbesondere die größeren, E-Learning, obwohl 60% der Meinung sind, dass solche Lernsysteme in der Zukunft eine zentrale Rolle in der betrieblichen Qualifizierung spielen werden.

Ein wesentlicher Grund für die momentane Zurückhaltung vor allem kleinerer und mittlerer Unternehmen im Bereich des E-Learning sind die Unsicherheit bei der Auswahl der »richtigen« Lernplattform und deren teilweise sehr hohen Kosten, die im Extremfall bis in den siebenstelligen Bereich gehen. Dabei gibt es zwischenzeitlich Lösungen, die E-Learning-Systeme ohne eigene Lernplattformen möglich machen. Insbesondere für den schrittweisen Einstieg in das E-Learning eignen sich sogenannte ASP-Lösungen (Application Service Providing), bei denen die Unternehmen Lernprogramme auf Servern von E-Learning-Anbietern nutzen. »Intelligente« E-Learning-Produkte, die alle erforderlichen Plattformfunktionen, z.B. Login, Chat, Foren oder User-Tracking, beinhalten, können ohne Mehraufwand in das Intranet oder die Website der Unternehmen integriert werden.

Innovative Content-Produktions-, Redaktions- und Lernmanagement-Systeme ermöglichen eine wirtschaftliche und flexible Erstellung und Pflege von WBT (Web Based Trainings) durch Autoren und Redakteure.

Eine aktuelle Prognose sieht den Durchbruch des E-Learning in Europa erst ab 2004. Ein Hauptgrund dafür sei vor allem, dass es noch an didaktisch aufbereitetem Lehr- und Lernmaterial für solche Systeme fehle. Macht es dann nicht Sinn, sich zuerst mit der Entwicklung bzw. Adaption von Inhalten zu beschäftigen, die problemnahes und wirtschaftliches Lernen ermöglichen?

Die Verunsicherung ist groß, auch in den USA und darüber hinaus. Die USA sind weniger als häufig angenommen im konzeptionellen Bereich Vorreiter, als in der pragmatischen und weit verbreiteten Umsetzung. Sicher wäre es wünschenswert, wenn wir in Deutschland etwas mehr von der Mentalität besitzen würden, neue Konzepte zu testen und aus den Erfahrungen zu lernen. Wir neigen jedoch häufig dazu, auch bei innovativen Konzepten zunächst Gutachten und Studien in Auftrag zu geben. Welches Ergebnis hätte wohl eine wissenschaftliche Untersuchung oder eine Marketingstudie 1980 zur Frage erbracht, wie groß der Bedarf an Personalcomputern in der Zukunft ist? Andererseits ist es für uns Europäer oftmals verblüffend, welche Lernkonzepte in Nordamerika offensichtlich akzeptiert werden. Reine Materialsammlungen ohne didaktisch-methodische Aufbereitungen sind das Merkmal vieler Angebote. Würden das unsere Lerner akzeptieren, die seit Jahrzehnten gewohnt sind, von einem Dozenten an die Hand genommen zu werden?

Innovationen, insbesondere im Bereich des Lernens, stoßen meist auf große Widerstände. Deshalb ist ein Veränderungsmanagement erforderlich, welches den Menschen die Möglichkeit gibt, schrittweise ihre jahrzehntelang erworbenen Handlungsroutinen im Lernen zu verändern. Wesentlich erleichtert wird dieser Prozess durch das Blended Learning Konzept. Nach einer Analyse des Qualifizierungsbedarfes können Ziele und didaktisch-methodische Konzepte entwickelt werden. Erst dann stellt sich die Frage, welche technologischen Lösungen erforderlich sind. Hierbei zeigt sich eine Entwicklung, die die relative Bedeutung der Lernplattformen für das Gesamtsystem vermindert. Anbieter von Web Based Trainings entwickeln Content Productions- und Lernmanagement-Systeme mit einfach bedienbaren Redaktionstools. Diese ermöglichen es, einen Großteil der erforderlichen Funktionalitäten in das WBT zu integrieren und die WBT-Pflege im eigenen Hause durchzuführen. Der Aufbau unseres Buches orientiert sich an dieser Sichtweise.

Wir wollen mit unseren Ausführungen dazu beitragen, E-Learning als eine sinnvolle Erweiterung bewährter Lernformen in den Unternehmen und ihren Bildungsanbietern zu integrieren. Leider können wir nicht auf die entsprechenden Lösungen aus dem Hochschulbereich warten. Der aktuelle Handlungsdruck wird dazu führen, dass die Innovationen im Lernbereich überwiegend aus der Praxis heraus entstehen.

Wir danken Dr. phil. Harald Bender, medialabor Hockenheim, der die vorgestellte Blended Learning Konzeption von der methodisch-medialen Seite her maßgeblich mit entwickelt und seine Kompetenz in das Kapitel 4. *Methodik und Gestaltungsprinzipien des Blended Learning* eingebracht hat. Dipl.-Kaufmann Christian König, Contentmanager der IC eLearning AG Bad Homburg, danken wir für seine Mitwirkung im Themenbereich *Entwicklung, Nutzung und Pflege von E-Learning Lösungen*.

Besonderer Dank gebührt Prof. Dr. Diethelm Wahl, Päd. Hochschule Weingarten, dessen richtungsweisende Forschungsarbeiten und konzeptionelle Entwicklungen die hier vorgestellte Blended Learning Konzeption erst möglich gemacht haben.

Wir hoffen, mit diesem Buch dazu beizutragen, dass sich bedarfsgerechte Blended Learning Konzepte in der beruflichen Bildung bald auf breiter Ebene durchsetzen.

Ulm, im Sommer 2002

Annette M. Sauter
Werner Sauter

Inhaltsverzeichnis

Vorwort V

Vernetzung der Themenfelder 1

1. **Konsequenzen der aktuellen Trends in der Wirtschaft für die Qualifizierungssysteme** 5
   - 1.1 Trends zur Wissensgesellschaft und zum E-Business 7
   - 1.2 Konsequenzen des E-Business für die Arbeitswelt 10
   - 1.3 E-Business erfordert E-Learning 13
   - 1.4 Markt für berufliche Bildung 15
   - 1.5 Betriebliche und überbetriebliche Bildungsanbieter im Wandel 17

2. **Betriebliches Lernen im Wandel** 21
   - 2.1 Personalentwicklung für die Anforderungen der Zukunft .. 23
   - 2.2 Individuelles Lernen – die Basis der Qualifizierungssysteme 26
   - 2.3 Mit organisationalem Lernen zum Wissensmanagement ... 27
   - 2.4 Führungskräfte – die zentralen Hebel in der Personalentwicklung 29
   - 2.5 Customer Focused Learning – Lernsysteme zur Kundenbindung 36
   - 2.6 Vom Bildungsanbieter zum Wissensbroker 38

3. **Blended Learning Konzeption** 47
   - 3.1 Betriebliche Qualifizierungsmaßnahmen im Kontext des Human Resources Managements 50
     - 3.1.1 Unternehmen sind offene Systeme 51
     - 3.1.2 Merkmale systemischer Qualifizierungssysteme 52
     - 3.1.3 Anforderungen an ein strategisches Qualifizierungsmanagement 53
     - 3.1.4 Konzept zur Entwicklung einer Qualifizierungsstrategie 58
     - 3.1.5 Auf dem Weg zur Lerndenen Organisation 59
     - 3.1.6 Die Rolle der innerbetrieblichen Bildungsanbieter ... 64
   - 3.2 Grundkonzeption zukunftsorientierter beruflicher Qualifizierungssysteme 66
     - 3.2.1 Lernen in der Wissensgesellschaft 66
     - 3.2.2 Lernen in der betrieblichen Qualifizierung 67
     - 3.2.3 Anforderungen an betriebliche Lernprozesse 69
   - 3.3 Didaktik und Methodik in der beruflichen Qualifizierung .. 73

3.4	E-Learning und Blended Learning Konzeptionen	78
3.5	Analyse des Bildungsbedarfes im E-Business	86
3.6	Lernorganisation im Blended Learning	86
3.7	Technische Infrastruktur des Blended Learning	90

4. Methodik und Gestaltungsprinzipien des Blended Learning 95

4.1 Methodik handlungsorientierten Lernens 97
    4.1.1 Der weite Weg vom Wissen zum Handeln – welche Merkmale kennzeichnen effektive Maßnahmen in der betrieblichen Bildung? 98
    4.1.2 Warum sind handlungsorientierte Trainings oftmals wenig effektiv? 99
    4.1.3 Handlungssteuernde Prozesse und Strukturen 100
    4.1.4 Handlungsorientierte Trainingsdesigns 102
    4.1.5 Flankieren der Lernprozesse durch Schutzschilde ... 107
    4.1.6 Zunehmende Individualisierung der Lerninhalte 109
    4.1.7 Grundsätze des methodischen Konzepts 111
4.2 Methoden des Blended Learning 112
    4.2.1 Vom Computer Based Training zum webbasierten Lernen 112
    4.2.2 Grundkonzeption des Blended Learning 113
    4.2.3 Lernarrangement im Blended Learning Konzept 115
    4.2.4 Aufgabenformen im Blended Learning 121
    4.2.5 Trainingsaufgaben im E-Learning 123
    4.2.6 Learning Community – Offene Aufgabenformen im kooperativen Lernumfeld 128
    4.2.7 Präsenztraining im Blended Learning Konzept 133
4.3 Gestaltungsprinzipien des E-Learning 136
    4.3.1 Der fokussierte Lernprozess 136
    4.3.2 Rhythmik und Strukturanalogie 139
    4.3.3 Situative Anbindung 141
    4.3.4 Problemorientierte Methode 142
    4.3.5 Individuelles Lernmanagement 143
    4.3.6 Sprache und Bildschirmtext 145
    4.3.7 Grafische Gestaltung 149
    4.3.8 Sondermedien 152

5. Auf die Inhalte kommt es an – Entwicklung, Nutzung und Pflege von E-Learning Lösungen 157

5.1 Entwicklung und Pflege der WBT mit E-Learning-Softwarehäusern 159

	5.1.1 Fachmanuskript	160
	5.1.2 Vom Grobkonzept zum Multimedia-Drehbuch	162
	5.1.3 Produktion und Test	164
	5.1.4 Ressourcen für die WBT-Entwicklung	165
5.2	Entwicklung und Pflege der WBT durch Mediaautoren und Contentmanager	167
5.3	Steuerung der Lernprozesse	172

6. Der Weg zum Blended Learning 175

6.1	Blended Learning Projekt – ein Element der Organisationsentwicklung	178
6.2	Anforderungen an Blended Learning Experten	181
	6.2.1 Rolle des Tutors	183
	6.2.2 Rolle des Moderators und E-Coaches	184
	6.2.3 Rolle des Autors	185
6.3	Anforderungen an Qualifizierungskonzepte für Blended Learning Experten	186
6.4	Design der Qualifizierungsmaßnahmen für Blended Learning Experten	187
6.5	Bildungscontrolling – Bewertung von Blended Learning Systemen	195
6.6	Blended Learning – quo vadis?	196

Anhang 1: Praxisbeispiele 199

1. ELBA – Blended Learning Diplomstudiengang E-Commerce .. 201
2. Blended Learning Qualifizierung zum »Zertifizierten Anlageberater« 208
3. E-Learning Qualifizierung »Garantiezertifikate« 213

Anhang 2: Methodensammlung für handlungsorientiertes Blended Learning 219

Anhang 3: Glossar 239

Literaturverzeichnis 297

Vernetzung der Themenfelder

Die Entwicklung und Implementierung von Blended Learning Systemen weisen aufgrund ihres komplexen Charakters eine Vielzahl von Aspekten auf. Blended Learning ist kein kulturelles, personalwirtschaftliches, marketingorientiertes, technisches, didaktisches, methodisches, mediendidaktisches, grafisches, lernpsychologisches oder fachwissenschaftliches Thema, es ist eine Summe aus all diesen Aspekten.

Der Aufbau dieses Buches orientiert sich an dieser Struktur. Ausgehend von den Rahmenbedingungen betrieblicher Qualifizierungssysteme werden praxisgerechte Lösungen entwickelt und mit Beispielen illustriert. Ein Glossar und eine Methodensammlung runden das Werk ab.

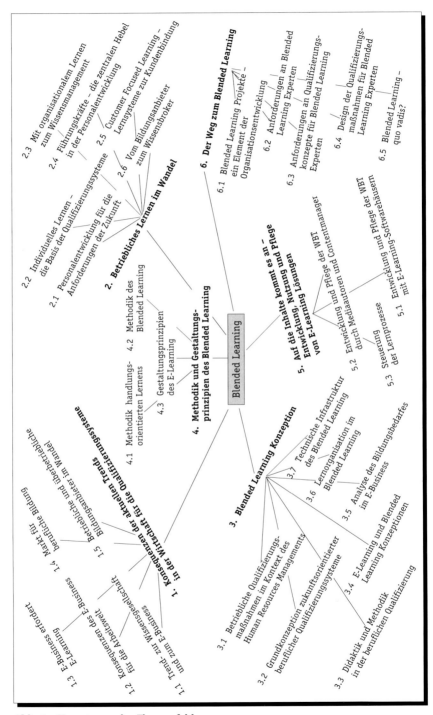

Abb. 1: Vernetzung der Themenfelder

Konsequenzen der aktuellen Trends in der Wirtschaft für die Qualifizierungssysteme

E-Learning wird nach dem E-Commerce die nächste große Welle im E-Business.

John Cambers, CEO von Cisco

Unternehmen befinden sich nach wie vor in radikalen Umstrukturierungen. Die Euphorie der New Economy gibt es nicht mehr. Experten behaupten sogar, die wahre »True Economy« sei die Old Economy, d.h. alt eingesessene Unternehmen, die für ein relativ stabiles Wirtschaftswachstum sorgen. New oder Old Economy, Tatsache ist, dass die Wirtschaft neuen Herausforderungen gegenübersteht, nicht zuletzt aufgrund der Entwicklung zu einer Informations- und Wissensgesellschaft und den damit verbundenen Veränderungen für die Unternehmen, ihre Mitarbeiter und Kunden.

1.1 Trends zur Wissensgesellschaft und zum E-Business

Kinder, die mit dem Computer aufgewachsen sind, denken anders als wir.

William Winn, University of Washington

Das Zeitalter der Informations- und Wissensgesellschaft ist bereits angebrochen. Es wächst somit eine Generation von Bildungsnachfragern heran, die es gewohnt ist, neue Medien zum Lösen von Problemen heranzuziehen und ihren Informations- und Kommunikationsbedarf zu einem großen Teil im Internet zu befriedigen.

Galten bislang Material-, Arbeits- und Kapitalkosten als wertbestimmend für ein Unternehmen, so ist das Unternehmenswissen – die Erfahrung und das Wissen der Mitarbeiter über Abläufe, Produkte, Kunden, Lieferanten, Produktion, Forschung und vieles mehr – zunehmend der entscheidende Wettbewerbsfaktor. Für die Unternehmen wird es somit immer bedeutender, neue Wertschöpfungspotenziale zu generieren und zu nutzen. Bis zum Jahr 2005 werden die modernen Industrienationen den Zustand erreichen, dass die auf Wissen basierende Produktion wertmäßig mehr als 50 Prozent des Bruttosozialproduktes ausmacht. Die systematische Steigerung der Produktivität in der »Wissensproduktion« wird damit zu einer Herausforderung für alle Unternehmen, die dem Druck der wirtschaftlichen Globalisierung standhalten müssen.

Damit wird das Lernen aller Mitarbeiter, individuell und gemeinsam mit ihren Kollegen, zu **dem** Schlüsselfaktor für den Erfolg der Unternehmen. Benötigt werden dafür Lernsysteme, die die Mitarbeiter sowohl auf der

Wissens- als auch auf der Handlungsebene auf die veränderten Anforderungen vorbereiten. E-Learning wird eine notwendige Voraussetzung für die Wettbewerbsfähigkeit der Unternehmen. Die moderne Informations- und Kommunikationstechnik – insbesondere das Internet – stellt die Infrastruktur dafür bereit.

Lern- und Wissensmanagementsysteme können dafür die entsprechende Unterstützung leisten. Die wesentlichen Anforderungen an Systeme dieser Art sind, dass sie die Kontext-Realität abbilden. Wenn in den Unternehmen zukünftig immer mehr Mitarbeiter mit netzbasierten Arbeits- und Beratungsprogrammen umgehen müssen, kann die Wissensvermittlung über und die Kompetenz zum Umgang mit den neuen Systemen nicht mehr mit Tafel und Kreide erfolgen. Die Qualität der zukünftigen Lernsysteme wird sich darin zeigen, dass sie klassische, digitale und mobil-digitale Elemente der Arbeitswelt integrieren. Um die wachsenden Herausforderungen meistern zu können, stellt sich zukünftig folglich nicht mehr die Frage nach dem »Entweder/oder«, sondern wird ein »Sowohl/als auch« verfolgt werden müssen. Dies gilt insbesondere für die betriebliche Lernwelt.

Der Anteil der beruflich Lernenden, die eine Qualifizierung über das Internet oder Intranet nachfragen, hat in den vergangenen Jahren stark zugenommen und wird auch weiterhin wachsen. In der Struktur der Internetnutzer zeigen sich dabei deutliche Unterschiede im Alter und Geschlecht, aber auch in der Bildung und dem Einkommen. Insgesamt wird aber die Hälfte der Bundesbürger bereits 2002 im Netz sein.

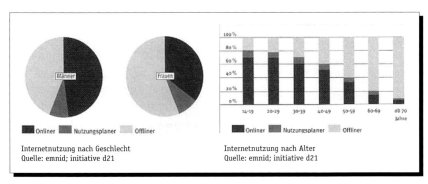

Abb. 2: Das Internet setzt sich durch (E-Market 02/02 S. 39)

Dem mobilen Internet über PDA – Personal Digital Assistants – oder kombinierten Mobiltelefonen mit Organizern wird eine große Zukunft vorausgesagt. Die Frage, welche Rolle diese Instrumente für die Hosentasche im Lernen spielen werden, ist noch nicht abschließend beantwortet. Es ist aber mit großer Wahrscheinlichkeit davon auszugehen, dass sie eher ergänzenden Charakter, z.B. mit standardisierten Übungen oder kurzen Wissensmodulen, evtl. auch in der Lernorganisation, erhalten werden.

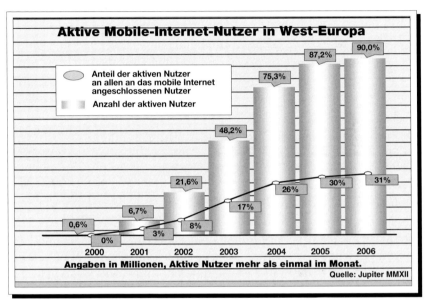

Abb. 3: Aktive mobile Internet Nutzer in West Europa

Neue Medien, Internet, Intranet und Extranet, digitale Produkte und Services oder der Handel über das Internet sowie die wachsende Zahl von Telearbeitsplätzen erhöhen die Nachfrage nach neuen, auf Bedarf abrufbaren Lernformen und -inhalten. Im Zuge der Entwicklung zur Wissensgesellschaft wird sich der Bildungssektor einem tiefgreifenden Wandel unterziehen. Die Unternehmen entwickeln sich immer mehr zu »Lernenden Organisationen«, die neben individuellen Lernprozessen verstärkt organisationale Lernformen nachfragen. Individuelles Wissen der Mitarbeiter wird über eine gemeinsame Wissensplattform transparent gemacht und in einem laufenden Prozess der Kommunikation gemeinsam zu »organisationalem« Wissen weiterentwickelt.

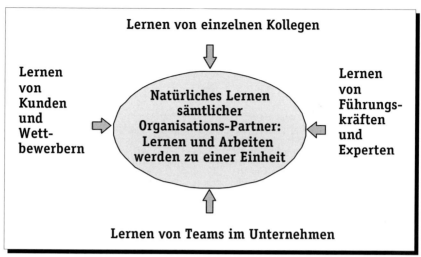

Abb. 4: Individuelles Wissen wird zunehmend geteilt

Dadurch entstehen neue Formen des Wissenstransfers unter Nutzung von netzbasierten Systemen. Verstärkt wird dieser Trend durch das wachsende Kostenbewusstsein im Bildungsbereich, das »Lernen auf Vorrat« nur noch begrenzt zulässt. Neue Lernprodukte auf der Basis von Intranet- und Internet-Systemen beinhalten erhebliche Kosteneinsparungspotenziale und tragen somit dazu bei, zukünftig die Konflikte zwischen dem Ziel der Kostenersparnis und der wachsenden Informationsmenge und -vielfalt zu entschärfen.

1.2 Konsequenzen des E-Business für die Arbeitswelt

2005 werden wir keine Internet-Companies mehr haben: Es wird nur noch Unternehmen geben, die das Internet nutzen. Oder sie wird es nicht mehr geben. Alles wird E-Business.

Andy Grove, Intel-Gründer

Globale Informations- und Kommunikationsnetze werden immer mehr für geschäftliche Zwecke benutzt. Internet, Intranet und Extranet bewirken fundamentale Veränderungen hin zu einem schnell wachsenden Anteil des **Electronic Business – Elektronischen Geschäftsverkehrs.** Geschäfte werden immer mehr online über Computernetze angebahnt, abgewickelt und gepflegt, Produktionsprozesse werden in virtuellen Allianzen gestaltet und Zahlungs- sowie Finanzierungsvorgänge werden elektronisch ausgeführt.

Seinen Ursprung hat der Begriff E-Business in einer Kampagne aus dem Jahre 1997. Dort nutzte IBM den Begriff »E-Business« zum ersten Mal.

> E-Business ist das umfassende Konzept der Nutzung von Informations- und Kommunikationstechnologien für die unternehmerischen Ziele. E-Business umfasst dabei alle Teilnehmer einer Wertschöpfungskette.

Hierbei ist E-Business die Kombination verschiedener elektronischer Verfahren und Medien. Es werden Geschäftsprozesse elektronisch abgebildet oder optimiert. Mit der Schlüsseltechnologie Internet werden unterschiedliche Nutzer, wie Unternehmen, Mitarbeiter, Kunden oder Lieferanten sowie unterschiedliche Kommunikationssysteme, wie Internet, Intranet, Extranet, Fax, Telefon, Radio, oder TV verknüpft.

Der Begriff E-Commerce, der in der Praxis oft synonym für E-Business genutzt wird, ist dagegen enger definiert. E-Commerce ist ein Konzept zur Nutzung von Informations- und Kommunikationstechnologien zur elektronischen Integration und Verzahnung unterschiedlicher Wertschöpfungsketten oder unternehmensübergreifender Geschäftsprozesse und zum Management von Geschäftsbeziehungen. In diesem Rahmen werden insbesondere die Unternehmenskommunikation, das Wissensmanagement, die Wertschöpfungsprozesse sowie der Vertrieb und die Kundenbetreuung optimiert.

E-Commerce wird in geschlossenen Netzen, z. B. Intranets, und offenen Netzen, z. B. Internet, betrieben. Dies führt zu völlig neuen Formen der Unternehmenskooperation und Geschäftsbeziehungen sowie zu einer grundlegenden Veränderung der Produktionsprozesse und der Dienstleistungsentwicklungen, die ohne Beschränkungen durch Entfernungen und Grenzen vertrieben werden können. Die Branchengrenzen weichen immer mehr auf.

Elektronischer Geschäftsverkehr umfasst sehr unterschiedliche Elemente, wie den elektronischen Handel mit Waren und Dienstleistungen, Online-Lieferungen digitalen Inhalts, z. B. Software oder Music-CDs, elektronischen Zahlungsverkehr, elektronischen Aktienhandel, digitalisierte Warenwertpapiere (Konnossemente), kommerzielle Auktionen im Internet, Allianzen losgelöst von Ort und Zeit, z.B. bei Design und Konstruktion, Online-Beschaffung, öffentliche Auftragsvergabe über das Netz oder Direktmarketing beim Verbraucher und die Online-Servicebetreuung. Eingesetzt wird er sowohl für Produkte, z.B. Konsumgüter oder spezielle medizinische Geräte, als auch für Serviceleistungen, z.B. Informationsdienste oder Börsen- und Rechtsdienste, für traditionelle Leistungen, z.B. im Gesundheitswesen und in der Schulausbildung, wie auch für neuartige Aktivitäten, z.B. virtuelle Einkaufszentren oder Marktplätze.

E-Business wirkt sich vor allem im Bereich des B2B – Business to Business –, also im Geschäftsverkehr zwischen den Unternehmen sowie in den Unternehmen aus, B2C – Business to Consumer – gewinnt langsamer an Bedeutung.

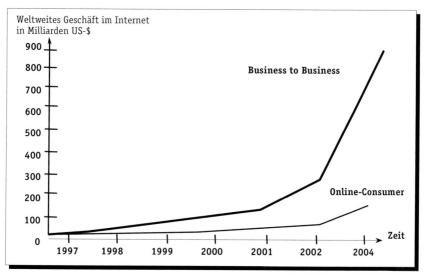

Abb. 5: Entwicklung des E-Business (nach BAIN & Comp., 2001)

Um sich langfristig im Bereich Electronic Commerce zu positionieren, müssen die Unternehmen ihre organisatorische und strategische Konzeption grundlegend neu gestalten. Dies betrifft insbesondere den Aufbau eines innovativen Strategiekonzeptes, das die Anwendungen auf der Basis der neuen Technologien fördert. Diese neuen Produktions- und Vertriebsformen bieten insbesondere kleineren und mittleren Unternehmen neue Chancen und verbessern die Position unserer Wirtschaft im internationalen Wettbewerb. Unternehmen können damit schneller und flexibler auf Kundenwünsche und Änderungen am Markt reagieren, erhebliche Produktivitätsfortschritte und Kosteneinsparungen werden möglich. Globale Märkte treten an die Stelle regional begrenzter Märkte.

Es entstehen neue Formen der Kommunikation zwischen den Unternehmen und ihren Kunden, den Unternehmen und den Mitarbeitern untereinander. Dies bewirkt wiederum neue Beschaffungs-, Produktions- und Vertriebsstrukturen. Es entstehen neue Serviceleistungen und Produkte in virtuellen Strukturen.

1.3 E-Business erfordert E-Learning

Die Auswirkungen des E-Business machen sich in der Arbeitswelt nahezu jedes einzelnen Mitarbeiters bemerkbar. Dies äußert sich darin, dass verstärkt neue Medien zur Unterstützung der Arbeit eingesetzt werden. Die Denk- und Handlungsweisen verändern sich dadurch. Der Arbeitsstil, die -methodik und die -geschwindigkeit wandeln sich grundlegend.

Diese fundamentalen Veränderungen erfordern sowohl in der Aus- als auch in der Weiterbildung grundlegend neue Lernkonzepte, in denen sich nicht nur die neuen Inhalte, sondern vor allem die veränderten Prozesse in integrativer Form in den Qualifizierungsmaßnahmen niederschlagen. Die Lernenden suchen zunehmend selbstbestimmte Individualkombinationen aus Lernmodulen und fordern deshalb die Möglichkeit zur »Selbstbedienung« in ihrem Lernprozess.

Neue Medien werden unabhängig von Ort und Zeit eingesetzt und ermöglichen dadurch Problemlösungen vor Ort. Die Lerninhalte können konkret dazu beitragen, den beruflichen Erfolg in der betrieblichen Praxis zu erhöhen. Um eine möglichst hohe Effizienz zu erzielen, wollen die Lernenden ihren Lernprozess insbesondere bei ihren individuellen Defiziten beginnen. Dies hat zur Folge, dass der Wunsch nach situativem Lernen am Arbeitsplatz immer mehr an Bedeutung gewinnt. Lernende wollen gezielt auf bestimmte Lerninhalte zugreifen bzw. die benötigte Unterstützung durch ein System oder eine Person erhalten, um ihre individuellen Defizite optimal zu reduzieren.

Der Trend zum E-Business erfordert somit zunehmend auch E-Learning-Lösungen, die sowohl für Kunden als auch für Mitarbeiter Vorteile wie Qualitätsverbesserungen oder Zeitvorsprünge zur Folge haben. Der Lernende muss die Möglichkeit erhalten, Lerninhalte im Zusammenhang mit seiner Problemstellung nach seinen individuellen Lerngewohnheiten aufzunehmen. Lexikonartige Inhalte, die vollmundig »Akademie« genannt werden, werden diesem Anspruch sicherlich nicht gerecht. Unternehmen benötigen daher Gesamtmodelle für das E-Learning. Dies schließt nicht aus, dass sie sich mit Pilotprojekten oder mit Einzelansätzen schrittweise in diesen Bereich hineintasten. Wichtig ist jedoch, dass

Gesamtmodelle entwickelt werden, zu denen die Einzelaspekte kompatibel sind.

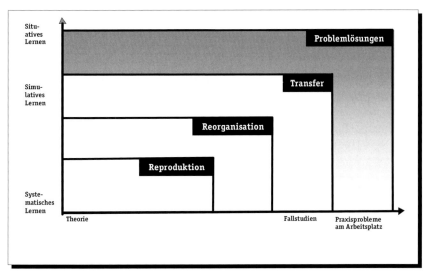

Abb. 6: Trends im beruflichen Lernen

In einem Gesamtmodell werden alle Elemente des Lernsystems zusammengeführt – vom klassischen bzw. vom individuellen bis zum organisationalen Lernen. Das Gesamt-Lernsystem muss die Möglichkeit bieten, alle Zielgruppen nach ihren Wünschen und Erwartungen zu bedienen. Dies bedeutet, dass die Lern-Infrastruktur für den Lerner arbeitet, aber nicht notwendigerweise erkennbar wird. Er entscheidet nur, wie und an welchem Frontend er mit dem Angebot des Unternehmens in Kontakt treten will und seine Wünsche formuliert. Das Lernen findet in einer solchen Umgebung logischerweise mit dem Instrumentenmix und dem Methodenmix statt, mit dem diese Anwendung später in der Praxis läuft. Damit wird das Lernsystem ein integriertes Element des Geschäftsmodells.

E-Learning-Ansätze sind insbesondere dann wirksam, wenn sie in das Konzept eines Lernarrangements eingebunden sind, welches neben computergestützten Elementen auch »klassische« Lernformen, wie bspw. Workshops, Fernlernen mit Studienbriefen oder Teamlernen, umfasst. Daher wird dieses System auch »blended« genannt, woraus sich der Begriff **»Blended Learning«** gebildet hat. Der Begriff »Blended Learning«, der vom englischen »Blender« (= Mixer) abgeleitet ist, beschreibt bildhaft diese Komposition, die die eigentliche Herausforderung für die Bildungsanbieter darstellt. E-Learning ersetzt damit nicht klassische

Lernformen, sondern ergänzt und bereichert sie. Wird E-Learning in ein Arrangement aus diesen bedarfsgerechten Lernformen eingebunden, entsteht ein Blended Learning Konzept.

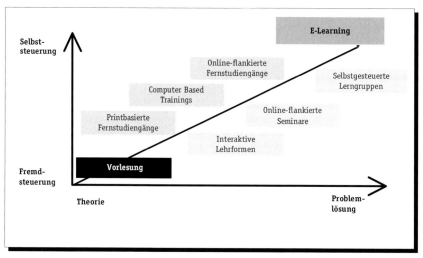

Abb. 7: Von der Vorlesung zum Blended Learning Konzept

Die Mehrheit der E-Learninginteressierten möchte sich mit ihren Lernpartnern an realen Orten treffen (Bertelsmann Stiftung 2002). Auffallend ist dabei, dass gerade diese Lerngruppe eine doppelt so hohe Weiterbildungsaffinität besitzt, als die »Internetverweigerer«. Über Blended Learning kann somit eine besonders interessante Zielgruppe erreicht werden.

1.4 Markt für berufliche Bildung

Weiterbildungsträger, die für zukünftige Herausforderungen gewappnet sein wollen, müssen sich schon jetzt mit E-Learning auseinandersetzen. Es zeigt sich allerdings auch, dass qualitativ hochwertige und passgenaue Telelernangebote nur im Verbund und in der Kooperation erstellt und vermarktet werden können.

aus: Nachfrageanalyse Telelernen,
Deutschland, Bertelsmann Stiftung 2002

Berufliche Bildung wird auf Aspekte der Qualifizierung von Individuen begrenzt, während die betriebliche Bildung zusätzlich die Aufgabe umfasst, die Innovationsfähigkeiten innerhalb des Unternehmens zu entwickeln. Dieser Ansatz betrifft alle Mitarbeiter in der Organisation und wird daher eingebettet in das Konzept der Lernenden Organisation.

Während die Ausbildung der Erstqualifizierung von zukünftigen Mitarbeitern dient, ist die Weiterbildung ein eigenständiger Bereich des beruflichen Bildungswesens, der zum Ziel hat, berufserfahrene Mitarbeiter in Hinblick auf die Anforderungen der sich verändernden Arbeitsbedingungen, insbesondere im Bereich des Wissens, der intellektuellen und motorischen Fertigkeiten sowie der Persönlichkeitseigenschaften, zu qualifizieren.

Um in der sich permanent verändernden Umwelt überleben zu können, bedarf es eines komplexen Wissens, zu dem das System der beruflichen und betrieblichen Bildung einen immer größeren Beitrag leisten muss. Bildungsanbieter können die notwendigen Voraussetzungen für Situationen schaffen, die diese Art des Lernens fördern, sofern sie sich konsequent an den Bedürfnissen der Kunden orientieren. Die Kunden der Bildungsanbieter können Unternehmen, Führungskräfte sowie deren Mitarbeiter sein.

Bildungsbedarf entsteht, wenn zwischen den notwendigen (Soll) und den vorhandenen Qualifikationen (Ist) eine Lücke existiert, die durch Bildungsmaßnahmen gedeckt werden kann. Der Bildungsbedarf kann sich bspw. durch neue technologische Entwicklungen oder aufgrund neuer Anforderungen im Rahmen des Trends zur Wissensgesellschaft ergeben. Der Bildungsmarkt ist somit ein sehr aktives Spannungsfeld: Die Unternehmen weisen unterschiedliche Bedarfslagen auf und erwarten von den Bildungsanbietern, dass diese in akzeptierte und sinnvolle Konzepte umgesetzt werden. Die Kunden werden eine konsequente Orientierung an ihren Bedürfnissen erwarten und verstärkt integrierte Lernkonzepte zur Förderung fachlicher, methodischer und sozialer Kompetenzen nachfragen. Ebenso wird der Bedarf an effektiven Lernmethoden, kombinierten Lernorten aus Bildungseinrichtungen, Betrieb und privater Sphäre und erweiterten Transferwegen, vor allem durch multimediale Kommunikation und Datenübertragung, steigen.

Unternehmen erhoffen sich finanzielle Einsparungen im Bereich der direkten und indirekten Kosten (z. B. geringere Opportunitätskosten durch reduzierte Abwesenheit vom Arbeitsplatz) über selbstgesteuerte Lernformen, die bei vielen Unternehmen bereits gängige Praxis sind. Diese Nachfrage, die sich somit vom reinen Präsenztraining hin zu selbstgesteuerten Lernformen wandelt, stellt für überbetriebliche Bildungsanbieter ein vielversprechendes Marktsegment dar. Leistungspakete mit elektronisch unterstützten Lernelementen können dazu beitragen, diese Anforderungen zu erfüllen.

Bedeutende Bildungsanbieter erwarten, dass zukünftig ihre Seminare immer häufiger durch Angebote mit neuen Medien vorbereitet oder ergänzt, aber kaum durch diese ersetzt werden. Bereits heute gibt es eine Vielzahl an Anbietern, die sich schwerpunktmäßig auf das Angebot online-basierter Lernsysteme konzentriert haben. Dabei fällt auf, dass sich darunter kaum einer der seit Jahrzehnten etablierten Bildungsanbieter befindet. Diese wagen sich bisher nur vereinzelt und in Teilbereichen auf das Gebiet des Online-Lernens vor. Im Bereich der Fernstudienanbieter ist dagegen ein klarer Trend zur Integration von E-Learning in deren Lernarrangements festzustellen. Dies ist sicherlich auch darauf zurückzuführen, dass Fernlerner gewohnt sind, selbstgesteuert von zu Hause aus zu lernen.

Das aktuelle Angebot für E-Learning ist inhaltlich breit gefächert. Die Schwerpunkte liegen hierbei noch im Bereich der IT-Themen und der Sprachen. In anderen Themenbereichen gibt es nur vereinzelt standardisierte E-Learning-Inhalte am Markt.

1.5 Betriebliche und überbetriebliche Bildungsanbieter im Wandel

Ihre Geschäfte finden zukünftig im Internet statt, mit Ihnen oder ohne Sie.

Hans-Olaf Henkel, ehem. BDI-Präsident

Innovative Formen des Lernens und des Wissenstransfers unter Einbeziehung neuer Medien und Netzsysteme bieten Bildungsanbietern die Chance u.a. die Lerneffizienz zu steigern und die Kosten zu verringern. Aufgrund ihrer unternehmensübergreifenden Erfahrungen erkennen sie frühzeitig entscheidende Trends und können entsprechende Lösungen anbieten. Für Bildungsanbieter beinhalten diese Entwicklungen enorme Erfolgspotenziale, aber auch große Risiken.

Auf dem E-Learning-Markt tummeln sich Nischenanbieter, Verlage oder Softwareunternehmen. Wie in anderen Marktsegmenten des E-Commerce haben etablierte, überbetriebliche Anbieter im Bildungsmarkt die Chance, mit Leistungsangeboten im Internet ihre Marktposition zu sichern bzw. auszubauen. Bildungsanbieter werden zukünftig verstärkt gefordert sein, in der Summe einen Zusatznutzen gegenüber konventionellen Angeboten zu schaffen und ihre Leistungen schneller und qualitativ hochwertiger auszubauen als aktuelle bzw. potenzielle

Wettbewerber. Voraussetzung dafür, dass die Bildungsanbieter diese neuen Herausforderungen bewältigen können, ist, dass sie ihre traditionelle Rolle als Seminaranbieter zukünftig zu aktiven Gestaltern des Wissenstransfers – zu Wissensbrokern – verändern.

Diese Veränderungen sind vor allem eine Herausforderung für die Personal- und Organisationsentwicklung. Bei der Implementierung von E-Learning als Blended-Learning-System stellt sich insbesondere die Frage, inwieweit diese Bereiche sich bereits auf die veränderten Anforderungen an die Konzipierung von Lern- und Wissensmanagementsystemen eingestellt haben. Erstaunlich ist, dass der Schritt zum E-Learning oftmals damit beginnt, unter Federführung der Informationstechnik im Hause, zunächst alle ca. 200 Lernplattformen, die am Markt angeboten werden, zu analysieren. Niemand käme aber auf die Idee, beim Autokauf zunächst alle möglichen PKW-Typen untersuchen zu lassen, bevor die Entscheidung getroffen wird, ob ein Roadster oder Kombi die Bedürfnisse des Käufers erfüllt. Die eigentliche konzeptionelle Herausforderung wird jedoch insbesondere die Integration von E-Learning in bestehende Systeme der Personalentwicklung und in die organisatorische und technische Infrastruktur des Unternehmens sein. Folglich muss die Einführung von E-Learning denselben Gesetzen folgen, die wir seit Jahrzehnten bei der Einführung von Veränderungsprojekten kennen. Nach einer Analyse des Qualifizierungsbedarfes können Ziele und didaktisch-methodische Konzepte entwickelt werden. Erst dann stellt sich die Frage, welche technologischen Lösungen erforderlich sind.

Laut einer aktuellen Studie (vgl. unicmind.com 2001) hat E-Learning in den Top-350 Unternehmen Deutschlands mit fast 90 Prozent einen sehr hohen Verbreitungsgrad erreicht. Jedoch bedeutet E-Learning für die meisten Unternehmen, dass vor allem Schulungsvideos oder **Computer Based Trainings (CBT)** eingesetzt werden. CBT ist eine Lehr- und Lernmethode, bei der ein Lernender oder auch mehrere Lernende gemeinsam ein computergestütztes Trainingsprogramm offline bearbeiten. Nur 25 Prozent der Unternehmen setzen auf internet- oder intranetbasierte **Web Based Trainings (WBT).** WBT ermöglicht Lernen, Kommunizieren, Informieren und Wissensaustausch im Internet oder Intranet. Im Unterschied zum CBT ist WBT kein einzelnes, abgegrenztes Lernprogramm, sondern ein integriertes Lernmodul, das die heute verfügbaren Möglichkeiten der Vernetzung optimal nutzt. Was z. B. die Kreditinstitute betrifft, so spielt nach einer Erhebung der IC E-Learning AG E-Learning heute erst in 5 Prozent der deutschen Kreditinstitute eine Rolle. Gleichzeitig aber sehen 60 Prozent der Institute E-Learning als zwingende Notwendigkeit an. Die Implementierung von E-Learning als Blended-

Learning-System sollte als eine entscheidende Investition in den Aufbau von Wissen als Wertschöpfungskern eines modernen Unternehmens betrachtet werden. Von hohen Mitarbeiterqualifikationen profitieren letztendlich die Kunden und damit das Unternehmen.

Innovationen, insbesondere im Bereich des Lernens, stoßen jedoch meist auf große Widerstände. Deshalb ist ein Veränderungsmanagement erforderlich, welches den Menschen die Möglichkeit gibt, schrittweise ihre jahrzehntelang erworbenen Handlungsroutinen im Lernen zu verändern. Wesentlich erleichtert wird dieser Prozess durch das Blended-Learning-Konzept. Die Lerner erleben demnach das neue Lernsystem nicht als eine radikale Abschaffung liebgewonnener Lernformen, sondern als eine nützliche Erweiterung und damit als eine wirkliche Bereicherung. Deshalb ist es von entscheidender Bedeutung für die Akzeptanz des E-Learning bzw. Blended Learning, dass die Systeme die Lerner über Web Based Trainings mit konkreten und aktuellen Problemstellungen gezielt auf diese realen Treffen, z. B. in Form von Workshops oder Gruppenmeetings, vorbereiten. Dort können in erheblich kürzerer Zeit als in »klassischen« Seminaren, in denen meist Wissensvermittlung im Vordergrund steht, Lösungen für die betriebliche oder private Praxis entwickelt werden.

Notwendige Voraussetzung für diesen innovativen Lernansatz ist die Entwicklung einer lebendigen **Learning Community**, über die Lernprozesse durch vielfältige Möglichkeiten der Kommunikation flankiert und gesteuert werden. E-Learning schafft damit nicht den Lerner, der isoliert stundenlang alleine am Bildschirm sitzt. Vielmehr fördert E-Learning vielfältige Formen der Kommunikation in bisher kaum realisierter Intensität. Online-Kommunikation schafft dabei die Grundlage für einen intensiveren Wissensaustausch in realen Treffen. Optimiert wird dieses Qualifizierungskonzept durch die konsequente Nutzung der Möglichkeiten des ort- und zeitunabhängigen Lernens, des situativen Lernens mit aktuellen Tools und des simulativen Lernens. Blended Learning macht damit das Lernen problemorientierter und spannender. Dadurch besteht eine gute Chance, Barrieren gegen diese Lernform schrittweise abzubauen.

Betriebliches Lernen im Wandel

Tatsächlich ist der Mensch im Prinzip fast unbegrenzt lernfähig. Allerdings nicht ohne Anstrengung – die Erhaltung der Lernfähigkeit hat ihren Preis.

Ulrich A. Wever, Personalentwickler

Für die Unternehmen wird es zukünftig nicht ausreichen, die Produktivität durch Beschäftigungsabbau und Investitionen in neue Anlagen zu steigern. Vielmehr wird die Einstellung und die Entwicklung von eigenverantwortlich denkenden und handelnden Arbeitskräften über den Unternehmenserfolg entscheiden. Ebenso wird es immer wichtiger, das Innovationspotenzial eines Unternehmens optimal zu fördern, da Innovationen und die Besetzung ertragreicher Nischen von wachsender Bedeutung für die Wettbewerbsfähigkeit der Unternehmen sind. Der effiziente Umgang mit intellektuellem Kapital wird zunehmend zum Schlüssel für den Unternehmenserfolg

2.1 Personalentwicklung für die Anforderungen der Zukunft

Die grundsätzliche Zielsetzung der Personalentwicklung ist es, die Leistungsbereitschaft und die Leistungsfähigkeit aller Organisationsmitglieder zu optimieren. Personalentwicklung ist damit ein Prozess der laufenden Anpassungen der Qualifikation der Mitarbeiter sowie der beruflichen Entwicklung.

Lernprozesse der Mitarbeiter sind dabei der entscheidende Faktor.

- Indididuelles, natürliches Lernen in Eigeninitiative (situatives Lernen) – mit Steuerung und Flankierung der Führungskräfte und Coaching durch die Kollegen – am Arbeitsplatz. Da hierbei Arbeiten und Lernen eine Einheit werden, ist dies mit Abstand die effektivste Lernform,
- individuelles, organisiertes Lernen (systematisches Lernen) in Förderprogrammen, Trainings oder Lernprogrammen,
- organisationales Lernen (Wissensmanagement) durch Austausch von Informationen, Erfahrungen und Eindrücken und gemeinsame Weiterentwicklung zu organisationalem Wissen.

Personalentwicklungsmaßnahmen haben deshalb vor allem dann eine gute Aussicht, erfolgreich zu sein, wenn sie optimale Rahmenbedingungen für das natürliche Lernen schaffen. Das traditionelle Seminar bekommt damit tendenziell eher die Funktion, Mitarbeiter für neue Themenstellungen zu motivieren, Lernprozesse anzustoßen und erworbenes Wissen in einem kommunikativen Prozess zu verarbeiten.

Das Konzept einer strategisch ausgerichteten Personalentwicklung umfasst folgende Elemente:

Abb. 8: Handlungsfelder der Personalentwicklung

Voraussetzung für eine erfolgreiche Realisierung von Personalentwicklungsmaßnahmen ist, dass unterschiedliche Zielkategorien der Personalentwicklung klar getrennt werden sowie Klarheit bei den Beteiligten über die zu erreichenden Zielsetzungen besteht.

Daher ist die Verknüpfung von organisationsbezogenen Zielen und individuellen Mitarbeiterzielen eine wichtige Voraussetzung für eine erfolgreiche Umsetzung von Personalentwicklungs-Maßnahmen. Die **organisationsbezogene Zielsetzung** der Personalentwicklung besteht darin, durch Vermittlung entsprechender Qualifikationen Bedarfslücken zu decken und den bestmöglichen Einsatz der Mitarbeiter im Unternehmen sicherzustellen. Aus der Konzeption der Lernenden Organisation leitet sich darüber hinaus die Zielsetzung ab, neue Problemlösungs- und Handlungskompetenzen zu schaffen, indem die organisationale Wissensbasis laufend erweitert wird. Die Wissensbasis umfasst dabei sämtliche Wissensbestandteile, über die die Organisation zur Lösung ihrer vielfältigen Aufgaben verfügt. Hierbei handelt es sich sowohl um individuelle als auch um kollektive Wissensbestandteile (z.B. Fähigkeiten, Fertigkeiten, Erfahrungen, Routinen, Werthaltungen). Die Mitarbeiter erhalten damit die Möglichkeit, kontinuierlich zu lernen, um dazu beizutragen, dass die Unternehmung sich laufend selbst transformiert.

Unter den **individuellen Mitarbeiterzielen** werden die Erwartungen, Interessen und Forderungen, die der einzelne Mitarbeiter im Hinblick auf das Personalentwicklungssystem einer Organisation anstrebt, zusammengefasst. Aus Mitarbeitersicht soll die Personalentwicklung dazu beitragen, die Erwartungen und Bedürfnisse hinsichtlich der Möglichkeiten auf Entfaltung der eigenen Persönlichkeit und der beruflichen Weiterentwicklung zu befriedigen.

In der Regel entstehen zwischen den unterschiedlichen Zielvorstellungen der beiden Interessengruppen Spannungsfelder. Um diese Konflikte zu vermeiden und Personalentwicklung erfolgreich betreiben zu können, ist es notwendig, Transparenz über die zu erreichenden Ziele zu schaffen. Folglich hat die Personalentwicklung die zentrale Aufgabe, die unterschiedlichen Interessenlagen der einzelnen Mitarbeiter und der Gemeinschaft der Mitarbeiter bzw. dem Unternehmen auszugleichen.

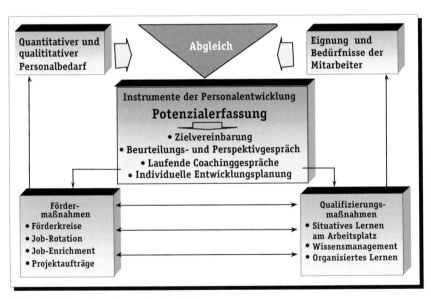

Abb. 9: System der Personalentwicklung

Diese Zielsetzung bestimmt den gesamten Prozess der Personalentwicklung, der wiederum die Aufgabe hat, alle Veränderungsprozesse durch Entwicklungsmaßnahmen bei den Mitarbeitern zu fördern. Um dies zu erreichen, muss das individuelle Leistungspotenzial der Mitarbeiter identifiziert und gefördert werden. Dies kann bspw. durch eine Entwicklung der Denk- und Handlungsweisen im Sinne der Unternehmensstrategie, einer positiven Veränderung der Leistungsfähigkeit durch Erhöhung der Motivation oder aber durch Verbesserung des Leistungsverhaltens geschehen.

2.2 Individuelles Lernen – die Basis der Qualifizierungssysteme

Die Forderung nach lebenslangem Lernen impliziert, dass Bildungsreformen nicht nur für die Schulen und Hochschulen, sondern auch für die berufliche Aus- und Weiterbildung erforderlich sind.

Siegfried Höfling/Heinz Namdl, Hans Seidel Stiftung/LMU München

Aus Sicht des Konstruktivismus ist Lernen ein aktiver, situativer und sozialer Prozess, bei dem das Wissen selbstgesteuert interpretiert und konstruiert wird. Folglich kann unter konstruktivistischen Bedingungen das Lernen am Arbeitsplatz gefördert werden, so dass durch selbstgesteuerte Aneignung von Wissen und Kompetenzen am Arbeitsplatz die angestrebte Verbindung von Lernen und Arbeiten erreicht wird. Selbstgesteuertes Lernen und somit auch lebenslanges Lernen kann erfolgreich realisiert werden, wenn die Lernprozesse entsprechend den individuellen Problemstellungen, dem Wissensstand, der Lernerfahrung und Lerngeschwindigkeit sowie der Motivation jedes einzelnen Mitarbeiters gestaltet werden. Der Lerntransfer aus organisierten Lernmaßnahmen wird verbessert, indem komplexe Aufgaben in einer Umgebung bearbeitet werden, die sich den natürlichen Verhältnissen der Realität annähern. Neue Medien und virtuelle Lernsysteme können dazu beitragen, diese Voraussetzungen zu schaffen.

Individuelles Lernen ist ein Prozess, der aufbauend auf vorhandenen Erfahrungen neues Wissen generiert. Im Endeffekt schlägt sich Lernen somit in einer nachhaltigen Veränderung des Handelns nieder. Der Lernende wird in den Unternehmen zunehmend als aktives und selbstreflexives Subjekt behandelt. Selbstständigkeit und Selbstbestimmung schaffen die Basis für die individuelle Erschließung der Wirklichkeit über Lern- und Erfahrungsprozesse. Individuelles Lernen ist wiederum die Voraussetzung für die Realisierung von organisationalem Lernen. Über individuelles Lernen und Lernen im Team, über die Speicherung und Kollektivierung von Wissen in der Unternehmung (bspw. im Wissenspool) oder über die Institutionalisierung und Umsetzung von Wissen in konkrete Produkte (bspw. WBT) wird durch **organisationales Lernen** eine Veränderung der organisationalen Wissensbasis erzielt. Diese wird u.a.

durch die Unternehmenskultur, gemeinsam getragene Strategien sowie Leitbilder und Ziele geprägt.

2.3 Mit organisationalem Lernen zum Wissensmanagement

Gelingt es, die Synergieeffekte in einer Organisation aktiv zu fördern und zu nutzen, können die Fähigkeiten eines Unternehmens größer sein als die Summe der Fähigkeiten der einzelnen Mitarbeiter. Es wird somit immer wichtiger, nicht nur das Lernen jedes Einzelnen, sondern auch das Lernen einer Organisation als Ganzes zu fördern und zu unterstützen. Entscheidend ist, dass sich die gesamte Organisation in die Lage versetzt, die neuen Umweltbedingungen zu antizipieren. Lernen des Unternehmens ist abhängig vom individuellen Lernen und Entlernen. Dies bedeutet, dass sich zuerst der Einzelne verändern muss, bevor das Unternehmen verändert werden kann. **Individuelles Lernen** ist damit eine notwendige, jedoch allein nicht ausreichende Bedingung für ein Lernen der Organisation.

Organisationales Lernen ist ein Weg, überholte Organisationsstrukturen aufzubrechen und in Richtung neuer Organisationsformen zu entwickeln bzw. die existierenden neuen Organisationsformen permanent den sich wandelnden Umweltbedingungen anzupassen. Unternehmen, die zukünftig am Markt bestehen wollen, müssen organisationales Lernen ermöglichen. Die intelligente Nutzung des Wissens aller Mitarbeiter entscheidet zukünftig darüber, wer am Markt erfolgreich ist.

Eine Lernende Organisation ist ein systemtheoretisches und wirtschaftliches Modell innerhalb eines komplexen Umfelds, das jedoch beeinflussbar ist. Zielsetzung einer Lernenden Organisation ist die Förderung der Lernprozesse der gesamten Organisation und deren Mitarbeiter im Einklang mit den aktuellen lerntheoretischen Erkenntnissen und die Integration in einen organisationalen Lernprozess.

Durch das Lernen und eine kontinuierliche Selbsterneuerung wird die Überlebensfähigkeit eines Unternehmens langfristig entscheidend optimiert. Nach SENGE ist eine Lernende Organisation »ein Ort, an dem Menschen kontinuierlich entdecken, dass sie ihre Realität selbst erschaffen. Und dass sie sich verändern können« (Senge 1996). Sie lebt also von ihren Mitarbeitern und deren Impulsen und Anregungen. Der Lern- und Entwicklungsprozess der Organisationsmitglieder bildet die Voraussetzung dafür. Organisationen, die überleben wollen, müssen somit langfristig in der Lage sein, mindestens so schnell zu lernen, wie sich ihr

Umfeld verändert und aktiv an der Gestaltung der Zukunft mitzuwirken. Das Ziel einer Organisation darf also niemals nur das Überleben sein. Die Lernende Organisation beinhaltet eine Art Selbstentwicklung aller Mitarbeiter, Gruppen, Abteilungen und der Gesamtorganisation.

Damit verstärkt organisationale Lernfähigkeit entwickelt und kontinuierlich verbessert werden kann, müssen die Bildungsanbieter – über ihre Rolle als Anbieter von Qualifikationsmanagement hinausgehend – die Unternehmen immer mehr für Wissensmanagement sensibilisieren sowie integrierte Lern- und Wissensmanagementsysteme konzipieren und implementieren.

Organisationales Lernen wird eine zentrale Anforderung an zukünftige Qualifizierungsangebote. Dies erfordert eine grundlegende Erweiterung der Leistungspalette der Bildungsanbieter:

1. Es muss eine unternehmensspezifische Lern- und Wissensmanagementstrategie im Unternehmen definiert werden, um somit die Geschäftsprozesse optimal steuern zu können. In diesem Zusammenhang ist eine Analyse von Wissensprozessen, der Lern- und Wissenskultur sowie der Wissensinfrastruktur von Bedeutung.
2. Zusätzlich ist über die Gestaltung eines Projektdesigns zu entscheiden, das letztendlich einen maßgeblichen Beitrag zur Konzipierung und Implementierung eines Lern- und Wissensmanagementsystems leistet.
3. Hinzu kommt der Aufbau und die permanente Weiterentwicklung von Elementen wie dem Wissensbroker, der den Wissensaustausch innerhalb des Unternehmens fördern und moderieren soll, individuellem und teamorientiertem Tutoring der Mitarbeiter, das eine permanente Flankierung und Steuerung ermöglicht sowie Coaching der Führungskräfte, wodurch die Kompetenz der Mitarbeiter zur aktiven und passiven Mitwirkung im Wissensmanagementprozess unterstützt sowie deren Gruppenverhalten gemanagt werden soll.
4. Die Einführung von Kennziffernsystemen würde es ermöglichen, individuelle Beiträge der Mitarbeiter zur organisationalen Wissensbasis zu erfassen und zu bewerten. Hierbei kann z.B. gemessen werden, wie oft Beiträge eines Mitarbeiters für den gemeinsamen Wissenspool von anderen genutzt wurden.

2.4 Führungskräfte – die zentralen Hebel in der Personalentwicklung

Die Vorgesetzten aller Ebenen lösen durch norm- und wertesetzendes Verhalten und symbolhafte Handlungen wichtige Lern- und Entwicklungsphasen aus.
Rolf Th. Stiefel, Unternehmensberater

Die Anforderungen an die Führungskräfte in einer Lernenden Organisation bestehen in erster Linie darin, als Lehrer, als Designer und als Coach zu fungieren. Im Konzept der »Führungskräfte als Lehrer« geht es nicht darum, anderen »beizubringen«, wie sie ihre eigene Vision verwirklichen können. Das Ziel ist vielmehr, das Lernen jedes einzelnen Mitarbeiters zu fördern. Führungskräfte sollten die Aufgaben erfüllen, für ein besseres Verständnis für die Organisation als System und der internen und externen Kräften zu sorgen, Veränderungen zu bewirken, zu forschen und die Lernprozesse so zu gestalten, dass die Mitarbeiter im gesamten Unternehmen diese Trends und Kräfte verstehen lernen. Als Coach übt der Manager durch seinen Führungsstil wesentlichen Einfluss auf seine Mitarbeiter aus. Die Bedeutung eines angemessenen Führungsstils ist somit sehr hoch zu bewerten, da Mitarbeiter leistungsmäßig und emotional unter einem nicht adäquaten Führungsstil leiden können.

Wird Lernen als strategischer Erfolgsfaktor definiert, ergibt sich die Frage, welche Art von Führung benötigt wird, um das Lernen der Mitarbeiter im Sinne des Wissensmanagements zu fördern. Grundsätzlich sind hierbei drei Elemente erforderlich, die erfolgreiche Personal- und Organisationsentwicklungsprozesse kennzeichnen:

- Eine dezentrale Organisation ermöglicht ein Maximum an eigenverantwortlichem unternehmerischem Handeln in klar definierten Freiräumen. Damit die Mitarbeiter eigenverantwortlich lernen können, sind in der Organisation Räume und Zeiten erforderlich, in denen dieser Spielraum geschaffen wird. Deshalb ist die Aufbau- und Ablauforganisation so zu gestalten, dass regelmäßige Kommunikationsmöglichkeiten geschaffen werden. In dem Unternehmen sind somit Arbeitsgruppen, Projektteams oder abteilungsübergreifende Teams zu fördern.
- Von der gesamten Organisation sollten klare Zielsetzungen und eine konsistente Unternehmenskultur getragen werden, die ein Wertesystem der aktiven Wissensweitergabe und -nutzung beinhaltet. Deshalb erfordert Wissensmanagement einen intensiven Kommunikationsprozess, in dem entsprechende Leitbilder und deren Prämissen vermittelt und vorgelebt werden.

- Es ist wichtig, dass die Mitarbeiter eine Unabhängigkeit leben dürfen, als eigenständige Träger des Fortschritts im Unternehmen zu wirken und sich mit diesem zu identifizieren.

Mit Hilfe von individuellem und organisationalem Lernen wird nicht nur die Wissensbasis eines Unternehmens erweitert, sondern auch der Wissenstransfer entscheidend unterstützt. Der Wissenstransfer ist ein Element des Wissensmanagements, der nur dann gefördert werden kann, wenn sowohl Führungskräfte als auch Mitarbeiter in den Prozess zur Gestaltung einer wissensorientierten Unternehmung einbezogen werden. Ein Grund dafür, warum in der Praxis bisher jedoch relativ wenig Konzepte organisationalen Lernens umgesetzt wurden, liegt zu einem gewissen Teil daran, dass bisher die neuen Rollen der Mitarbeiter und Manager falsch begründet wurden. In der Vergangenheit wurde das Zusammenspiel der einzelnen Systemkräfte und damit das organisationale Lernen stark vernachlässigt.

Um Führungskräfte und Mitarbeiter in den Prozess des Wissenstransfers einzubeziehen und diesen innerhalb einer Unternehmung zu fördern, müssen folgende Punkte beachtet werden:

1. Der Wissensbedarf und das Wissenspotenzial sind systematisch zu erfassen.
2. Alle Mitarbeiter und Führungskräfte sind im Hinblick auf die Gestaltung von Prozessen des Wissenstransfers und der effizienten Nutzung der Wissensmanagementinstrumente entsprechend zu qualifizieren.
3. Die Schlüsselpersonen zum Initiieren von Prozessen des Wissenstransfers und zur Pflege der Wissensmanagementinstrumente müssen definiert werden.
4. Beispielhafte Aktionen des Wissenstransfers im Rahmen der strategischen Führung (mit oberen Führungskräften bzw. im Zusammenhang mit unternehmensweiten Aktionen) sind zu initiieren.

Führungskräfte haben in der Personalentwicklung eine zentrale Mittlerfunktion zwischen Vorstand und Mitarbeitern und übernehmen hierbei eine Vorbildfunktion.

Die Einstellung der Führungskräfte zur Personalentwicklung und ihr Handeln ist somit entscheidend für die erfolgreiche Umsetzung des Gelernten in die tägliche Praxis. Soll bspw. Wissensmanagement als Prozess in ein Unternehmen eingeführt werden, so übernehmen die Führungskräfte eine Schlüsselrolle. Nur eine starke Führung kann eine neue Strategie durchsetzen, indem sie Widerstände überwindet. Die Personalentwicklung gestaltet und steuert dabei das System und unterstützt sowohl Führungskräfte als auch Mitarbeiter.

Führungskräfte – die zentralen Hebel in der Personalentwicklung

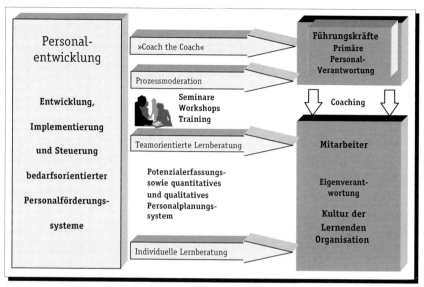

Abb. 10: Personalentwicklung in der Lernenden Organisation

Lernen wird als natürlich angesehen, sobald es automatisch gelebt wird, d. h. tief verankert ist in den Köpfen der Mitarbeiter und integriert in die Geschäftsprozesse. Es ist somit mit Abstand die effektivste Lernform. Damit Lernen und Arbeiten eine Einheit werden, ist es von Bedeutung, dass alle Formen des Lernens auf natürliche Art und Weise realisiert werden – vom problemorientierten, situativen und individuellen bis zum organisationalen Lernen. Lernen sollte zudem verstärkt orts- und zeitunabhängig stattfinden. Dieses **natürliche Lernen** – auch Training-on-the-job genannt – unterstützt ein Unternehmen auf dem Weg zu einer Lernenden Organisation. Dafür ist ebenso wichtig, die heute oftmals getrennten Welten der Strategie-, Struktur-, Führungs- und Kulturentwicklung im Rahmen eines Veränderungsmanagements miteinander zu verknüpfen. Die Veränderungen müssen insbesondere in den Köpfen der Mitarbeiter, aber vor allem auch der Führungskräfte akzeptiert und gelebt werden. Dafür sind folgende Elemente notwendig:

- Die Führungskräfte steuern und unterstützen natürliche Lernprozesse als Coach ihrer Mitarbeiter.
- Die Lernprozesse werden zum integralen Bestandteil der Unternehmenskultur und die Eigenverantwortung der Mitarbeiter wird zunehmend gefördert.
- Neu erworbenes Wissen der Mitarbeiter muss dem Unternehmen aktiv und zeitnah zur Verfügung gestellt werden.

- Eine zukunftsorientierte Qualifizierung der Mitarbeiter setzt die weitgehende Verlagerung des Lernens an den Arbeitsplatz voraus. Personalentwicklungsmaßnahmen haben vor allem dann eine gute Aussicht, erfolgreich zu sein, wenn sie optimale Rahmenbedingungen für das natürliche Lernen schaffen und konsequent an den Bedürfnissen der Kunden ausgerichtet sind (vgl. Stiefel 1999).

Wissensmanagement bildet die Grundlage dafür, natürliche Lernprozesse aktiv zu fördern und Lernen und Arbeiten tendenziell zu einer Einheit zu machen. Diverse Instrumente des Wissensmanagements können natürliche Lernprozesse unterstützen, fördern bzw. überhaupt erst ermöglichen. Dazu zählen u. a. folgende Instrumente zur Förderung des Wissensnetzwerkes:

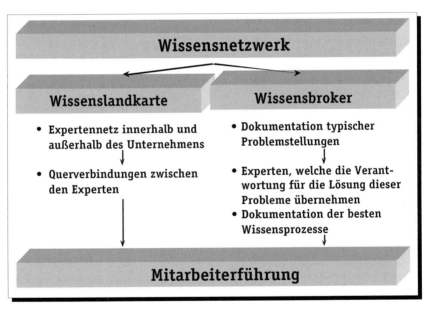

Abb. 11: Instrumente des Wissensmanagements

Wissenslandkarte: Dieses System beantwortet die Frage, wo man das Wissen zur Lösung eines Problems findet. Wissenslandkarten sind graphische Verzeichnisse von Wissensträgern, Wissensbeständen, Wissensstrukturen oder Wissensanwendungen. Sie stellen das relevante Wissen einer Unternehmung in einem logischen System dar und fördern damit den Wissensaustausch und Wissenstransfer. Somit sind sie eine Voraussetzung zur Umsetzung von Wissensmanagement, da sie Personen, die über Wissen verfügen, mit denen, die dieses Wissen benötigen, verbinden. Erst durch die Informations- und Kommunikationstechnologie können alle Mitglieder der Organisation sowie im Optimalfall auch Kunden, Lieferanten und andere externe Wissensträger miteinander verbunden und der Wissenstransfer somit bestmöglich gefördert werden.

Wissensbroker: Dieser Wissenspool bietet bereits Lösungen zu den entsprechenden Problemen an, indem sämtliche für das Unternehmen relevante Daten, Informationen und Wissensinhalte in transparenter Form in einem gemeinsamen Wissenspool (die Gesamtheit des gespeicherten organisationalen Wissens) archiviert werden. Dieses Instrument macht es möglich, Lernprozesse tendenziell immer mehr an den Arbeitsplatz zu verlagern. Damit werden natürliche Lernprozesse gefördert, bei denen Lernen und Arbeiten eine Einheit bilden. Voraussetzung für den Wissenstransfer ist, dass die Wissensdatenbank allen Mitarbeitern zugänglich ist und von allen aktiv und passiv genutzt wird. Mit der Wissensdatenbank können nicht nur Zeit und Transaktionskosten eingespart werden, sondern auch Mitarbeiter von den Erfahrungen anderer Mitarbeiter profitieren. Indem die Mitarbeiter das innerhalb eines Unternehmens gesammelte Wissen aktiv nutzen und ergänzen, lässt sich mehr Transparenz schaffen, weiteres Wissen aufbauen, ein effizienter Wissenstransfer realisieren und eine Aufrechterhaltung des Wissens garantieren – und letztendlich erfolgreiches Wissensmanagement durchsetzen. Der Wissensbroker bringt Wissensträger und Wissensnutzer, d.h. diejenigen, die Wissen suchen und jene, die über Wissen verfügen, zusammen. Er trägt somit dazu bei, den Wissenskombinationsprozess problemorientiert zu beschleunigen und einen internen Markt für Wissen und Problemlösungen zu schaffen. Der interne Wissensmarkt bleibt somit nicht mehr sich selbst überlassen, sondern wird von einem Wissensbroker betreut und moderiert. Der Wissensbroker kennt das Unternehmen in seiner Gesamtheit, hat überdurchschnittliche Ortskenntnis im Informationsraum und unterstützt die Mitarbeiter bei der Suche nach Informationen bzw. Wissen oder vermittelt entsprechende Ansprechpartner innerhalb und außerhalb des Unternehmens.

Die Infrastruktur für individuelles, teamorientiertes und natürliches Lernen wird über Systeme zur Suche und den Abruf von Wissen und Lernmodulen mit der Möglichkeit der individuellen Eingabe neuer Problemstellungen und Wissensprozesse sowie über eine Kommunikation ohne Begrenzung von Ort und Zeit geschaffen. In einigen Unternehmen gibt es auch die Position eines Wissensbrokers, der diese Prozesse steuert und unterstützt. Bildet das aktive Lernen mit diesem System den Mittelpunkt der Mitarbeitergespräche bzw. Teambesprechungen und wird es in ein zielgerichtetes Anreizsystem eingebettet, besteht die Chance, rasch Akzeptanz zu schaffen.

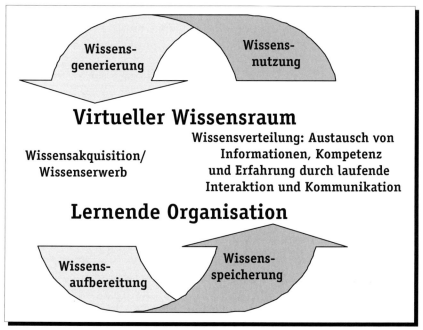

Abb. 12: Kreislauf des Wissensmanagements

Der Anreizeffekt einer Gestaltungsmaßnahme bestimmt sich nach dem Nutzen, den der Mitarbeiter durch den Anreiz empfindet. Je größer dieser Nutzen ist, desto stärker wird der Mitarbeiter bereit sein, aufgrund dieses Anreizes einen Beitrag zu leisten. In einer wissensorientierten Unternehmung ist es deshalb erforderlich, Modelle zu entwickeln, die flexibel auf die individuellen Bedürfnisse der Mitarbeiter eingehen können. Insbesondere die Komplexität des Konzeptes der Lernenden Organisation macht es notwendig, Anreizsysteme zur Förderung des Wissenstransfers unter einem ganzheitlichen Ansatz zu entwickeln, der sich an langfristigen Zielen der Leistung und der Handlungsweisen der Mitarbeiter orientiert. Grundsätzlich sollte es bei der Förderung von Wissenstransfer und der Unterstützung von Lernprozessen zu den Kernaufgaben jeden Mitarbeiters gehören, einen optimalen Wissens- und Lernbeitrag zu leisten, sei es aus einer Eigenmotivation heraus oder aufgrund eines entsprechenden Anreizes.

Die kurzfristigen Erfüllungsgrade dienen primär dazu, Teilschritte auf diesem langfristigen Pfad transparent zu machen. Die Konzeption der Lernenden Organisation erfordert also ein System an Leistungsanreizen, welche eine langfristige Veränderung der Denk- und Handlungsweisen der Mitarbeiter bewirken. Dabei ist der Teamaspekt von besonderer

Bedeutung. Wichtig in diesem Zusammenhang sind die Kriterien der Objektivität und Gerechtigkeit. Nur wenn diese Bedingungen erfüllt sind, wird das System der leistungsorientierten Vergütung von allen Mitarbeitern akzeptiert. Eine konsequente Zielorientierung und systematisierte Mitarbeiterorientierung bewirken also eine wesentliche Motivationssteigerung, die sich sowohl im Bereich der Einzelleistungen als auch der Leistungen eines Teams niederschlägt. Je motivierter die Mitarbeiter sind, desto höher wird der von ihnen geleistete Beitrag sein, den Wissenstransfer in der Unternehmung effizienter zu gestalten. Daher ist es Aufgabe der Führungskräfte, als Entwicklungspartner die Mitarbeiter darin zu unterstützen, ihren kurz- und langfristigen Wissenstransferzielen möglichst nahe zu kommen und diese Leistung regelmäßig zu bewerten und im Rahmen des Anreizsystems zu belohnen. Dies kann durch monetäre ebenso wie durch nicht-monetäre Anreize erfolgen. Eine Möglichkeit, Anreizsysteme einzusetzen, ergibt sich bspw. bei der Vergabe neuer Aufgabengebiete oder Projekte sowie über eine leistungs- oder erfolgsorientierte Vergütung bzw. Zusatzvergütung sowohl für Mitarbeiter als auch für Führungskräfte. Andere Anreizmechanismen sind betriebliche Sozialleistungen, eine bestimmte Arbeitsplatzgestaltung oder neue Regelungen der Arbeitszeiten. In einer Lernenden Organisation werden solche kollektiven Anreize jedoch tendenziell an Bedeutung verlieren, da das Individuum und dessen Eigenverantwortung stärker betont wird.

Um das Potenzial der Personalentwicklungskonzepte letztendlich voll auszuschöpfen, müssen somit Mitarbeiter mit Führungsprofil als Wegbereiter dienen und Lernprozesse auf individueller und organisationaler Ebene in Gang setzen. Alle Mitarbeiter müssen in ihren täglichen Routineaufgaben Wissen entwickeln, weitergeben, heraussuchen und vor allem anwenden. Solche Routineaufgaben, bei denen die individuellen Fähigkeiten der Mitarbeiter gefragt sind, könnten folgende sein:

- Probleme erkennen und beschreiben,
- Wissensrecherchen betreiben,
- Lösungen systematisch entwickeln,
- Wissen strukturieren und dokumentieren,
- Feedback geben und nehmen,
- organisationales Wissen in einem Kommunikationsprozess neu schaffen,
- Wissen anwenden und somit den Wissenstransfer aktiv fördern.

2.5 Customer Focused Learning – Lernsysteme zur Kundenbindung

Der Umgang mit dem Computer hat nichts mehr mit Rechnen und Berechnen zu tun – er ist Lebensstil geworden.

Nicholas Negroponte, Leiter Media Lab am MIT Boston

Ähnlich wie die Personalentwicklung muss sich auch das Marketing im Unternehmen einem grundlegenden Wandel unterwerfen. Unternehmen benötigen aufgrund der wachsenden Markttransparenz Vertriebskonzeptionen, die neben Systemen zur Erstakquisition eine permanente Pflege der Kundenbeziehung beinhalten und somit das Ziel realisieren können, erhöhe Verkaufszahlen zu generieren. Dies leitet sich aus dem aktuellen Trend in Richtung Personalisierung und Kundenbindungsmanagement ab. Im Rahmen des E-Commerce gewinnt dieser Trend in zweifacher Weise an Bedeutung: Zum einen kann durch Personalisierungsmaßnahmen schneller die Akzeptanz der Kunden gewonnen werden. Zum anderen ermöglicht die elektronische Durchführung der Leistungsangebote eine Trennung zwischen Massenmarkt und individueller Betreuung. Diese Trends haben insbesondere für die Bildungsanbieter entscheidende Auswirkungen auf die Akquisitions- und Betreuungsmaßnahmen:

In den Bereichen des Online-Marketings und des E-Commerce wurden die ersten »Individualisierungsschübe« bereits realisiert. Hinzu kommt, dass erste Erfahrungen mit Lernsystemen gemacht wurden. Für die Individualisierung des webgestützten Lernens können erste Ergebnisse wiedergegeben werden. Das Online-Marketing avancierte rasch zum ersten Exerzierfeld individualisierter Kommunikationsangebote. Dies zeigt sich darin, dass sich der Nutzer bspw. seine individuelle Website, auf der er genau das findet, was ihn interessiert, zusammenstellen kann. Als Begleiteffekt dieser Content-Individualisierung können Informationen über die Präferenzen gesammelt und ausgewertet werden, um zielgruppengenaue Angebote und Kommunikationen zu lancieren. Diese Form der individualisierten Kundenbeziehungen im E-Commerce helfen den Unternehmen, die Kundenbeziehungen persönlicher und direkter zu gestalten sowie eine Selbststeuerung des Kunden zu ermöglichen: Was habe ich bestellt? Wie ist mein Lieferstatus? usw. Diese Fragen beantwortet das Programm dem einzelnen Kunden und liefert ihm eine persönlich zugeschnittene Vorauswahl aus dem, was er als Nächstes ordern könnte. Die Unverbindlichkeit der Informationen wird hier zum Anreiz sie zu nutzen und zur Chance des Händlers zu verkaufen.

Im E-Learning sieht die Zielsetzung im Rahmen der Individualisierung ähnlich aus. Dies zeigt sich darin, dass das Lernsystem für den Kunden geeignete Instrumente anbietet und die Komposition der Lernprozesse konsequent darauf ausgerichtet wird. Voraussetzung dafür ist weiterhin, dass die Lerner bereit sind, trotz jahrzehntelanger Erfahrung in der Konsumption dozentengesteuerter Lernprozesse diese Verantwortung tatsächlich zu übernehmen, und auch in der Lage sind, diese neue Chance selbstgesteuerten Lernens orientiert an den individuellen Problemstellungen zu nutzen.

Deutsche Unternehmen haben Qualifizierung und Weiterbildung bislang meist als Kostenfaktor betrachtet. Diese Sichtweise ändert sich. Unternehmen entdecken E-Learning verstärkt als Instrument zu Akquisition und Bindung von Kunden sowie Mitarbeitern. Web-basierte Lernelemente ermöglichen eine Form der Interaktion, die hilft, eine neuartige und nachhaltige Bindung zwischen Nutzer und Produkten sowie zwischen Nutzer und Anbieter aufzubauen. Diese Art der Bindung geht weit über die Intensität von klassischen Bindungsinstrumenten hinaus. Bildungs- und Informationsangebote für Mitarbeiter und Kunden weisen derzeit entweder einen medialen Bruch oder eine Inkongruenz zwischen Angebot und Lernbedarf auf. Paradox ist auch, dass sowohl Mitarbeitern als auch Kunden nach wie vor Geschäftsprozesse oder elektronisch gehandelte Produkte mit Printmaterialien wie Broschüren oder mit Tafel und Kreide dargestellt werden. Dies lässt außer Acht, dass sowohl Mitarbeiter als auch Kunden verstärkt das Internet nutzen. Der Anteil der beruflich oder privat Lernenden, die eine Qualifizierung für die Produkte und Prozesse der Unternehmen über das Internet nachfragen, wird in den kommenden Jahren noch mehr zunehmen.

Es gibt kein anderes Instrument wie E-Learning bzw. Blended Learning, mit dem einem Adressaten so detailliert erfahrbar und individualisiert Wissen zu einem Unternehmen und seinen Produkten vermittelt werden kann. Dieses Mittel bietet die Möglichkeit, die Interessen, den Wissensbedarf und die Affinitäten des Lernenden kennen zu lernen. Bei E-Learning handelt es sich daher genau genommen um ein Mittel des individuellen Dialogs und somit um ein hervorragendes Marketingtool. Unternehmen nutzen deshalb mit wachsender Tendenz das Internet, um ihre Geschäftspartner in die Kommunikation und in ihre Lernprogramme mit einzubinden. Lernen und Arbeiten wachsen in der Mitarbeiterqualifizierung somit immer mehr zusammen. Dies wird dadurch erreicht, dass das Lernen zunehmend in die Geschäftsprozesse integriert und somit deren fester Bestandteil wird. Dies hat zur Folge, dass in der Unternehmen-Kunden-Beziehung der Begriff »Customer Focused Learning« bzw.

»Customer Focused E-Learning« an Bedeutung gewinnt. Diese auch »Educommerce« genannte Möglichkeit zur Kundenbindung wird von den Unternehmen immer häufiger eingesetzt.

Für die Bindung von Kunden und Mitarbeitern sind positive Lernerfahrungen und das gefahrlose Geführtwerden in der Praxis elementar. Lernsysteme allein ermöglichen dies nicht, sondern erst deren Integration in das Gesamtsystem der Wissensvermittlung und der physischen Erlebniswelt. Die onlinebasierte Wissensvermittlung ermöglicht eine visuell und audio-unterstützte und somit emotional anregende Assoziation der erlernten Handlungsfähigkeit mit der Identität des jeweiligen Unternehmens. Diese Identität verbindet sinnliches Erleben und kognitives Wahrnehmen durch die entsprechende Terminologie, Tonalität, Interaktivität, Animation, fachliche Ausgestaltung usw. derart, dass Lernen, praxisnahes Handeln und Experimentieren zu einem bereichernden Erlebnis zusammenwachsen und auch so empfunden werden. E-Learning bietet Hilfestellung auf direkte, unmittelbare, persönliche und emotionale Art, die heute schon von vielen Kunden genutzt würde, sofern diese sie angeboten erhalten würden.

Kunden werden durch das Lernen an ein Unternehmen und seine Produkte herangeführt und daran gebunden. E-Learning nimmt im Verhältnis zu anderen Marketingtools somit eine immer wichtigere Bedeutung an. Der menschliche Aspekt der Beratung, des Trainings oder des Verkaufs bleibt zweifelsohne auch zukünftig die Aufgabe von Menschen, nicht von Systemen. E-Learning kann aber heute schon die Vermittlung von fachlichen, inhaltlichen und produktspezifischen Aspekten direkter, systematischer, effektiver und spannender gestalten

2.6 Vom Bildungsanbieter zum Wissensbroker

Lernen der Zukunft aus betrieblicher Sicht ist durch die Arbeit definiert, nicht durch ein systematisches Curriculum oder einen durchgängigen Lehrplan.
Hans-Jörg Bullinger/Gerd Gidion, Fraunhofer IAO Stuttgart

Die Personalentwicklung in wissensbasierten Unternehmenssystemen wandelt ihre Rolle als Anbieter geplanter Qualifizierungsmaßnahmen tendenziell zum Gestalter eines Wissensmarktes. Ein Wissensmarkt, der den Prozess der Personalentwicklung mit dem Prozess des Wissensmanagements verknüpft, ist sowohl ein Markt der Wissensträger als auch des Faktors Wissen. Mit einem Wissensmarkt werden Wissensangebot und

-nachfrage artikuliert. Anbieter und Nachfrager werden in Kontakt gebracht, Austauschbedingungen festgelegt und Wissen transferiert. Mit dem Wissensmarkt schafft die Personalentwicklung Transparenz über die Wissenspotenziale und den Wissensbedarf sowie über das Wissen der Organisation, so dass die Personalentwicklungsprozesse optimiert werden können. Zielsetzung ist es, für Problemlösungen die Mitarbeiter einzusetzen, die über das jeweils beste Wissen verfügen bzw. das dokumentierte Wissen aus der Wissensdatenbank zielgerichtet nutzen können. In der Rückwirkung bedeutet dies, dass die Mitarbeiter dort eingesetzt werden, wo sie mit ihren Fähigkeiten und ihrem Potenzial den optimalen Nutzen für das Unternehmen erbringen können. Damit ergänzen sich Personalentwicklung und Wissensmanagement. Voraussetzung dafür ist jedoch, dass die jeweiligen Instrumente konsequent aufeinander abgestimmt werden. Den Personalentwicklungsabteilungen bietet sich im Rahmen dieser Entwicklungen die Chance, die Rolle eines Wissensbrokers entsprechend zu gestalten. Dieser Aspekt ist vor allem im Hinblick auf den Trend zur Wissensgesellschaft von großer Bedeutung. Somit wird die Rolle des Wissensbrokers in Zukunft an Bedeutung gewinnen. Nutzt die Personalabteilung diese Chance jedoch nicht, so werden andere Bereiche des Unternehmens in dieses Vakuum stoßen.

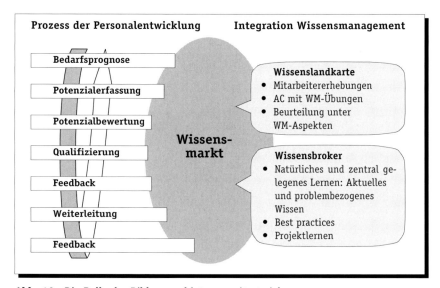

Abb. 13: Die Rolle der Bildungsanbieter erweitert sich

Der wachsende Bedarf nach aktuellen, situativen Problemlösungen wird dazu führen, dass sich die Rolle der Bildungsanbieter tendenziell zum Wissensbroker erweitert, der die Aufgabe hat, direkt oder indirekt die

Generierung, Verarbeitung, Vermarktung und den Austausch von Wissen innerhalb der Unternehmen zu realisieren. Diese Rolle umfasst das Management der Informationen sowie der Erfahrungen und Eindrücke der Mitarbeiter, um durch den effizienteren Einsatz von Wissen die Qualität der Leistungserstellung im Unternehmen zu verbessern. Voraussetzung für den Wandel der Rolle sind effiziente Informations- und Kommunikationstechnologien, die es ermöglichen, das geistige Humanvermögen in der Unternehmung über ein effizientes Wissensmanagement zu entwickeln. Dies hat in der Bildung eine zunehmend wichtigere Funktion, da das Wissensmanagement Inhalt, Ziel und Werkzeug zugleich ist. Der zukünftige Bildungsanbieter muss dabei die Anforderungen aller Phasen erfüllen, indem er sowohl individuelle als auch organisationale Lernprozesse initiiert, steuert und flankiert sowie vorhandenes Wissen im Unternehmen entdeckt, mobilisiert und in konkrete Handlungsoptionen transformiert. Aufgabe der Bildungsanbieter wird es somit sein, unternehmensspezifische Problemlösungsansätze unter Einbeziehung innovativer Lern- und Wissensmanagementsysteme gemeinsam mit den Teilnehmern zu erarbeiten und für diese erfahrbar zu machen. Insbesondere kleinere und mittelständische Unternehmen benötigen für diese Prozesse die Dienstleistungen überbetrieblicher Bildungsanbieter. Diese entwickeln sich deshalb immer mehr zu Kompetenz- oder Innovationszentren mit dem Ziel, die Weiterbildung aller Unternehmensmitglieder im Sinne einer Lernenden Organisation zu gestalten.

Situatives Lernen kann wie das natürliche Lernen mit Hilfe der diversen Instrumente des Wissensmanagements unterstützt und gefördert werden, so bspw.

1. durch die Integration eines Wissenspools mit zielgruppengerechten Lerninhalten in die Lernplattform,
2. durch die Dokumentation typischer Problemstellungen und Problemlösungen (Frequently Asked Questions (FAQ))
3. durch Simulationen alltagsnaher Situationen und einer Wissenslandkarte
4. durch Informationsagenten (z.B. als Forum von Experten, über das Internet oder andere Netze) oder eine freie Recherchemöglichkeit.

Die Steuerung erfolgt letztendlich über eine Lernplattform mit Lernverwaltung, Lernprozesscontrolling, Evaluation und Zertifizierung von Lernangeboten. Die Pflege und Aktualisierung der Inhalte wird über den Einsatz eines datenbankgestützten Redaktionssystems ermöglicht. Die Lernprozesse können durch permanentes, systemgesteuertes Feedback unterstützt werden, das jeweils zum Abschluss eines Lernprozesses bzw.

beim Abweichen von den Lerninhalten in Kraft tritt. Auf dieser Basis kann der Tutor flankierende und steuernde Gespräche mit den Lernenden führen. Ein Tutoring-System im Rahmen der betrieblichen Qualifizierung sichert die strategische Ausrichtung der Bildungsmaßnahmen. Führungskräfte oder Tutoren vereinbaren deshalb im Rahmen der Systeme der Personalsteuerung mit den Lernenden in einem Zielvereinbarungsgespräch überprüfbare Lern- und Wissensziele für die kommende Lernperiode. Unterstützt werden diese Lernprozesse von Experten und Lernpartnern. Meldet das System, dass der Lernende die vereinbarten Ziele nicht einhält bzw. einhalten kann, so wird der Tutor bzw. der Bildungsanbieter intervenieren und gemeinsam mit dem Lernenden weitere Schritte festlegen. Am Ende der Lernperiode wird der Lernende mit dem Tutor über seine Lernerfahrungen reflektieren und neue Lernziele festlegen.

Ziel der **Akquisitionsmaßnahmen** eines Bildungsanbieters ist es, im Rahmen der strategischen Zielsetzung ein Optimum an neuen Bildungsnachfragern für Bildungsangebote zu gewinnen. Grundsätzlich sind diese Marketingmaßnahmen als erfolgreich zu bezeichnen, wenn der Austausch zwischen den Bildungsanbietern und den potenziellen Kunden gelingt, intensiv ist und eine langfristige Beziehung schafft bzw. sicherstellt. Mit der weiteren Ausdehnung des Internets wird die Transparenz im Bildungsmarkt gesteigert, so dass Bildungsanbieter eine online-basierte Marketingstrategie mit allen vier Instrumenten der Produkt-, Preis-, Kommunikations- und Distributionspolitik benötigen. Die erhöhte Markttransparenz setzt die Bildungsanbieter verstärkt unter Druck, ihre Leistungspalette laufend zu optimieren bzw. zu erweitern. Grundsätzlich können im Netz alle Produkte angeboten werden, deren Vertrieb über das Internet mit einem bestimmten Kundennutzen verbunden ist. Als Kundennutzen sind u.a. geringere Preise, eine bequemere Distribution, besseres Wissen oder Information und offline nicht erhältliche Lernangebote denkbar. Neben den klassischen Bildungsleistungen werden sich völlig neuartige, virtuelle Produkte etablieren. Für den Online-Vertrieb eignen sich vor allem digitalisierte Produkte wie das WBT mit einem hohen Personalisierungsgrad bzw. mit Selbstbedienungscharakter.

Akquisitionskonzepte der Bildungsanbieter können durch den Einsatz des Internets eine neue Dimension erlangen. Aufgrund der stark steigenden Zahl von Internet-Nutzern und Online-Käufern – heute sind mehrere hundert Millionen Menschen weltweit online und allein der Internetprovider AOL hat über 30 Millionen Kunden – sowie der weitgehend aufgehobenen regionalen Beschränkung des Bildungsmarktes kann eine meist vielfache Anzahl an Bildungsnachfragern angesprochen werden. E-Commerce ermöglicht effizientere Kommunikationsbeziehungen zwischen Bildungsanbietern und Bildungsnachfragern und erlaubt somit eine vereinfachte Identifikation der Individuen und deren Präferenzen. Anbieter können damit schneller und effizienter auf individuelle Kundenwünsche eingehen und die Lernangebote personalisieren. Die Interaktivität dieses Netzes und die damit verbundene einfache und wechselseitige Kommunikation haben darüber hinaus ein enormes Kostensenkungspotenzial zur Folge. Das Internet bietet die Möglichkeit, potenzielle Kunden direkt anzusprechen. Im Rahmen eines konzentrierten One-to-One-Marketings oder über virtuelle Marktplätze können neue Bildungsnachfrager gewonnen werden.

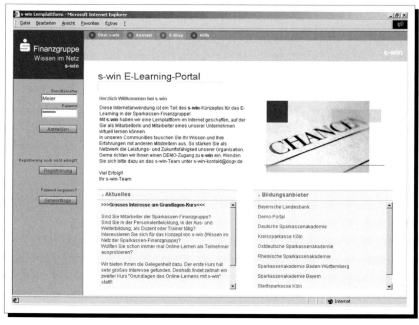

Abb. 14: E-Learning-Portal des Sparkassenverbandes s-win

One-to-One-Marketing setzt von seiner Grundidee her am Direktbeziehungsmarketing an, für das eine unmittelbare Kommunikation mit dem Kunden charakteristisch ist. Somit beinhaltet dieser Ansatz eine einzelkundenorientierte Ausrichtung aller Marktaktivitäten, mit dem Ziel einer persönlichen Ansprache und individuellen Problemlösung. Die Kunden der Bildungsanbieter werden tendenziell nicht mehr die Unternehmen als Ganzes, sondern jedes einzelne Unternehmensmitglied sein, dessen unterschiedliche Bedürfnisse, Lernfähigkeiten, Motivation und Pläne bereits im Rahmen der Akquisition zu berücksichtigen sind. One-to-One-Marketing unterstellt, dass eine nach Kundenwert ausgerichtete Organisation erfolgreicher ist als ein Angebot, das nach Produkten differenziert ist, da der Wert des Kunden über seinen Stellenwert innerhalb der Organisation entscheidet. Ziel ist deshalb der Ausbau des Geschäftsvolumens der Bildungsanbieter pro Kunde, nicht des Marktanteils pro Produkt. Das Marketing sollte sich rasch auf die permanent verändernden Bedürfnissen eines Kunden einstellen können, um ihm möglichst viele Produkte zu verkaufen. Grundlage ist eine langfristige, evtl. lebenslange Beziehung zwischen Bildungsanbietern und den Kunden, die es ermöglichen soll, maßgeschneiderte Angebote zu erstellen. Voraussetzung dafür ist, dass ausreichend Zeit für eine individuelle Kommunikation und Feedback eingeplant wird.

Dieser Ansatz erfordert ein technisches System, das es möglich macht, die Produkte mit bisher ermittelten Präferenzen des Kunden abzugleichen. Je nach bisher genutzten Bildungsangeboten schlägt dieses System den Nutzern jeweils gezielt weitere geeignete Produktkomponenten vor, die Lernende mit gleichen Präferenzen bereits genutzt haben. Durch die hohe Personalisierung der Produkte ist eine wesentliche Voraussetzung eines erfolgreichen One-to-One-Marketings gewährleistet. Der Kunde hat somit auch die Möglichkeit, nach seinen individuellen Präferenzen ein auf sich zugeschnittenes Lernangebot zusammenzustellen. Hat er sich für eine bestimmte Lösung entschieden, so wird er über den Preis, den dafür benötigten Zeitraum und Aufwand informiert.

Neben den Akquisitionsmaßnahmen haben die eingangs genannten Trends zusätzlich maßgebende Folgen für die **Betreuungskonzepte** von Bildungsanbietern: Ein intensives, personalisiertes Kundenbeziehungsmanagement ist die Voraussetzung dafür, um im Wettbewerb auf den virtuellen Märkten erfolgreich bestehen zu können. Deshalb ist in das Marketingkonzept ein Betreuungskonzept zu integrieren, das an den individuellen Präferenzen der Kunden ansetzt und die Möglichkeiten der permanenten Kommunikation und des Feedbacks über das virtuelle Lern- und Wissensmanagementzentrum nutzt. Ziel ist es, die Dienstleistung zur vollen Zufriedenheit des Kunden zu erbringen und ihn damit langfristig zu binden. Mit Hilfe von Anreizsystemen, bspw. in Form von aktuellen und personalisierten Informations- oder Kommunikationsangeboten, können die Kunden zu regelmäßigen Kontaktaufnahmen mit der Webseite des Bildungsanbieters motiviert werden. Somit entstehen Produkte mit einer neuen Betreuungsqualität.

Bildungsanbieter können sich mittels Virtueller Communities oder Call Centern Wettbewerbsvorteile schaffen, indem sie Markteintrittsbarrieren aufbauen und ihre Position gegenüber ihren Mitbewerbern verbessern. Weiterhin wird eine personalisierte Ansprache und somit eine differenzierte Leistungsgestaltung ermöglicht. Unter Virtuellen Communities bzw. Online-Communities sind allgemein Gruppen von Kunden zu verstehen, die aufgrund gemeinsamer Interessen oder ähnlicher Bedürfnisse und einem daraus erwachsenden Gemeinschaftsgefühl über elektronische Medien zusammenkommen. Sie tauschen Informationen und Wissen untereinander aus und entwickeln es in einem Prozess der Kommunikation gemeinsam weiter.

Bildungsanbieter übernehmen in diesem Kontext zunehmend die Rolle eines virtuellen Wissensbrokers, der Anbieter und Nachfrager von Wissen miteinander verknüpft und Prozesse zur Weiterentwicklung des gemeinsamen Wissenspools steuert und flankiert. Durch **Virtuelle Communities** entstehen neue Formen der Marktbearbeitung, da sich in diesem Rahmen detaillierte Präferenzprofile erheben lassen, auf die die Bildungsanbieter mit gezielten, individuellen Angeboten reagieren können. Im Zeitablauf erhalten die Bildungsanbieter immer präzisere, individuelle Profile ihrer Kunden bzw. Kundengruppen, die es ermöglichen werden, dass die Bildungsleistungen optimal auf die individuellen Präferenzen zugeschnitten werden können. Ebenso können sie zur Verbesserung der Akquisitions- und Betreuungskonzepte beitragen und das Spektrum der erreichbaren Zielgruppe deutlich erweitern.

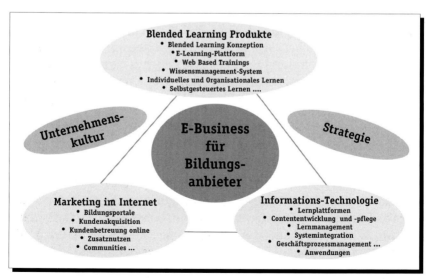

Abb. 15: Handlungsfelder der Bildungsanbieter in der digitalisierten Ökonomie

Die Wandlung zu Anbietern von E-Learning- und Wissensmanagementsystemen schlägt sich insbesondere in drei Hauptbereichen nieder, die die Kompetenz zukünftiger Bildungsanbieter prägen.

Mit dem Aufkommen Virtueller Communities vollzieht sich eine bislang einzigartige Verlagerung der Marktmacht von den Bildungsanbietern auf die Kunden. Bildungsanbieter können diese Entwicklung zum Ausbau ihrer eigenen Marktposition nutzen, wenn sie sich mit attraktiven Betreuungselementen (individuelle Lernberatung, Tutoring, Coaching oder Unterstützung durch Experten und Zugriff auf einen aktuellen Wissenspool) gegenüber ihren Wettbewerbern abheben. Jeder Lernende erhält somit z.B. eine persönliche Beratung über das geeignete Lernangebot, vereinbart mit seinem Betreuer Ziele und bekommt regelmäßig Feedback über seinen Lernprozess.

Eine weitere Möglichkeit, einen Vorsprung gegenüber den Wettbewerbern zu erzielen, sind **Call Center**. In webbasierten Systemen bieten sie die Möglichkeit, als multimediales Kommunikationszentrum (Customer Contact Center) alle Kommunikationsströme mit Kunden auf relevanten Medien zusammenfließen zu lassen und nach Standards zu bearbeiten. Damit erfassen Call Center alle Unternehmensprozesse des Bildungsanbieters, von der Kundenanfrage und -betreuung bis hin zur Koordination und Pflege der Beziehung zu den Kunden. Die daraus resultierenden Möglichkeiten führen zwangsläufig zu einer Erweiterung des Einsatzspektrums und zu einer Steigerung der Kundenzufriedenheit und -betreuung, da die Kunden die Möglichkeit erhalten, über unterschiedliche Kanäle unabhängig von Ort und Zeit in eine intensive Interaktion mit dem Bildungsanbieter zu treten. Dies trägt unter anderem dazu bei, den Kontakt zum Kunden zu verbessern und ein ganz neues Servicebewusstsein auf Seiten des Bildungsanbieters zu schaffen. Mit einem webbasierten Call Center lassen sich bis zu dreimal mehr Kunden betreuen als bei herkömmlichen Call Centern. Der Nutzen eines Call Centers wird gesteigert, indem es in die Unternehmensprozesse des Bildungsanbieters eingebunden wird. Die Integration dieses Ansatzes in das Wissensmanagementsystem des Bildungsanbieters bietet wiederum die Chance, Informationen, Erfahrungen und Eindrücke der Kunden direkt für die Weiterentwicklung der Marketingkonzeption zu nutzen. Die Kunden werden folglich zu Mitgestaltern der Produkte der Bildungsanbieter.

Die Entwicklung eines Qualifizierungssystems mit den Elementen E-Learning, Informationstechnologie und Internet-Marketing sowie die Eroberung neuer Märkte bedingt einen hohen Einsatz an Ressourcen. Hierbei sind unterschiedliche Kompetenzen, z. B. Makler für Bildungsangebote,

Unternehmensberatung im Bereich der Organisations- und Personalentwicklung, Seminaranbieter, Verlage, E-Commerce-Marketingagenturen und Software- bzw. Multimediaentwickler, erforderlich, die im Regelfall nicht in einem Unternehmen gebündelt sind bzw. aus Sicht der Kunden nicht bei einem Anbieter konzentriert sein können.

Insbesondere kleine Bildungsanbieter haben deshalb oft nicht die Möglichkeit, im Alleingang die Eintrittsbarrieren des Elektronischen Marktes zu überwinden. Eine Lösungsmöglichkeit stellt hierbei die Bildung einer strategischen Allianz dar, unter der eine Koalition von rechtlich selbstständigen, aber wirtschaftlich partiell abhängigen Partnern verstanden wird. Gründe für solche Kooperationen können Wissens-Vorteile, der Aufbau von Systemkompetenz oder das Erzielen von Economies of Scale (Kostendegression) sowie Economies of Scope (bspw. mehr Märkte oder größerer Kundenstamm) sein. Ziel ist es, die individuellen Stärken der einzelnen Partner zu vereinen, jedoch stets unter der Bedingung, dass die Unternehmen ihre Selbstständigkeit bewahren. Im Vertriebsbereich kann eine strategische Allianz dazu beitragen, eine dauerhafte Marktposition zu ermöglichen, indem Zusatzleistungen geschaffen werden, die der Kunde in direktem Zusammenhang mit dem eigenen Angebot nachfragen kann. Für die Bildungsnachfrager liegt der Vorteil einer strategischen Allianz letztendlich darin, dass ihnen ein Bildungspaket aus einer Hand angeboten werden kann.

Blended Learning Konzeption

Menschen werden in der Informationsgesellschaft mehr und mehr dazu befähigt werden müssen, sich eigenständig in neue Themengebiete einzuarbeiten.

Frank Thissen, Hochschule der Medien, Stuttgart

Der wachsende Veränderungsdruck in den Unternehmen hat dazu geführt, dass im Qualifizierungsbereich zunehmend innovative Lösungen gefordert werden. Hierbei sind insbesondere folgende Trends von Bedeutung:

- E-Business erfordert E-Learning, damit die Mitarbeiter den Umgang mit netzbasierten Systemen implizit erlernen,
- das Ziel betrieblicher Qualifizierung besteht immer mehr in der Steigerung der Problemlösungskompetenz und Handlungsorientierung; es wird dann gelernt, wenn ein Problem auftritt,
- Lernen und Arbeiten wachsen immer mehr zusammen; z. B. werden netzbasierte Arbeits- und Beratungsprogramme idealerweise mit E-Learning-Systemen gekoppelt, so dass beide aus einer Benutzeroberfläche heraus aufgerufen werden können;
- individuelles Lernen ermöglicht eine hohe Effizienz und Wirtschaftlichkeit; der Mitarbeiter lernt das, was er gerade benötigt zu der Zeit und an dem Ort, den er auswählt;
- Lernsysteme müssen die Mitarbeiter schrittweise an die gezielte Nutzung von Wissenmanagementkonzepten heranführen, damit sie innere Barrieren und Handlungsroutinen gegen die aktive Weitergabe von Wissen abbauen.

Die Qualifizierungssysteme der Unternehmen müssen sich deshalb konsequent an den Entwicklungen in den Unternehmen und deren Umfeld ausrichten. Gleichzeitig ist ein evolutorischer Implementierungsprozess erforderlich, damit neue Lernangebote bedarfsgerecht konzipiert werden und eine hohe Akzeptanz finden. Deshalb sind neue E-Learning-Elemente in Abhängigkeit von der jeweiligen Lernkultur schrittweise in bereits vorhandene Qualifizierungsprozesse der Unternehmung einzufügen. Qualifizierungsmanagement wird damit zu einem Teil des Veränderungsmanagements.

3.1 Betriebliche Qualifizierungsmaßnahmen im Kontext des Human Resources Managements

Wir arbeiten in Strukturen von gestern mit Methoden von heute an Problemen von morgen, vorwiegend mit Menschen, die die Strukturen von gestern gebaut haben und das Morgen innerhalb der Organisation nicht mehr erleben werden.

Knut Bleicher, Hochschule St. Gallen

Qualifizierungskonzepte in Schulen, Hochschulen und Unternehmen sind überwiegend dadurch gekennzeichnet, dass sie relativ starr gestaltet sind und den Einzelnen in ein »Korsett« pressen. Wir wissen aber aus empirischen Erhebungen (Wahl D. 1991), dass in einer durchschnittlichen Gruppe junger Erwachsener die Lerngeschwindigkeit mit dem Faktor eins bis neun schwankt. Dies bedeutet, dass der langsame Lerner im Durchschnitt neunmal mehr Zeit benötigt, um aufgenommene Daten und Informationen zu Wissen zu verarbeiten. Er ist deshalb nicht unbedingt weniger intelligent; unter Umständen verarbeitet er die Informationen, die er erwirbt, intensiver, analysiert die neuen Erkenntnisse systematischer und vernetzt sie mit vorhandenen Erfahrungen. Dies erfordert aber Zeit.

Die Anforderungen, die heute an Qualifizierungssysteme gestellt werden, können nicht mehr durch zentrale Vorgaben erfüllt werden. Es sind vielmehr Qualifizierungskonzeptionen gefordert, die das Unternehmen als System verstehen. Das Ziel besteht somit darin, den einzelnen Elementen dieses Systems, den Mitarbeitern und Führungskräften, optimale Konzepte und Instrumente an die Hand zu geben, die ihnen letztendlich die Entscheidungsfreiheit überlassen.

Es kommt dabei weniger darauf an, direkt in die Lernprozesse der einzelnen Mitarbeiter oder Teams einzugreifen, als sie, ähnlich wie im System der Natur, schlüssig zu gestalten. Die Vielfalt ist gewollt und soll gefördert werden, da nur solche Qualifizierungssysteme den vielfältigen, differenzierten Bedürfnissen gerecht werden können.

3.1.1 Unternehmen sind offene Systeme

Manchmal beschleicht mich der Verdacht, wenn wir die Natur zu managen hätten, wären wir sicher schon auf die Idee verfallen das Wachstum und sonstige wesentliche Reaktionsnotwendigkeiten nicht jedem Kleinbetrieb, sei es Grashalm, Ähre, Baum, Pflanze zu überlassen, sondern zentral zu steuern. Man stelle sich diesen nicht mehr durchschaubaren und deshalb nicht mehr handhabbaren Steuerungsmechanismus vor. So ähnlich sind aber unsere Unternehmen organisiert. Wieviel können wir uns also von der Natur abschauen im Hinblick auf Selbststeuerung ...

Klaus Doppler, Managementberater

Die Konzeption von Qualifizierungssystemen zielt auf Unternehmen, die als offene Systeme beschrieben werden können. Dies hat direkte Konsequenzen für die Bildungsverantwortung sowie die Gestaltung der Qualifizierungsmaßnahmen. Deshalb ergibt es einen Sinn, grundlegende Aspekte der Systemtheorie bei der Gestaltung von Qualifizierungssystemen zu berücksichtigen.

> Ein **System** ist ein Ganzes, das aus Subsystemen besteht und von anderen Systemen unterschieden werden kann. Es bezieht aus der Umwelt Inputs, welche in Outputs transformiert werden. Diese wirken wiederum auf andere Subsysteme oder das Umweltsystem und tragen damit zur Zielsetzung des Gesamtsystems bei.

Damit weisen Organisationssysteme Merkmale auf, wie sie auch in naturwissenschaftlichen Systemen vorkommen (vgl. Capra 1987; Vester 1990). Systeme sind nicht genau berechenbar und reagieren überraschend. Die Informationsdichte macht es notwendig, qualitativ zu selektieren. Die Fähigkeit zur Reproduktion hängt davon ab, inwieweit ein System sich selbst beobachten, beschreiben, reflektieren und verstehen kann.

Unternehmen sind damit Systeme, welche grundsätzlich lebensfähig sind, sofern diese Elemente in einem ständigen Prozess gefördert werden und die Fähigkeit besteht, aus sich selber und von anderen zu lernen. Der betrieblichen Bildung kommt in diesem Kontext eine Schlüsselrolle zu.

Lebensfähige Systeme sind danach durch folgende Elemente gekennzeichnet:

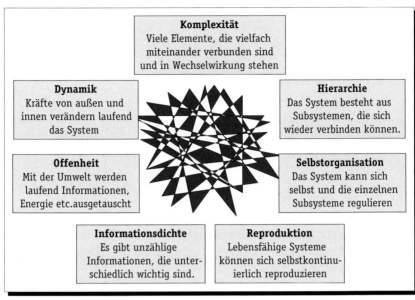

Abb. 16: Merkmale lebensfähiger Systeme

3.1.2 Merkmale systemischer Qualifizierungssysteme

Unternehmen werden geführt, um bestimmte Ziele zu erreichen. Diese beeinflussen wiederum die Struktur und das Handeln dieser Organisationen und der darin tätigen Menschen. Qualifizierung bekommt die Aufgabe, die Elemente dieses Systems, d. h. die Mitarbeiter, welche für seine Lebensfähigkeit entscheidend sind, zu stärken.

Lebensfähige Unternehmen

- haben viele Teilelemente, die in einer engen Wechselwirkung zueinander stehen; deshalb ist die **Vielfalt** durch die Unternehmenskultur und die Systeme zu fördern,
- besitzen eine **flexible Organisationsstruktur,** die sich an der Effektivität und nicht an Machtstrukturen ausrichtet; eindeutige Weisungssysteme werden zugunsten von Matrix- oder Projektstrukturen aufgegeben,
- sind **dynamisch,** so dass sie auf veränderte Bedingungen flexibel reagieren können; dies setzt voraus, dass möglichst alle Mitarbeiter solche Veränderungen registrieren und umgehend in ihrem eigenen Handeln umsetzen können,
- weisen eine große **Offenheit** im Umgang mit Kunden, Partnern, Konkurrenten und der Gesellschaft auf,

- arbeiten mit einem leistungsfähigen **Steuerungs-, Lern- und Wissensmanagementsystem,** das möglichst vielfältige Informationen, Eindrücke und Erfahrungen aller Mitarbeiter erfasst, analysiert, selektiert, zielgerecht aufbereitet und in einem gemeinsamen Prozess der Kommunikation weiter ausbaut,
- besitzt Mitarbeiter und Teams, die sich im Rahmen der Unternehmensstrategie **selbst organisieren und permanent weiterentwickeln** können. Zentrale Vorgaben rücken in den Hintergrund.

Die Lernsysteme der Unternehmen müssen deshalb in der Weise gestaltet werden, dass sie Vielfalt fördern und sich durch eine hohe Flexibilität, Dynamik und Transparenz auszeichnen. Das Wissen der Mitarbeiter, Kunden und Partner ist in einem permanenten Entwicklungsprozess, der primär durch die Mitarbeiter gesteuert wird, zu erfassen und auszubauen.

3.1.3 Anforderungen an ein strategisches Qualifizierungsmanagement

Gestalten und Lenken eines Gesamtsystems ist weder ein wirtschaftliches noch ein technisches noch ein psychologisches usw. Problem. Es ist all das zusammen ...

Fredmund Malik, Hochschule St. Gallen

Barrieren der Blended Learning Systeme		
Starre Organisationsstruktur	**Information und Kommunikation**	**Innvoationsfeindliche Führung**
• Starke Hierarchie • Festgeschriebene Stellenbeschreibungen • Lange »Dienstwege« • Eingeschworene Führungsmafia • Erhalten von Pfründen • Etablierung von Bereichsgrenzen	• Kontrolle und Misstrauen überwiegt • Informationen werden als persönliches Machtinstrument behandelt • Kritik ist die herrschende Umgangsform • Konkurrenz und Neid sind bestimmend • Teamarbeit ist die Ausnahme	• Sicherheitsdenken ist extrem hoch ausgeprägt • Eingefahrene Denkschemata • Neue Ideen werden nur in Ausnahmefällen akzeptiert • Nicht Innvoationen sondern die Fortschreibung des Geschäfts wird belohnt • Die Dauer der Betriebszugehörigkeit ist wichtiger als Leistung

Abb. 17: Barrieren der Blended Learning Systeme

Erfolgreiches Qualifizierungsmanagement setzt voraus, dass man die Wirklichkeit versteht und Aussagen über die zukünftige Entwicklung machen kann. In der Praxis kämpfen Personalentwickler und Bildungskonzeptionisten meist mit Problemen, die dieser Zielsetzung entgegenstehen. Insbesondere starre Organisationsstrukturen, Abteilungsdenken, mangelnde Information und Kommunikation sowie innovationsfeindliche Führungssysteme können diese Entwicklungsarbeiten behindern. Hinzu kommen die anscheinend zu hohen Kosten für Investitionen in netzbasierte Lernsysteme sowie die mangelnde Erfahrung mit E-Learning-Systemen und die daraus resultierende Unsicherheit im Hinblick auf die erforderliche Infrastruktur und die Anforderungen an die Didaktik und Methodik dieser Systeme.

Bildungsmanager müssen in der Lage sein, mit solchen Widerständen proaktiv umzugehen. Deshalb benötigen sie eine Strategie zur Umsetzung ihrer Bildungspolitik, die sich an der Unternehmensstrategie ausrichtet und die Aspekte der Unternehmenskultur berücksichtigt.

Dieses strategische Qualifizierungsmanagement setzt im Einzelnen folgende Elemente voraus.

Abb. 18: Integration strategischer Prinzipien im Qualifizierungsmanagement

Der Erfolg eines Unternehmens hängt entscheidend davon ab, inwieweit es gelingt, den Entwicklungsprozess aller Mitarbeiter im Sinne der Unternehmensstrategie zu steuern. Zentrale Voraussetzungen dafür sind das Unternehmensbild sowie die Unternehmensidentität, die sich wiederum aus der Unternehmensphilosophie und der Unternehmenskultur ergeben. Die Managementinstrumente sowie das Führungshandeln können sinnvollerweise nur in diesem Kontext entwickelt werden. Folglich muss auch das Qualifizierungssystem auf diesen Rahmenbedingungen aufbauen, wenn es Akzeptanz finden soll. Deshalb benötigt jedes Unternehmen individuelle Lösungen für die Qualifizierungskonzeption sowie die daraus abgeleiteten Lerninstrumente.

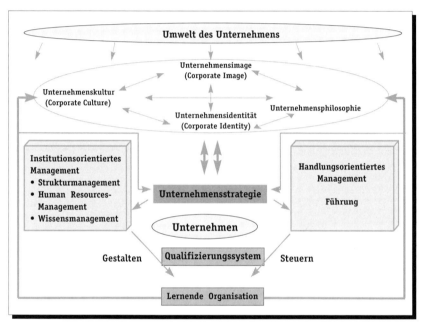

Abb. 19: Qualifizierungsmanagement im Kontext der Unternehmensstrategie

Das **Unternehmensbild** spiegelt sich in hohem Maße in den Symbolen, z. B. der Kleidung, wider. Es kann unterschieden werden in ein **Binnenimage**, welches das Bild der Mitarbeiter von ihrem Unternehmen wiedergibt, und ein **Außenimage**, das durch die äußere Umwelt geprägt wird. Nur wenn beide Sichtweisen weitgehend übereinstimmen, kann auf Dauer erfolgreiche Qualifizierungsarbeit geleistet werden. Eine klare und eindeutige Profilierung der Unternehmung nach innen und nach außen fördert die rasche (Wieder)erkennbarkeit der Unternehmung im Innen- und Außenverhältnis, stärkt das »Wir-Bewusstsein« und den Firmenstolz und unterstützt sämtliche Synergieeffekte.

Die Unternehmensidentität ergibt sich aus der Einheit von insgesamt vier sozialen Feldern, die zwar voneinander unterschieden, jedoch nicht ohne einander sein können.

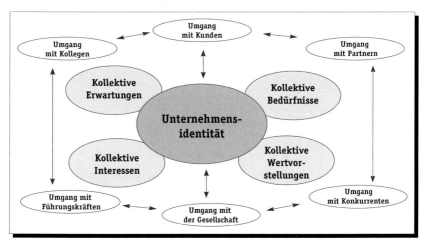

Abb. 20: Die Unternehmensidentität bestimmt den Umgang im Unternehmen

Die Veränderung eines Feldes führt zwangsläufig auch zu einer Änderung bei den anderen Feldern. Unternehmensidentität und Unternehmensimage können auseinanderdriften. Dies ist besonders dann der Fall, wenn die obere Geschäftsführung für ihr Unternehmen – am »grünen Tisch« – eine Unternehmensidentität formuliert, oder externe Berater dem Unternehmen eine Identität von außen verordnen, welche nicht zu dem Unternehmen passt. Eine strategieorientierte Unternehmensidentität kann sich nur aus einem Prozess entwickeln, der die Mitarbeiter mit einbezieht. Eine zentrale Rolle in dieser Entwicklung spielt deshalb das Qualifizierungssystem, das sich an dieser Zielrichtung ausrichten muss. Die Fragen, die sich in Hinblick auf die Gestaltung der Unternehmensidentität ergeben, sind deshalb in die Qualifizierung mit zu integrieren.

Unternehmensphilosophie bezeichnet eine Orientierung des Unternehmens, die es ihm erlaubt, die alltäglichen Probleme und Aufgaben mit einer gemeinsamen Grundausrichtung zu bewältigen. Sie soll dem Handeln der im Unternehmen Tätigen einen Sinn geben und es verständlich machen.

Unternehmenskultur ist das System von Normen, Wertvorstellungen und Denkhaltungen, die das Verhalten der Mitarbeiter aller Stufen und somit das Erscheinungsbild eines Unternehmens prägen. In diesem Sinne bezeichnet dieser Begriff das von allen Mitarbeitern anerkannte und als Verpflichtung angenommene Werte- und Zielsystem der Unternehmung. Die Mitarbeiter leben in ihr, reflektieren sie aber oftmals nicht. Konkretisiert wird die Unternehmenskultur letztendlich in den Handlungsweisen, die sich aus diesen spezifischen Werthaltungen ableiten.

Der bestimmende Teil der Unternehmenskultur sind Werthaltungen, welche als »Fundament« der Strategien und Organisation bezeichnet werden können. Dazu zählen z. B. Kunden-, Qualitäts-, Wirtschaftlichkeits- oder Kommunikationsorientierung sowie Eigenverantwortung.

Die Unternehmenskultur eines Unternehmens zeigt sich sowohl in **direkt erfahrbaren Kulturebenen**, der sogenannten **Artefakte** (Strategien, Strukturen, Prozesse, Führung) als auch in der **unsichtbaren Bedeutungsebene** (Werte und unbewusste Handlungsweisen).

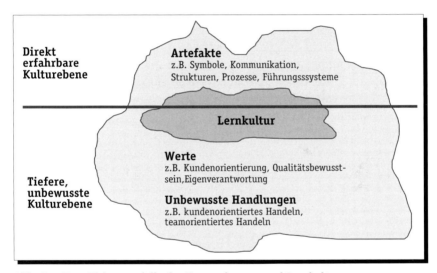

Abb. 21: Das »Eisbergmodell« der Unternehmens- und Lernkultur

Die Unternehmenskultur bildet wiederum den Rahmen für die Lernkultur. In einem Unternehmenssystem, das z. B. durch Zielorientierung und hohe Eigenverantwortung der Mitarbeiter geprägt ist, kann die Qualifizierung nicht mehr in einer Lernkultur erfolgen, die durch Passivität der Lerner und hohe Dozentenorientierung geprägt ist. Die Akzeptanz der Teilnehmer würde deutlich zurückgehen. Die Kultur der Lernwelt muss vielmehr die gewünschte Unternehmenskultur vorwegnehmen, um damit aktiv Einfluss auf sie zu nehmen. Damit wird die Gestaltung der Unternehmenskultur ein wesentliches Richtziel des Qualifizierungssystems.

3.1.4 Konzept zur Entwicklung einer Qualifizierungsstrategie

Wer nicht genau weiß, wohin er will, darf sich nicht wundern, wenn er ganz woanders ankommt.

Robert F. Mager, Didaktiker

Die Entwicklung einer Qualifizierungskonzeption setzt eine klar definierte Qualifizierungsstrategie voraus. Der Strategiebegriff wird durch zwei zentrale Elemente gekennzeichnet.

- **Formulierung:** Festlegung der langfristigen Ziele und der Unternehmenspolitik.
- **Implementierung:** Gestaltung der Strukturen und Prozesse, die erforderlich sind, um die Strategie umzusetzen.

Die **Entwicklung einer Qualifizierungsstrategie** erfolgt sinnvollerweise nach einem Phasenmodell, das bei der Analyse des Unternehmens und der Rahmenbedingungen beginnt und bei der Umsetzung der Unternehmensstrategie in die Qualifizierungsstrategie endet. Die Mitarbeiter und Führungskräfte sollen dabei von Anfang an direkt oder indirekt mit einbezogen werden.

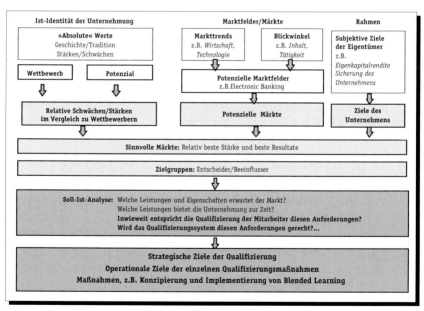

Abb. 22: Checkliste zur Entwicklung einer Qualifizierungsstrategie (nach H. W. Richter 1997)

Alle Qualifizierungsmaßnahmen leiten sich direkt aus der Unternehmensstrategie ab. Betriebliche Bildung hat damit in erster Linie den Auftrag, dazu beizutragen, die Unternehmensziele zu realisieren.

3.1.5 Auf dem Weg zur Lernenden Organisation

Lernende Organisationen sind möglich, weil das Lernen nicht nur in unserer Natur liegt, sondern weil wir leidenschaftlich gern lernen.

Peter M. Senge, Managementberater

Die veränderten Anforderungen, welche sich aus den gewandelten Umwelt- und Wettbewerbsbedingungen ergeben, setzen für erfolgreiche Unternehmen drei **Schlüsselqualifikationen** voraus:

- Die Fähigkeit, die sich wandelnden Bedürfnisse der Kunden zu erkennen,
- die Handlungsfähigkeit zur Befriedigung der Kundenbedürfnisse,
- die permanente Lernfähigkeit aller Mitarbeiter einer Organisation.

Damit weisen Schlüsselqualifikationen zwei grundlegende Merkmale auf

- **übergreifend:** Die Fähigkeiten können für vielfältige Bereiche und Tätigkeiten herangezogen werden.
- **überdauernd:** Die Fähigkeiten können auch bei veränderten Rahmenbedingungen angewandt werden.

Wandel von der Produktionsgesellschaft zur **Wissensgesellschaft**

Lernende Organisation
Eine Organisation,
die das Lernen aller Mitarbeiter ermöglicht und fördert.
Aus diesem Prozess heraus entwickelt
sich die Organisation kontinuierlich selbst weiter.

Wertewandel in Richtung
Individualität und Selbstverantwortlichkeit

Abb. 23: Vision der Lernenden Organisation

Voraussetzung dafür ist, dass **alle** Mitarbeiter **im Bedarfsfall sofort** über das für ihre Aufgaben bzw. zur Lösung der Problemstellungen der Kunden **notwendige** Wissen verfügen. Der Weg dahin führt über die **Lernende Organisation.**

Die **Lernende Organisation** kann nur verwirklicht werden, wenn die heute teilweise immer noch getrennten Welten der Strategie-, Struktur-, Führungs- und Kulturentwicklung im Rahmen eines Veränderungsmanagements miteinander verknüpft werden. Dafür sind insbesondere folgende **Elemente** erforderlich:

- Die konsequente Ausrichtung der Qualifizierung an den **Bedürfnissen der Kunden**,
- Lernen wird zum **integralen Bestandteil der Unternehmenskultur** und liegt primär in der **Eigenverantwortung der Mitarbeiter**,
- die Führungskräfte unterstützen diese natürlichen Lernprozesse als **Coach** (Entwicklungspartner) ihrer Mitarbeiter,
- Lernen und Arbeiten werden zu einer **Einheit** und damit verlagert sich das Lernen immer mehr zum **natürlichen, situativen Lernen am Arbeitsplatz**,
- **neu erworbenes Wissen der Mitarbeiter**, z. B. besondere Erfahrungen oder Schwierigkeiten und die entsprechenden Lösungskonzepte, müssen dem Unternehmen aktiv und zeitnah zur Verfügung gestellt werden, damit sie »konserviert« werden können,
- die aktive Wissensvermittlung und permanente Weiterentwicklung des organisationalen Wissens wird Element der **Zielvereinbarung** und **Belohnungssysteme.**

Individuelles Lernen in der betrieblichen Bildung weist dabei insbesondere folgende **Merkmale** auf:

> - **Lernen** ist eine **dauerhafte Veränderung des Handelns**, die sich aus einer aktiven Auseinandersetzung mit dem gesamten Wissen der Unternehmung (organisationalem Wissen), d. h. der Informationen, Eindrücke und Erfahrungen ergibt,
> - **Lernen** findet in einem **zielorientierten Prozess** der Aufnahme von subjektiv und objektiv neuen Lerninhalten und der **Verarbeitung zu Wissen** über die Einordnung und Verknüpfung von Informationen, Eindrücken und Erfahrungen in die bestehende Wissensstruktur statt.

Diese Lernprozesse können nicht reglementiert werden. Es ist ein Lernsystem erforderlich, welches das **Lernen aller Mitarbeiter** im Sinne der

Unternehmensstrategie steuert. Der Lernende wird dabei immer mehr selbst über seine Lernziele bestimmen und entscheiden, in welchem Modell er was, wie schnell und wofür lernt. Es werden deshalb **modularisierte Lernangebote** benötigt, die die Möglichkeiten der neuen Medienwelt nutzen, Lerninhalte bei Bedarf individuell abzurufen.

Das **organisationale Lernen** geht von der Grundannahme aus, dass die Fähigkeiten einer Organisation größer sind als die Summe der Fähigkeiten der einzelnen Mitarbeiter. Dies setzt jedoch voraus, dass die möglichen **Synergieeffekte** in einer Organisation aktiv gefördert und genutzt werden.

> **Organisationales Lernen** basiert auf einem **Lernsystem** mit der Zielsetzung, das **Problemlösungspotenzial einer Organisation** zu steigern, indem kontinuierliche, planmäßige und zielgerichtete Lernprozesse zur **Entwicklung neuen organisationalen Wissens** initiiert werden.

Kundennähe und langfristige Kundenbeziehung stehen als Leitlinien der betrieblichen Bildungskonzeptionen im Vordergrund. Diese Prämisse wird die Lernkonzeptionen der Zukunft entscheidend prägen. Die **Leitlinie** der Bildungsarbeit sind somit die **Erwartungen der Kunden von morgen.**

Die Mitarbeiter können aufgrund veränderter Führungs- und Steuerungssysteme immer mehr Verantwortung übernehmen. Neue Arbeitsformen, z. B. Arbeiten von Zuhause aus, erfordern neue Führungskonzepte. Die Führungskräfte übernehmen zunehmend die Funktion des Coaches, d. h. des Entwicklungspartners der Mitarbeiter. Die Bildungsarbeit in den Unternehmen hat die Aufgabe, diesen Prozess zu fördern. Parallel dazu wird immer mehr Verantwortung auf eigenverantwortliche Teams übertragen. Der Abbau der Hierarchien hat zur Folge, dass die Kommunikation auf horizontaler Ebene gegenüber der vertikalen Kommunikation an Bedeutung gewinnt.

Die **Kernfrage des Konzeptes der lernenden Organisation** besteht darin, wie die Früchte aller individuellen Lernerfahrungen oder Lernzuwächse von Teams in die Unternehmung eingebracht werden und somit zur Steigerung der Problemlösungsfähigkeit beitragen können. Es kommt also primär nicht darauf an, wieviel einer weiß, sondern **wie viele es wissen.**

Eine Organisation, die in diesem Sinne bewusst und aktiv lernt, muss bestimmte Voraussetzungen erfüllen, die im Rahmen eines kontinuierlichen Prozesses in einem Unternehmen implementiert werden.

Die **notwendige Grundlage** auf dem Weg zur Lernenden Organisation ist eine **gemeinsame Vision,** die in einem Lernprozess unter Beteiligung aller Mitarbeiter entwickelt wird. Dieses kollektive Erarbeiten und Formulieren der Vision hat die Kumulierung der Einzelvisionen zur Folge. Die Vision gibt allen Mitarbeitern ein **Zielsystem**, das sinnstiftend, sinnvermittelnd und ideenschaffend wirkt.

Damit sich die Organisation als Ganzes verändern kann, muss sich zunächst der einzelne Mitarbeiter ändern. Das Lernen der Unternehmung ist damit abhängig vom individuellen, aufgabenbezogenen Lernen. Organisationales Lernen wird jedoch erst dann initiiert, wenn diese **individuellen Lernprozesse** in einen **integrierten Prozess des Teamlernens** einfließt.

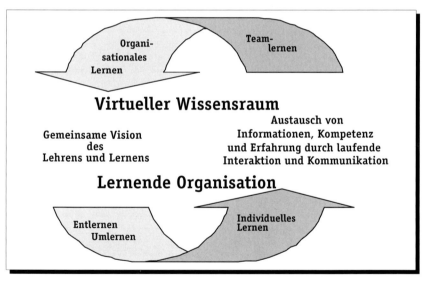

Abb. 24: Der Kreislauf des organisationalen Lernens

Ein systematischer Lernprozess der Organisation wird damit in **drei Stufen** umgesetzt.

- **Entlernen:** Gewohnte Strukturen, etablierte Herrschaftsverhältnisse, überlieferte Erfahrungswerte und »bewährte« Gewohnheiten, die sich nicht laufend den veränderten Rahmenbedingungen anpassen, bewirken tendenziell eine Trägheit der Organisation und verhindern damit die Möglichkeiten zur Veränderung. Solche **eingefahrenen**

Routinen blockieren neues Lernen und müssen deshalb abgebaut werden. Dies setzt voraus, dass die bestehenden Handlungsmuster der Mitarbeiter laufend kritisch in Hinblick auf die Zielrelevanz überprüft und bei Bedarf verändert werden. Die wesentliche Grundlage dafür ist ein **regelmäßiges Feedback** durch Kollegen, Führungskräfte, Kollegen oder Lernsysteme.

- **Umlernen:** Die Zielsetzung individueller Lernprozesse besteht darin, die **handlungsorientierten Prozesse und Strukturen** der einzelnen Mitarbeiter laufend im Sinne der Unternehmensstrategie zu optimieren. Damit wird die Grundlage dafür geschaffen, dass die Mitarbeiter in der Lage sind, neu auftretende Problemstellungen zu lösen.

- **Teamlernen:** Als **Team** kann eine **aktive Gruppe** von Mitarbeitern mit **gemeinsamen Zielen** definiert werden, welche nach akzeptierten Regeln zusammenarbeiten. Das Lernen von Teams ist ein **gemeinsamer, langfristiger Prozess** aller Mitarbeiter eines Teams, bei dem individuelles Wissen für das Team und das gesamte Unternehmen nutzbar gemacht wird. Der Nutzen des Wissens wird damit multipliziert. Dies setzt einen **intensiven Informationsaustausch** und **Kommunikation**, wie Dialog und Diskussion, voraus. Aus dieser Interaktion entstehen wiederum Synergieeffekte, da das neu erworbene Teamwissen wiederum neue individuelle Lernprozesse auslöst. Voraussetzung für diese Prozesse sind **eine hohe Transparenz des Wissens** der Lernenden Unternehmung. Die Ergebnisse der unzähligen Lernprozesse, der **Wissenszuwachs**, müssen im Konzept der Lernenden Organisation »**konserviert**« werden, damit sie allen Mitarbeitern zur Verfügung gestellt werden können.

Aus der Vernetzung dieser Lernbereiche entsteht **organisationales Lernen**, das **neues Wissen** schafft. Der **Begriff des Wissens** umfasst dabei alle nutzbaren Informationen, Erfahrungen und Denkweisen, die zur zielgerichteten Lösung dieser Probleme in der zukünftigen Arbeitswelt erforderlich sind.

Dieses Wissen wirkt sich auf **vier Ebenen** aus:

- **Erkenntnisse**, die zur Beherrschung des jeweiligen Fachgebietes notwendig sind,
- **problemorientierte Fähigkeiten** und die Kompetenz, Systeme zielgerichtet zu nutzen,
- **systemisches Denken und Handeln** mit Intuition,
- **kreatives Handeln** aus eigenem Willen und Gespür für ethische Maßstäbe.

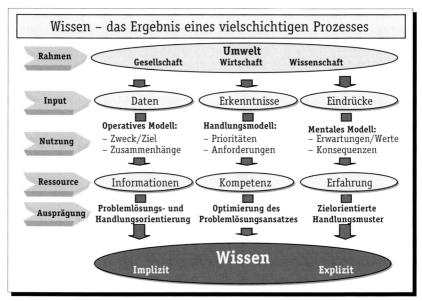

Abb. 25: Der Prozess der Wissensentwicklung

Deshalb wird ein Prozess zur Integration von Informations-, Lern- und Führungssystemen in ein ganzheitliches Konzept angeregt. Die neuen Medien können wesentlich dazu beitragen, diesen Prozess zu fördern.

Hindernisse auf dem Weg zur Lernenden Organisation können vor allem strategische und kulturbezogene »Stolpersteine« sein. Dazu gehören z. B. die Verdrängung wahrer Ursachen für Probleme, begrenzte Weitergabe von Informationen, Abschottung gegen Impulse von außen oder Ressortegoismus. Eine besondere Rolle spielt die **Veränderungsangst,** die durch Einschnitte in die eigene Arbeitswelt, z. B. durch eine Änderung der Arbeitsroutinen, sowie die Unsicherheit über die eigene berufliche Zukunft bei den Betroffenen ausgelöst wird. Eine wesentliche Rolle spielen hierbei auch Ängste in Hinblick auf ungewohnte Lern- und Sozialformen. Deshalb sind auch solche Innovationen in einem kulturgerechten Implementierungsprozess einzuführen.

3.1.6 Die Rolle der innerbetrieblichen Bildungsanbieter

Die Bildungsverantwortung wandert zunehmend in den Bereich der Führungskräfte und ihrer Mitarbeiter, die als Coach ihrer Mitarbeiter deren Entwicklungsprozesse steuern. Die didaktische Konzeption der Unternehmen wird immer mehr durch das Primat der Ziele geprägt. Im Vordergrund steht die Frage, welche Problemstellungen die Mitarbeiter am

Arbeitsplatz zu lösen haben und anhand welcher exemplarischer Inhalte die Problemlösungskompetenz vermittelt werden kann. Innerbetriebliche Bildungsanbieter werden deshalb verstärkt als Begleiter von kulturverändernden, organisationalen Lernprozessen angesehen, die, losgelöst von seminaristischen Angeboten, langfristige Entwicklungen im Unternehmen mit ihren Weiterbildungsangeboten unterstützen.

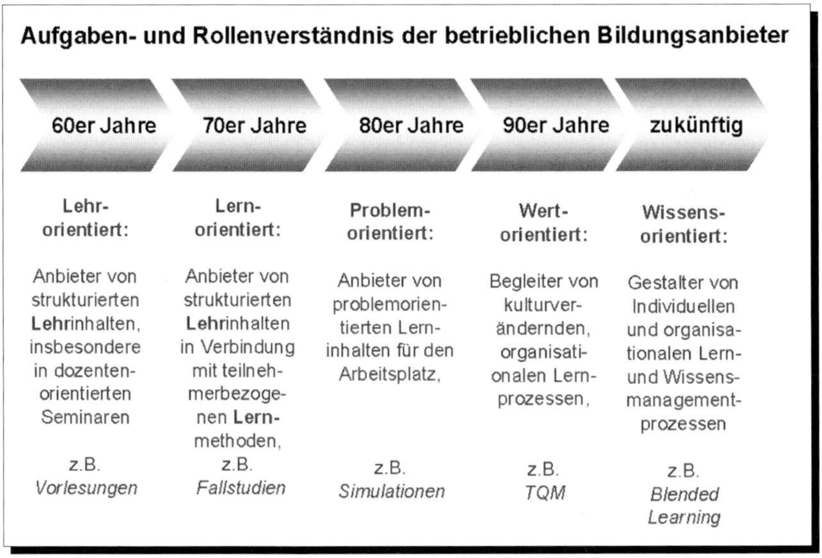

Aufgaben- und Rollenverständnis der betrieblichen Bildungsanbieter

60er Jahre	70er Jahre	80er Jahre	90er Jahre	zukünftig
Lehrorientiert:	Lernorientiert:	Problemorientiert:	Wertorientiert:	Wissensorientiert:
Anbieter von strukturierten Lehrinhalten, insbesondere in dozentenorientierten Seminaren	Anbieter von strukturierten Lehrinhalten in Verbindung mit teilnehmerbezogenen Lernmethoden,	Anbieter von problemorientierten Lerninhalten für den Arbeitsplatz,	Begleiter von kulturverändernden, organisationalen Lernprozessen,	Gestalter von Individuellen und organisationalen Lern- und Wissensmanagementprozessen
z.B. Vorlesungen	z.B. Fallstudien	z.B. Simulationen	z.B. TQM	z.B. Blended Learning

Abb. 26: (Vom Seminaranbieter zum Wissensbroker
Quelle: In Anlehnung an: Schmidt-Lauff (1999), S. 47 und Stiefel (1999), S. 2 f.)

Die Weiterbildung wird zunehmend wert- und wissensorientiert, so dass die Veränderung der Denk- und Handlungsweisen aller Mitarbeiter und damit der Unternehmenskultur zum zentralen Thema wird. Für die Bildungsanbieter bedeutet dies, dass sie die Aufgabe übernehmen, ihre Kompetenz in die Identifikation von Normen und Werten einzubringen und die Führungskräfte in ihrer Schlüsselfunktion zu unterstützen. Ihre neue Herausforderung liegt somit darin, in einem permanenten Prozess der Organisationsentwicklung Lernsysteme zu konzipieren, zu implementieren und zu steuern.

Die überbetrieblichen Bildungsanbieter übernehmen in diesem Zusammenhang die Rolle eines externen *Moderators* der Prozesse einer Lernenden Organisation.

3.2 Grundkonzeption zukunftsorientierter beruflicher Qualifizierungssysteme

Lernangebote haben nur eine Chance, wenn sie passgenau auf die Bedürfnisse der Menschen zugeschnitten sind.

Bertelsmann Stiftung

Die betrieblichen Bildungsanbieter werden von den Veränderungen in der Arbeits- und Qualifizierungswelt in besonderem Maße betroffen. E-Learning wird hierbei immer mehr als eine Ergänzung bzw. Bereicherung »klassischer« Lernformen mit dem Ziel, die Selbststeuerung und Problemorientierung zu optimieren, verstanden.

> **Blended Learning** (engl. blender = Mixer) ist ein integriertes Lernkonzept, das die heute verfügbaren Möglichkeiten der Vernetzung über Internet oder Intranet in Verbindung mit »klassischen« Lernmethoden und -medien in einem sinnvollen Lernarrangement optimal nutzt. Es ermöglicht Lernen, Kommunizieren, Informieren und Wissensmanagement, losgelöst von Ort und Zeit in Kombination mit Erfahrungsaustausch, Rollenspiel und persönlichen Begegnungen in klassischen Präsenztrainings.

Im Einzelnen ergeben sich daraus folgende Ansatzpunkte zur Weiterentwicklung von Bildungssystemen:

- System eigenverantwortlicher und selbstgesteuerter Lernprozesse
- Laufendes Feedback über aktuellen Stand des Lernprozesses
- Flankierung und Steuerung der Lernprozesse der Lernenden
- Flexible, bedarfsgerechte Gestaltung und permanente Weiterentwicklung des Zielsystems, der Lerninhalte sowie der Methoden
- Entwicklung der Sozial- und Problemlösungskompetenz

Diese Anforderungen können nicht mehr mit »klassischen« Lernformen in Präsenzveranstaltungen, aber auch nicht mit rein computer- oder webbasierten Lernsystemen erfüllt werden. Es ist vielmehr eine bedarfsgerechte Komposition beider Bereiche mit dem Ziel, jeweils die für die einzelne Lernform sinnvollste Lösung zu finden, erforderlich.

3.2.1 Lernen in der Wissensgesellschaft

In der Bildungslandschaft gibt es seit einiger Zeit eine Vielzahl von Ansätzen mit dem Ziel, Neue Medien oder Netzsysteme in die Qualifizierungsprozesse zu integrieren. Hierbei stehen jedoch vielfach Insellösungen im Vordergrund, obwohl die Erfahrungen zeigen, dass die Integration neuer Technologien grundlegend neu gestaltete Lernprozesse und veränderte Lernverantwortungen erfordern. Aus diesem Grunde benötigen die Bildungsanbieter eine **ganzheitliche Konzeption**, in der, ausgerichtet an den Bedürfnissen der Lernenden und der Unternehmen, klassische und technologiegestützte Lernformen kombiniert werden.

Ziele und Inhalte von Qualifizierungssystemen orientieren sich an den Entwicklungen in Wissenschaft und Praxis. Dies bewirkt eine besonders **hohe Veränderungsgeschwindigkeit** und erfordert deshalb grundlegend **neue Formen des Lernens**. Die Vermittlung von Faktenwissen wird immer mehr abgelöst durch das Ziel, die Problemlösungskompetenz im Rahmen von simulativen Umgebungen und des Coachings in der Praxis zu steigern. Klassische Übungsaufgaben werden ersetzt durch interaktive Wissensräume, in denen die Lernenden ihre Handlungskompetenz simulativ in kooperativen Situationen mit anderen Lernenden trainieren und aufgenommene Informationen zu Wissen verarbeitet und vernetzt werden können.

Letztendlich schlägt sich der Erfolg der Lernenden in veränderten Handlungsweisen nieder. Bildungssysteme der Zukunft sind deshalb, entsprechend den Veränderungen in Gesellschaft und Arbeitswelt, als hybrides System mit virtueller Lernumgebung im Internet bzw. Intranet zu konzipieren, in dem geplantes und situatives Lernen mit hoher Intensität der Lernereinbindung und Kommunikation zwischen den Lernenden mit möglichst großer Arbeitsplatznähe gefördert wird. Ein zentrales Element bilden hierbei Simulationen in experimentellen, virtuellen Lernumgebungen, welche im Rahmen von laborähnlichen Problemstellungen einen praxisgerechten Wissenstransfer ermöglichen. Damit rückt die Vision der **Virtuellen Lerngemeinschaft (Virtual Learning Community)** ein weiteres Stück näher.

3.2.2 Lernen in der betrieblichen Qualifizierung

Bis in die Achtzigerjahre waren die betrieblichen Qualifizierungssysteme in hohem Maße durch Dozentenorientierung und starre Lerninhalte geprägt. Heute wird die didaktische Konzeption verstärkt durch das Primat der Ziele geprägt (vgl. Klafki 1996). Im Vordergrund steht die Frage, welche Problemstellungen die Mitarbeiter am Arbeitsplatz zu lösen haben und anhand welcher exemplarischen Inhalte die Problemlösungskompetenz vermittelt werden kann.

Aus diesem Ansatz ergeben sich insbesondere folgende Anforderungen an berufliche Qualifizierungssysteme:

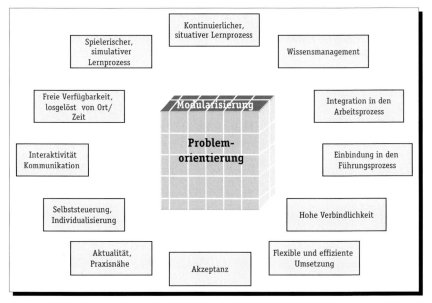

Abb. 27: Anforderungen an zukunftsorientierte Lernsysteme

- Die Lernangebote müssen in hohem Maße modularisiert werden, damit die Forderung nach problemorientiertem, situativem Lernen erfüllt wird.
- Die Qualifizierungsangebote müssen auf der gewohnten Lernkultur aufbauen, damit eine hohe Akzeptanz geschaffen werden kann; E-Learning muss deshalb in bereits vorhandene Qualifizierungsprozesse der Unternehmung integriert werden.
- Hohe Aktualität und Praxisnähe schaffen unternehmensweit Nutzen.
- Dies setzt wiederum voraus, dass das Lernen durch die Mitarbeiter im Rahmen der strategischen Ausrichtungen und Zielvereinbarungen selbst gesteuert und individuell gestaltet werden kann.
- Selbstgesteuerte Lernprozesse benötigen ein regelmäßiges Feedback in standardisierter, interaktiver Form durch das System oder in persönlicher Form durch Lernpartner und Experten.
- Das Lernen soll immer mehr losgelöst von Ort und Zeit erfolgen, damit jeder Lerner seinen Lernprozess nach seinen Bedürfnissen gestalten kann.
- Simulative Lernelemente, z. B. Planspiele, ermöglichen risikolose Erfahrungen im Rahmen eines »Lernlabors«.

- Die Forderung nach situativem Lernen am Arbeitsplatz macht eine Integration in den Arbeitsprozess und die Verknüpfung mit Projektlernen notwendig; das Ziel besteht immer mehr in der Steigerung der Problemlösungskompetenz und Handlungsorientierung, so dass dann gelernt wird, wenn ein Problem auftritt.
- Wissensmanagementelemente sollten in das Lernsystem integriert werden, damit Erfahrungen und Eindrücke aus der Praxis für alle verfügbar werden; gleichzeitig können im Rahmen von Lernszenarien mentale Barrieren gegen die aktive Weitergabe und Nutzung von Wissen abgebaut werden.
- Die Führungskräfte sollen sich zunehmend als Coach, d. h. Entwicklungspartner der Mitarbeiter, in deren Lernprozesse einbringen, und damit eine hohe Verbindlichkeit erzeugen.
- Das Qualifizierungssystem muss flexibel und effizient realisiert werden können.

3.2.3 Anforderungen an betriebliche Lernprozesse

Jeder Lernende unterscheidet sich von jedem anderen. Jedes Gehirn arbeitet anders.

Chris Ward

Im »klassischen« Seminar, insbesondere mit größeren Teilnehmerzahlen, hat der Dozent nur begrenzte Möglichkeiten, auf die individuellen Aspekte eines Lerners einzugehen. Es ist unbestritten, dass mit lernerzentrierten Methoden, z. B. Partner- und Gruppenarbeiten oder Rollenspielen, erhebliche Fortschritte erzielt wurden. In der Realität überwiegt aber nach wie vor der dozentenorientierte Unterrichtsstil. Da Lerner aber sowohl bei Über- als auch bei Unterforderung demotiviert werden, ist die Gefahr, dass Lerner die Lust verlieren, in Seminaren mit homogenem Lernniveau und nahezu identischer Lerngeschwindigkeit sehr hoch.

E-Learning-Systeme bieten grundsätzlich vielfältige Möglichkeiten, individualisierte Lernprozesse zu fördern, sofern die didaktisch-methodische Konzeption konsequent auf diese Anforderung hin ausgerichtet wird. Durch die individuelle Auswahl der jeweils zu bearbeitenden Lerninhalte zum einen und durch die Möglichkeit, das jeweilige individuelle Lerntempo einzuhalten, ist schon ein deutlicher Mehrwert gegenüber Lernformen gewonnen, die sozusagen »durchschnittliche« Vorkenntnisse, Lernziele und Lerngeschwindigkeiten voraussetzen müssen. Doch innovative Ansätze gehen heute weiter: Auch der Zugang zum Lernprozess des Einzelnen kann variieren, je nachdem wie »direkt« der Einzelne in eine Problemstellung einsteigen (problemorientierter Zugang) oder wie viel Vorkenntnisse und Basisinformationen er zunächst sichten oder erarbeiten will (Zugang über anzuwendenden Wissenskanon). In einem persönlichen Bereich kann der Lerner seine Ergebnisse und Leistungen, aber auch Lernempfehlungen jederzeit abrufen.

Ausgehend von der Grundlagenforschung im Bereich menschlichen Lernens und Handelns (vgl. Wahl 1991) kann somit als eine der wichtigsten Aussagen festgehalten werden, dass jeder Mensch in ganz einzigartiger Weise Informationen aufnimmt, diese in sehr individueller Weise verarbeitet und schließlich unverwechselbar für sich abspeichert. Diese außerordentlich spezifischen Formen des Lernens und Handelns zeigen sich unter anderem in extrem unterschiedlichen (Vor-) Kenntnisstrukturen, verschiedenartigen Lernstrategien sowie in Lerntempounterschieden, die bei Erwachsenen bis zum Faktor neun variieren können. Dies bedeutet in letzter Konsequenz, dass jeder Lerner einen individuellen Lernweg benötigt.

Neue Medien und virtuelle Lernsysteme können dazu beitragen, diese Voraussetzungen zu schaffen. Lernen in interaktiven Wissensräumen ist dabei primär selbstgesteuert. Betriebliche Qualifizierung erfordert dennoch ein Tutoring-System, damit die strategische Ausrichtung der Bildungsmaßnahmen gesichert wird. Führungskräfte oder Tutoren vereinbaren deshalb im Rahmen der Systeme der Personalsteuerung mit den Lernenden in einem Zielvereinbarungsgespräch überprüfbare Lern- und Wissensziele für die kommende Lernperiode. Unterstützt werden diese Lernprozesse von Experten und Lernpartnern. Meldet das System, dass der Lernende die vereinbarten Ziele nicht einhält bzw. einhalten kann, so wird der Tutor bzw. der Bildungsanbieter intervenieren und gemeinsam mit dem Lernenden weitere Schritte festlegen. Am Ende der Lernperiode wird der Lernende mit dem Tutor über seine Lernerfahrungen reflektieren und neue Lernziele festlegen.

Individuelles Lernen ist hierbei als ein Prozess anzusehen, der auf vorhandenen Erfahrungen aufbauend neue Erfahrungen ermöglicht. Im Endeffekt schlägt sich Lernen in einer dauerhaften Veränderung des Handelns nieder (vgl. Wahl 1991). Individuelles Lernen ist somit ein Prozess, bei dem Daten aus der Umwelt als Informationen wahrgenommen und in Form einer neuen Vernetzung als Wissen gespeichert werden.

Wissen ist damit das Ergebnis eines vielschichtigen Entwicklungsprozesses, der neben dem Bereich der Informationsaufnahme die Segmente der Kompetenz und der Erfahrung beinhaltet. Diese Prozesse setzen aber voraus, dass die Lernenden die Chance erhalten, ihre Lernprozesse problemorientiert und selbstgesteuert zu gestalten.

Besondere Anforderungen an das Qualifizierungssystem leiten sich aus der Differenzierung des Wissens in einen impliziten und expliziten Bereich ab.

Explizites Wissen ist beschreibbares, formalisierbares, zeitlich stabiles Wissen, welches standardisiert, strukturiert und methodisch in sprachlicher Form in Dokumentationen, Datenbanken oder Prozessen angelegt werden kann. Implizites Wissen ist dadurch gekennzeichnet, dass es sich nur unvollständig formalisieren lässt. Es ist weit gehend aktionsgebunden, stillschweigend und höchst subjektiv (Bullinger 1997). Es beinhaltet sowohl eine prozedurale als auch eine kognitive Komponente.

Das prozedurale Wissen wird durch individuelles Können, Fähigkeiten und Kompetenzen geprägt, die ein Individuum zur Lösung von Problemen benutzt. Es beeinflusst damit nachhaltig die Wertehaltung und das Handeln der Menschen. Erst mittels Metaphern, Bildern, Analogien und Simulationen kann es in explizites Wissen verwandelt und damit greifbar und erfassbar gemacht werden. Individuelles Lernen schlägt sich deshalb in einem Zuwachs des impliziten und expliziten Wissens und damit des Handelns des einzelnen Lernenden nieder.

Lernen bedeutet auf dieser Basis eine zielbezogene Veränderung der Wissensbasis einer Organisation. Für die Bildungsanbieter der Zukunft ergeben sich daraus folgende Schlüsselfragen:

- *Wie kann individuelles und organisationales Wissen strukturiert, genutzt und weiterentwickelt werden?*
- *Wie kann individuelles, implizites Wissen organisationsweit transparent gemacht und damit zu explizitem Wissen verwandelt werden?*
- *Wie kann relevantes Wissen dort bereitgestellt werden, wo es benötigt wird?*
- *Wie ist individuelles Expertenwissen zu identifizieren, zu speichern und unternehmensweit zu transferieren?*

Diese Fragen erfordern ein Lern- und Wissenssystem, welches **systematisch geplantes Lernen** innerhalb der betrieblichen Aus- und Weiterbildung und **situatives Lernen**, das sich aus Problemlösungen in der betrieblichen Praxis ergibt, miteinander vernetzt. Im **Wissens-Netzwerk** wird neben standardisiertem Lernwissen auch das gesamte Wissen, das die Mitarbeiter laufend eingeben, gespeichert. Damit wächst der Wissensvorrat der Unternehmung permanent. Diese Datenbank wird problemorientiert strukturiert, so dass die Mitarbeiter Transparenz erhalten und mit Hilfe eines Suchsystems rasch Lösungen für ihre Aufgaben in der Praxis finden können

Die Realisierung dieser Anforderungen bedingt eine grundlegend neue Lernkultur, in der die Lernenden ihr Wissen aktiv an ihre Kollegen und das Team weitergeben. Dies stellt wiederum hohe Anforderungen an das Führungssystem und die Führungskräfte, die in diesem System handeln.

Ein effizientes Wissensmanagement, das dem Lernenden die Möglichkeit bietet, erworbenes Wissen in die Lerngemeinschaft einzubringen und bei Bedarf zielgerichtet abzurufen und in zielorientiertes Handeln zu transferieren, wird immer bedeutsamer für die Unternehmen und damit auch für deren Bildungsinstitutionen. Damit wird geplantes Lernen durch situatives Lernen, das sich aus der Lösung von Wissenschafts- und Praxisproblemen nahezu natürlich ergibt, erweitert. Es entsteht ein **dynamisches Wissenssystem**, welches in einem permanenten Entwicklungsprozess durch die Lernenden, die Dozenten sowie die Fachleute aus der Praxis aktualisiert und erweitert wird. Hierbei erfolgt das Lernen in einer virtuellen Lerngemeinschaft, die in einem integrierten System der Lernorte Bildungsakademie, Unternehmen und Privatbereich der Lernenden realisiert wird.

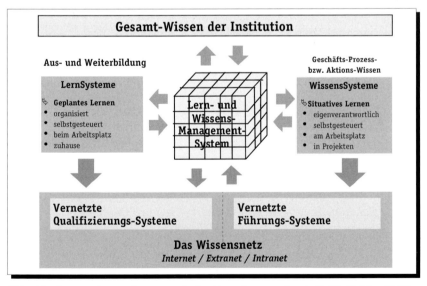

Abb. 28: System des geplanten und situativen Lernens (nach H. W. Richter 1997)

Die Erfahrungen in der Praxis zeigen, dass es einem großen Teil der Mitarbeiter in den Unternehmen schwer fällt, ihre Erfahrungen und Eindrücke aktiv an Kollegen weiterzugeben. Sie haben bisher meist keine oder wenig positive Erfahrungen mit der aktiven Weitergabe von Wissen gemacht. Deshalb lehnen sie diese Forderung oftmals ab. Dieselben Mitarbeiter haben aber meist keine Hemmungen, im Rahmen von Qualifizierungsmaßnahmen ihre Erfahrungen und Eindrücke weiterzugeben bzw. das Wissen anderer zu nutzen und zu entwickeln. Über die Vermittlung von positiven Erfahrungen mit Wissensmanagement können Barrieren gegen das Wissensmanagement schrittweise abgebaut werden.

3.3 Didaktik und Methodik in der beruflichen Qualifizierung

Lernen ist nicht Übernahme von Wissen, sondern aktives Aufbauen von Wissensstrukturen

Frank Thissen, Hochschule für Medien Stuttgart

Die didaktisch-methodische Konzeption beruflicher Qualifizierungssysteme geht in Anlehnung an die kritisch-konstruktive Didaktik von Klafki (1993) und unter Einbeziehung der Aspekte, die sich aus der Integration neuer Medien und Netzsysteme ergeben, von folgendem Grundverständnis der Didaktik aus.

> **Didaktik** wird in diesem Ansatz als übergreifende Bezeichnung für erziehungswissenschaftliche Forschung sowie Theorie- und Konzeptbildung in Hinblick auf die Formen intentionaler, systematisch geplanter Lernsysteme und die daraus entstehenden geplanten und situativen Lernprozesse verstanden.

Daraus leiten sich folgende zentrale Charakteristika für die didaktische Konzeption ab:

- Die Konzeption basiert auf einer **generellen Zielentscheidung** und schließt den Begriff der Bildung ein.
- Die didaktische Entscheidung über Auswahl und Anordnung von Lernzielen und -inhalten erfolgt in dem **Kontext** der gesellschaftlichen, wirtschaftlichen und technologischen Rahmenbedingungen.
- Die Gegenwart der Lernenden und die Ansprüche der Zukunft sind gleichzeitig zu befriedigen.
- Didaktische Forschung und Theorie wird als Entscheidungshilfe und zur Lösung konkreter didaktischer Aufgaben herangezogen.
- Es gilt das **Primat der Ziele**, d. h. die Ziele bestimmen das Lernkonzept.

- Der Lernprozess wird nach dem **Prinzip des exemplarischen Lernens** gestaltet, indem die Lernziele anhand repräsentativer Inhalte vermittelt werden.
- Die Vermittlung der Fähigkeit, **neue Technologien** zur Lösung von Problemstellungen zu nutzen, bekommt eine zentrale Bedeutung; dies setzt aber voraus, dass Neue Technologien in das Lernkonzept integriert werden.
- Es gilt das **Primat der Didaktik**, d. h. die Ziel- und Inhaltsentscheidung bestimmt die Methoden.
- Die reproduktive Übernahme von Kenntnissen und Fertigkeiten und Training wird in den Rahmen des entdeckenden und sinnhaften, verstehenden Lernens eingeordnet.

Der Prozess zur Entwicklung der Didaktik und Methodik wird somit durch folgenden Kreislauf gekennzeichnet:

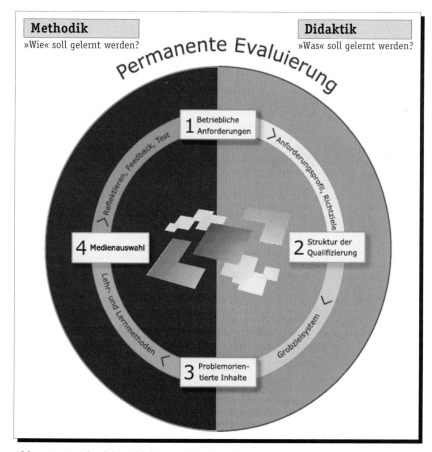

Abb. 29: Kreislauf der Didaktik und Methodik

Die besondere Herausforderung bei der Konzipierung von Blended Learning Systemen wird die Integration neuer Anforderungen und technologischer Möglichkeiten in diese didaktische Struktur sein. Hierbei sind insbesondere folgende **Thesen** zu überprüfen:

- Die **generelle Zielbestimmung** der betrieblichen Bildung, die Selbstbestimmungsfähigkeit und Solidaritätsfähigkeit der Lernenden zu entwickeln, wird durch Blended Learning Systeme gefördert. Dies gilt besonders für die rationale Diskursfähigkeit, d. h. die Fähigkeit zum Feedback geben und nehmen, zur Begründung und Reflexion sowie den Bereich der Handlungsfähigkeit.
- Der **Interaktionsprozess des Lehrens und Lernens**, in dem sich die Lernenden zunehmend selbstständig Erkenntnisse sowie Urteils-, Wertungs- und Handlungsmöglichkeiten und die Fähigkeit zum weiteren Lernen aneignen, wird besonders gut durch Blended Learning Systeme gefördert.
- Die **Fähigkeit der Lernenden zum Problemlösen** wird durch entdeckendes und sinnhaftes, verstehendes Lernen anhand exemplarischer Themen gefördert.
- Die Lernenden steigern ihren Lernerfolg, indem Sie das **Lernsystem** kritisch reflektieren und ihren **individuellen Lernprozess** in diesem Rahmen **selbstverantwortlich** gestalten.
- Die **Integration sozialen Lernens** in die Zielbestimmungen der Qualifizierung und in die Methodik des Blended Learning trägt dazu bei, die Handlungskompetenz der Lernenden zu erhöhen.
- Orientiert sich die **Methode**, d. h. die Organisations- und Realisierungsformen zielorientierten Lernens, an der immanent-methodischen Struktur der Inhalte, können diese effizient vermittelt werden.
- Lernprozesse, die als Interaktionsprozess gestaltet werden, fördern über ihre **Konflikträchtigkeit** die Entwicklung von sozialen Einstellungen und Fähigkeiten der Studierenden.

Lernplanung in diesem Sinne kann deshalb nur ein offener Entwurf sein, der die Lernenden, Tutoren und Ausbilder zu flexiblem Handeln befähigen soll. Während die Literatur eine Vielzahl von Untersuchungen und Theorien zu handlungsorientierten Lernprozessen aufweist, befindet sich die Entwicklung einer Didaktik, welche die aktuellen und zukünftigen Entwicklungen im Bereich der Neuen Technologien integriert, in den Anfängen.

Diese Lernprozesse finden in einem dynamischen Kreislaufsystem statt. Dabei werden Phasen der Wahrnehmung und der Nutzung von Wissensinputs mit Lern- und Handlungsphasen verbunden, die in einem laufenden Reflexionsprozess analysiert und ausgewertet werden. Dieser Lernprozess erhält durch die Integration eines Virtuellen Lern- und Wissenszentrums eine neue Qualität. In allen Phasen nutzt der Lernende das System mit dem Ziel, sein individuelles und das organisationale Lernen zu optimieren. Dadurch werden die relativ starren Dimensionen klassischer Lernsysteme zu einem dynamischen Lern- und Wissenssystem erweitert.

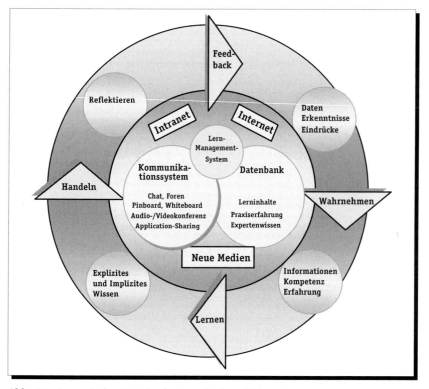

Abb. 30: Dynamisches Kreislaufsystem des beruflichen Lernens

Eine wesentliche Anforderung an berufliche Qualifizierungssysteme besteht darin, aktuelles Wissen schnell und effizient verfügbar und anwendbar zu machen und dabei die didaktische und methodische Qualität zu sichern. Das System flankiert und steuert den Lernprozess durch die Integration von ergonomischen (z. B. Text, Grafik, Navigation, Animation etc.), didaktischen (z. B. Feedback, Modularisierung der Inhalte), methodischen (Einsatz von Medien und Netzsystemen etc.) sowie technischen Elementen (Transparente Speicherung des Wissensinputs im Wissensnetz etc.). Hinzu kommen Checklisten, Bedarfserhebungs- und Evaluationshilfen, die eine permanente Qualität sichern helfen.

Durch die Einbeziehung innovativer Technologien werden **Intranet und Internet** in eine Lernlandschaft verwandelt, die individuelles Lernen und gemeinschaftliche Interaktion, mit Lernpartnern, Experten und Tutoren ermöglicht. Das weltweit verfügbare Wissensnetz wird damit auffindbar, abrufbar und erfahrbar.

Die Lernenden sollen in virtuellen und realen Szenarien und Begegnungsstätten mit anderen Menschen interagieren. Dies macht es möglich, sich mit einer großen Direktheit und unmittelbar zu treffen, sich zu informieren, soziale Kontakte aufzubauen und zu fördern. Die Lernenden können »live«, unabhängig vom jeweiligen Ort, diskutieren und Lernprojekte planen, durchführen und auswerten. Sie wandeln sich vom relativ passivem »Lernkonsumenten« zu aktiven Lernpartnern.

Mit Hilfe der Netzsysteme ergeben sich vielfältige neue Möglichkeiten der Informationsgewinnung und der Wissensverarbeitung, der Kommunikation sowie der Möglichkeit, Lernpartner und Lerngruppen zu finden und sich zusammenzuschließen. Daraus entwickeln sich neue Lern- und Arbeitsmöglichkeiten, die durch eine verteilte Struktur und virtuelle Gemeinschaften geprägt werden.

Die Lerninhalte können plastisch, simulativ und interaktiv dargestellt werden. Es wird eine gegenseitige Auseinandersetzung ermöglicht, die Anonymität abbaut und emotionale Bindungen schafft. Dies wird erreicht durch eine Kombination von realen und virtuellen Sozialkontakten sowie durch ein effizientes Wissensmanagement.

Blended Learning Systeme bieten damit folgende **Vorteile:**

- Lernen und Arbeiten findet zum großen Teil unabhängig von Ort und Zeit statt.
- Lernen und Arbeiten erfolgt problem- und ergebnisorientiert mittels simulativer und projektorientierter Lernformen mit permanentem Feedback.
- Die Anforderung der Aktualität wird durch laufende Updates erfüllt.
- Individuelles und organisationales Lernen kann gleichzeitig stattfinden.
- Die Nutzung des Systems kann intuitiv erfolgen.
- Klassische und technologiegestützte Lernmethoden werden zielgerichtet kombiniert.
- Die Lernprozesse werden unabhängig vom Ort tutoriell flankiert und gesteuert.
- Das Lernen erfolgt bedarfsgerecht und individuell entsprechend dem persönlichen Lernstand und der jeweiligen Lerngeschwindigkeit.

- »Intelligente« Speicher- und Suchmaschinen ermöglichen ein effizientes Wissensmanagement.

E-Learning und Blended Learning werden sich nur dann realisieren lassen, wenn sich das Denken und Handeln aller Beteiligten, der Mitarbeiter, der Dozenten sowie der Führungskräfte (Coach) im Sinne der beschriebenen, sich ständig wandelnden Anforderungen verändert. Deshalb können sie auch nur unter Einbeziehung der Betroffenen in einem permanenten Prozess entwickelt und weitergeführt werden. Aus diesem Grunde ist für die Implementierung dieses Systems ein zielgerichtetes Projektmanagement erforderlich.

3.4 E-Learning und Blended Learning Konzeptionen

Unser Lernen ist geprägt von bisherigen Lernerfahrungen – und so suchen wir die entsprechenden »Analogien« im virtuellen Raum.

Thomas Glatt, Credit Suisse

E-Learning-Umgebungen haben gegenüber dem »klassischen« Seminarlernen den Vorteil, dass individuelle Lernwege über den Großteil der Lernzeit hinweg möglich werden. Über die Bearbeitung der Trainingsaufgaben in den WBT – Web Based Trainings – kann selbstgesteuert gelernt werden. Es darf aber nicht übersehen werden, dass E-Learning-Lernumgebungen den Lernenden weitaus höhere Kompetenzen abverlangen, als dies in klassischen Lernumgebungen und auch in teilnehmerzentrierten Lernszenarien der Fall ist. Lernende sind es seit ihrer Kindheit gewohnt, die Steuerung von Lernprozessen den Lehrenden zu überlassen. Kommen sie in eine E-Learning-Lernumgebung, so müssen viele Funktionen, die bisher die Lehrenden gesteuert und überwacht haben, selbst gesteuert und selbst überwacht werden. Wichtig sind hierbei das Aufrechterhalten der Lernmotivation, die Aufmerksamkeitskontrolle während der aktiven Lernphasen, die Situationskontrolle am Lernplatz selbst, der Umgang mit den eigenen Gefühlen, das Planen und Überwachen des eigenen Lernprozesses oder die Entscheidung für passende Lernstrategien. Diese Fähigkeit kann aber in einem schrittweisen Prozess gelernt werden.

Die Lernkonzeption ist deshalb bewusst so zu gestalten, dass einerseits möglichst viel Lernzeit individuell gestaltet werden kann, andererseits aber sehr viel getan wird, um die Lerner in ihrem einzigartigen Lernprozess möglichst umfassend zu unterstützen. Der besondere

Wert dieser E-Learning-Konzeption liegt also in zahlreichen Formen der Lernwegflankierung und Lernwegsicherung. Diese garantieren nach unseren Erfahrungen mit Fernstudien- bzw. Selbststudien-Arrangements eine wirksame Stützung der Lernprozesse mit sehr hohen Erfolgsquoten.

Eine Vielzahl von Studien belegt, dass kommunikative Lernprozesse in Lernpartnerschaften und Lernteams, verglichen mit der Einzelarbeit, die Motivation und die Lernproduktivität der Lernenden erhöht. (vgl. u. a. Rosenstiel 1992, Wahl 1991). Viele der bisherigen multimedial oder netzgestützten Lerninitiativen und Lernprodukte, z. B. CBT, sind immer noch in erster Linie auf Einzellerner ausgerichtet. Innovative Lernumgebungen müssen jedoch darauf abzielen, die Akzeptanz und Lernproduktivität in einem sozialen Kontext zu steigern. Der Interaktion zwischen den Beteiligten am Lernprozess kommt damit eine entscheidende Bedeutung zu.

Effektive E-Learning- und Blended Learning Systeme werden somit durch folgende Elemente gekennzeichnet (vgl. Wahl 2001):

- **Individuelles, selbstgesteuertes Lernen**

    Die Lerner bearbeiten die WBT im eigenen Lerntempo. Ort und Zeitpunkt der Bearbeitung sind nicht vorgeschrieben, sondern werden von jedem Lerner selbstverantwortlich festgelegt.

- **Problemlösung statt Pauken von Wissen**

    Der Lernprozess wird durch Trainingsaufgaben gesteuert, die sich an Problemstellungen aus der Praxis orientieren. Das erforderliche systematische und aktuelle Wissen wird kontextsensitiv zur Verfügung gestellt. Jeder eignet sich das neue Wissen an, das er benötigt.

- **Strukturierungshilfen für individuelles Lernen**

    Für jede Selbststudienphase werden aus den WBT oder aktuell vom jeweiligen Experten Arbeitsaufgaben gestellt. Diese enthalten nicht nur die problemorientierten Trainingsszenarien und Informationsmodule, sondern geben auch Hilfen für den Umgang mit den Texten.

- **Rückmeldungs-Strukturen**

    Lernen ist dann besonders effizient, wenn die Lernenden laufend Rückmeldungen über ihren Lernprozess und Lernleistungen erhalten. Damit werden sie in die Lage versetzt, ihre Lernstrategien zu optimieren, Kompetenzdefizite zu erkennen und diese Lücken gezielt zu schließen.

Neben Rückmeldungen aus standardisierten Aufgaben aus dem System spielen in offenen Aufgaben Feedbacks von Experten oder Lernpartnern eine große Rolle. Vergleichbare Rückmeldungsstrukturen gibt es auch zu den Partnerarbeiten und Kleingruppenarbeiten.

- **Vergleichsmaßstäbe**

Insbesondere beim Einzellernen fehlen die anderen Lernenden als Bezugsnorm. So kann die einzelne Person nur schwer die eigenen Leistungen mit jenen der anderen Teilnehmer vergleichen. Um hier Maßstäbe vorzugeben, können Arbeitsergebnisse anderer Personen netzbasiert zur Verfügung gestellt werden. Damit kann der Lerner sehen, wie weit er von den Leistungen anderer entfernt ist. In der Learning Community sowie in Workshops können Arbeitsergebnisse aus der Lerngruppe präsentiert werden. Vergleiche der Arbeitsergebnisse bieten sich daneben auch für Lerngruppen an.

- **Lernwegflankierung durch Lerntandems**

Soziale Flankierung ist eine wesentliche Voraussetzung für erfolgreiche Lernprozesse. Eine besonders bewährte Form ist der Zusammenschluss zweier Lernender zu einem Lerntandem. Hierbei unterstützen sich die Lernenden in der Tandemarbeit emotional, motivational und lernstrategisch.

Es treffen sich jeweils zwei Lerner (in Ausnahmefällen auch drei) regelmäßig und selbstverantwortlich zum Erfahrungsaustausch und zum gemeinsamen Bearbeiten der WBT und spezieller Tandem-Aufgaben. Die Tandemtreffen können über Telefon, E-Mail oder auch über persönliche Treffen abgewickelt werden. Jedes Tandem bringt seine Arbeitsergebnisse in die jeweilige Lerngruppe sowie evtl. den Kurs ein. Zu den Ergebnissen gibt es wieder Rückmeldungen durch Experten und durch die Lerngruppe.

- **Lernwegflankierung durch Kleingruppen**

Untersuchungen haben gezeigt, dass Tandemarbeit alleine nicht ausreicht, um den Lernerfolg zu sichern. Wichtig ist eine weitere soziale Flankierung in der Kleingruppe, da Gruppen mehr Motivierungs- und Korrekturmöglichkeiten haben als Einzelpersonen.

Etwa drei bis vier Tandems schließen sich jeweils zu einer Kleingruppe zusammen. Für die Kleingruppen gibt es Arbeitsaufgaben, deren Ergebnisse sie entweder in der Learning Community oder beim Blended Learning Ansatz im Workshop präsentieren oder bearbeiten. Zu den Ergebnissen gibt es wieder Rückmeldungen durch Experten und durch Lernpartner.

- **Blended Learning: Verknüpfung von E-Learning mit Präsenzlernen**

  Die Erfahrungen zeigen, dass E-Learning-Lösungen vor allem bei handlungsorientierten Lernzielen eine besonders hohe Lerneffizienz aufweisen, wenn sie in eine kombinierte Lernkonzeption mit Tandem-, Partner- und Workshoplernen eingebunden werden. In den Präsenzphasen dieser Blended Learning Konzepte können die Lerner ihr Wissen reflektieren und anwenden sowie ihre Handlungen trainieren. Weiterhin gibt es viele Sachverhalte, die idealerweise in Anwesenheit aller Lernenden geklärt werden.

  Zu einer Einführungsveranstaltung gehören insbesondere die Einweisung in das Qualifizierungssystem, das Vermitteln erster Lernstrategien, das Vertrautmachen mit der netzbasierten Lernwegflankierung, das persönliche Kennenlernen der Experten und der Lernenden untereinander sowie das Bilden von Lerntandems und Lerngruppen.

  In den laufenden Workshops bringen die Lernenden offene Fragen ein und präsentieren ihre Lösungen, die sie z. B. in Lerngruppen erarbeitet haben. Es wird bei Bedarf weiterführendes Wissen vermittelt, vor allem zu aktuellen Inhalten oder in Bereichen, die sich über WBT nur schwer abbilden lassen. Darüber hinaus tauschen die Lernenden ihre Erfahrungen über das Lernen in den Selbststudienphasen aus. Sie erhalten weiterhin Hilfen für die Zeit des selbstgesteuerten Lernens. Schließlich kann auch die jeweils nächste Selbststudienphase organisiert werden.

Reine E-Learning-Lösungen können jedoch unter bestimmten Voraussetzungen eine sinnvolle Alterrnative zu klassischen Lernformen sein. Insbesondere dann, wenn die Vermittlung von Informationen, z. B. Produktmerkmalen oder Verkaufsargumenten, im Vordergrund steht und große Zahlen von Mitarbeitern oder Kunden zu qualifizieren sind, kann E-Learning unter den Aspekten Wirtschaftlichkeit und Lerneffizienz eine optimale Lösung sein (vgl. Anhang 1, Beispiel 2).

Blended Learning Lösungen sind nicht auf die Kombination von Präsenzlernen und E-Learning beschränkt. Besonders bei Zielgruppen, die bisher gewohnt waren, z. B. im Bereich des Fernlernens überwiegend mit Studienbriefen und Einsendeaufgaben zu arbeiten, erfordert die Einführung von E-Learning ein behutsames Vorgehen. Hier bietet es sich an, die Lernprozesse über Fallstudien in Printform zu steuern, so dass die E-Learning-Module als Teilelemente in ein Gesamtkonzept integriert werden, das die Lerner bei ihrer gewohnten Lernform abholt. Es kann auch sinnvoll sein, den Lernern neben den WBT auch CD-Rom mit den Trainingsaufgaben und der Wissensbasis und eventuell auch noch die

Wissensbasis in Printform zur Verfügung zu stellen. Damit kann jeder Lerner je nach Bedarf und Lernerfahrung »sein« Medium auswählen.

Die Gesamtkomposition des Blended Learning umfasst folgende Elemente:

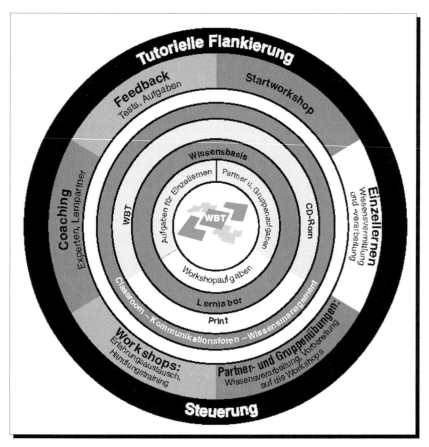

Abb. 31: Blended Learning Gesamtkonzeption

Die wesentliche Anforderung an ein bedarfsgerechtes Qualifizierungssystem ist die Vermittlung der Kompetenz, Probleme im Arbeitsleben zu lösen. Dagegen verliert die reine Vermittlung von Inhalten aufgrund ihrer sinkenden Halbwertzeit sowie der zunehmenden Verfügbarkeit des Wissens an Bedeutung. Folglich sind die Ziele nicht inhalts- sondern *problemorientiert* zu bestimmen.

Das Qualifizierungskonzept basiert auf repräsentativen Problemen, die als Ausgangssituation für Lernprozesse dienen. Dies sind Themen, zu denen die Lernenden einen Bezug haben oder herstellen können und die für ihre Arbeitswelt relevant sind. Dadurch erhalten sie in zunehmendem Maße die Möglichkeit, individuelle Problemstellungen in den Lernprozess einzubringen und Lösungen bzw. Erfahrungen aus dem Lernprozess in die konkrete Arbeitssituation zu transferieren. In diesem Kontext haben die Lernenden die Möglichkeit, ihre Kompetenzen auszubauen sowie den gemeinsamen Wissenspool durch eigene Beiträge aktiv mitzugestalten (lernbezogenes Wissensmanagement). Dies führt letztendlich dazu, bereits in der Weiterbildung die Denk- und Handlungsweisen der Lernenden im Hinblick auf eine aktive Weitergabe und Nutzung von Wissen zu verändern. Damit entspricht dieser Ansatz in hohem Maße den Anforderungen, die sich aus den Konzeptionen der Lernenden Organisationen bzw. des Wissensmanagements in der betrieblichen Praxis herleiten.

Die Elemente des multimedialen Lernens und des lernbezogenen Wissensmanagements sind in eine didaktische Gesamtkonzeption zu integrieren. Die inhaltlichen Angebote werden in Form von WBT-Lösungen und Wissensbeiträgen der Teilnehmer mit Konzepten zur Lernplanung, Steuerung und Flankierung individueller und organisationaler Lernprozesse verknüpft. Eine besondere Rolle spielen hierbei kooperative Lernformen sowie vielfältige Möglichkeiten des Feedbacks durch Tutoren, Experten, Lernpartner oder das Lernsystem.

Methoden der *kooperativen Selbstqualifikation* der Mitarbeiter sind in Blended Learning Konzepten von zentraler Bedeutung. Dabei geht es vor allem um die Lernkompetenz als Fähigkeit zur Selbststeuerung von verantwortungsvollem und reflektiertem Handeln. Lernprozesse werden im Rahmen der Zielvereinbarungen, z. B. mit dem Tutor, primär über Trainingsmodule, die problemorientiert gestaltet werden und vielfältige Vernetzungen mit Informationsmodulen, Wissensbrokern, Experten und externen Quellen beinhalten, gesteuert. Dies hat den Vorteil, dass der Lernende somit nach seinen individuellen Lerngewohnheiten vorgehen kann. Das System bietet ihm Hilfen und Hinweise, damit er die Problemstellungen selbstständig oder in Lernpartnerschaften bzw. -gruppen lösen kann. Die Lerninhalte sind in hohem Maße modularisiert und können über Suchsysteme bzw. über entsprechende Self-Assessments und Tests gezielt genutzt werden. Während die Informationsaufnahme damit weitgehend in der Eigenverantwortung der Lernenden liegt, erfordert die Umsetzung von Information in Wissen kommunikative Prozesse.

In der Lernkonzeption steht das **handlungsorientierte Lernen** im Vordergrund.

- Der **Lernprozess** findet in einem Wechsel zwischen **Informationsaufnahme**, **subjektiver Verarbeitung** (in Form von Trainings, Übungsaufgaben, Simulationen oder Tests) sowie **Praxistransfer** statt.

- Dieser Lernprozess wird durch die Möglichkeit, Experten bzw. Tutoren zu befragen, sowie durch selbst gesteuerte **Lernpartnerschaften** und **Lerngruppen** flankiert. Damit werden Lernprobleme in Eigenverantwortung der Lernenden gelöst; die Lernmotivation wird gesteigert.

- Abgestufte **Tests** und regelmäßige **Erfolgskontrollen** (systemimmanent sowie tutoriell begleitet) geben dem Lernenden ein kontinuierliches Feedback zu seinem Lernerfolg. Die Überprüfung des Lernerfolges durch den **E-Coach** (Fachexperten) bzw. den **Tutor** schafft somit die Basis für das Zertifizierungssystem.

- Das Blended Learning Konzept verknüpft **systematisches Lernen** (online-basiertes, kooperatives Lernen durch die Trainings-Module), **situatives Lernen** (Kommunikation, aktuelle Recherchen im Wissensbroker) und **simulatives Lernen** (risikoloses Handeln im Lernlabor).

Diese Konzeption zeichnet sich aufgrund des problemorientierten Ansatzes, der in den WBT und Trainingsworkshops realisiert wird, durch eine sehr hohe Praxisnähe aus. Die Kompetenz zum erfolgreichen Handeln wird während des gesamten Kurses, z. B. in Rollenspielen, systematisch gesteigert. Die Integration von fachlichen und handlungsorientierten Lernzielen ermöglicht eine sehr hohe Lerneffizienz.

Dieses internet- bzw. intranetgestützte Lernsystem verknüpft dabei Präsenzveranstaltungen in Form von praxisorientierten, eintägigen **Workshops** mit einer daran anschließenden dreiwöchigen Phase des selbstgesteuerten Lernens. Nachdem sich die Lerner, meist in Einzelarbeit zuhause oder am Arbeitsplatz, das für ein Kapitel erforderliche Wissen mit Hilfe der **WBT** – bestehend aus Trainingsmodulen, der Wissensbasis mit systematischem Wissen sowie einem Wissensbroker mit aktuellen Informationen und Erfahrungen (z. B. aktuellen Infos aus der Verlagsbranche, Links zu relevanten Datenbanken, Expertenmeinungen oder aktuelle Meldungen) – erarbeitet haben, lösen Sie gemeinsam mit einem Lernpartner komplexe Anwendungsaufgaben – online oder offline. Sie haben dabei die Möglichkeit, ihr Wissen in einer Simulation ohne Risiko unter realen Bedingungen anzuwenden. Eine Woche vor dem nächsten Workshop treffen sich Lerngruppen, die sich selbst steuern oder von Führungskräften moderiert werden, um Problemlösungen oder Analysen und deren Präsentation sowie Rollenspiele typischer Beratungssituationen für den Workshop mit einem Experten vorzubereiten. Beispielhaft kann die Verknüpfung von klassischen und webbasierten Lernformen an folgender Grafik verdeutlicht werden:

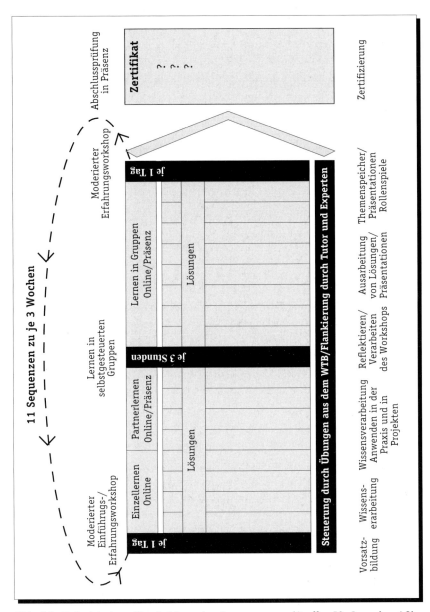

Abb. 32: Beispiel eines Blended Learning Lernprozesses (Quelle: JC eLearning AG)

Die *Steuerung* erfolgt über ein Lernmanagementsystem mit Lernverwaltung, Lernprozesscontrolling, Evaluation und Zertifizierung von Lernangeboten. Die Pflege und Aktualisierung der Inhalte wird über Content-Managementsysteme ermöglicht. Die Lernprozesse können durch permanentes, systemgesteuertes Feedback unterstützt werden, das jeweils zum Abschluss eines Lernprozesses bzw. beim Abweichen von den Lerninhalten in Kraft tritt. Auf dieser Basis kann auch der Tutor flankierende und steuernde Gespräche mit den Lernenden führen.

3.5 Analyse des Bildungsbedarfes im E-Business

Im Zentrum eines Bildungsprozesses ist und bleibt der zu lösende Bildungsbedarf.

Thomas Glatt, Credit Suisse

Neue Formen der Arbeit ermöglichen einerseits die Wertschöpfung komplexer Produkte und Dienstleistungen, andererseits werden hocheffiziente Lernarrangements erforderlich. Die zentrale Anforderung an das virtuelle Lernsystem ist somit eine konsequente **Bedarfsorientierung**. Deshalb kommt einer breiten und tiefgehenden Bedarfsanalyse eine wesentliche Bedeutung zu.

Ein systematischer Planungsprozess für dieses Projekt erfordert eine Situationsanalyse zur Ermittlung der endogenen und exogenen Rahmenbedingungen, die die Realisierung dieser Vision determinieren. Darauf aufbauend ist ein Anforderungsprofil als Leitlinie für die zukünftige Qualifizierungskonzeption zu entwickeln. Aus den eingangs beschriebenen Trendbeschreibungen lassen sich folgende **Kernthesen** für die zukünftige berufliche Qualifizierung ableiten:

- Lernen und Arbeiten werden sowohl in den zukünftigen Bildungsakademien als auch in der folgenden Berufspraxis immer mehr zusammenwachsen.
- Vorratslernen wird durch individuelle Lernprozesse abgelöst, welche sich am aktuellen Lernbedarf des Lernenden orientieren.
- Das Lernen, losgelöst von Ort und Zeit, gewinnt immer mehr an Bedeutung.
- Die Erfordernis des Entlernens und Umlernens wird zur Normalität.
- Die beruflichen Profile werden einem zunehmend dynamischer werdenden Wandel unterliegen.
- Die Mitarbeiter der Unternehmen werden in ihrem Berufsleben eine Vielzahl von wechselnden Aufgaben übernehmen.
- Multikulturelle Kompetenzen werden immer wichtiger.

Die strukturellen **Anforderungen an die betrieblichen Lernsysteme** weisen dabei folgende Elemente auf:

- **Individualität:** Die Lernenden wollen dort mit ihrem Lernprozess beginnen, wo sie ihre individuellen Defizite haben, damit sie möglichst effizient lernen. Deshalb muss das geplante Lernen durch situatives Lernen am Arbeitsplatz ergänzt werden.
- **Individuelles Lernmanagement:** Individuelles Lernen setzt ein **modularisiertes Lernsystem** voraus, welches eine **hohe Lerneffizienz** aufweist. Der Lernenden benötigen ein **individuelles Lernmanagement**, das jedoch durch die Bildungsakademie oder den Personalentwicklungsbereich gesteuert und flankiert wird.
- **Interaktivität:** Die Lernenden wollen möglichst eigenverantwortlich lernen. Dies bedingt interaktive Lernsysteme, damit sie sich selbst überprüfen können.
- **Unabhängigkeit von Ort und Zeit:** Die Zielgruppe will dann lernen, wenn sie Zeit und Gelegenheit hat, sei es in der Bildungsakademie, zuhause oder bei der Arbeit.
- **Aktualität und Handlungsorientierung:** Die Lerninhalte sollen dazu beitragen, den Erfolg in der betrieblichen Praxis zu erhöhen.
- **Kommunikation:** Die Lernenden möchten ihre Lernprobleme möglichst zeitsparend im Dialog mit Lernpartnern lösen.
- **Multimedial:** Es ist davon auszugehen, dass die Lernenden privat und aus ihrer beruflichen Praxis eine **hohe und weiter wachsende Affinität zu Neuen Medien** haben.

Es ist somit der Bedarf zu ermitteln, der sich aus den betrieblichen Bildungsstätten als Zentren des Lernens und Wissens im Bereich der Inhalte, der Methoden und der Strukturen ergibt.

Es gibt zwar zwischenzeitlich eine Vielzahl von Untersuchungen über Einzelaspekte des multimedialen und virtuellen Lernens (vgl. u.a. Hasebrook 1997). Es fehlen aber weitgehend Erfahrungen in Hinblick auf die Anforderungen an ganzheitliche, integrierte Lernsysteme unter Nutzung von Internet und Intranets und mit einer hohen Intensität der Lernereinbindung. Eine Reihe von Unternehmen und Bildunganbietern hat aber solche Blended Learning Systeme entwickelt und sammelt aktuell Erfahrungen.

3.6 Lernorganisation im Blended Learning

Viele haben noch nicht verstanden, dass in der Informationsgesellschaft ohnehin der Gegensatz von Lernen und Arbeiten verschwinden wird.

Hans-Lorenz Reiff-Schoenfeld

Blended Learning Systeme zeichnen sich durch eine ungewöhnliche Arbeitsteilung zwischen drei Partnern, den Lernenden, den Unternehmen und der Bildungsakademie aus. Die **Lernorganisation** umfasst dabei u.a.:

- die Akquisition und Ansprache von potenziellen Teilnehmern per Internet
- die übersichtliche Darstellung des gesamten Lernangebotes
- die Strukturen der Aufnahmeprozedur von potenziellen Teilnehmern
- das Instrument zur Optimierung der Lernprozesse der Lernenden, der Lernpartnerschaften und selbstgesteuerten Lerngruppen
- Hilfsmittel zur Organisation der Ressourcen des Blended Learning Systems, z. B. Sachausstattung oder personelle Ressourcen.
- Foren zur Kommunikation innerhalb der virtuellen Akademie

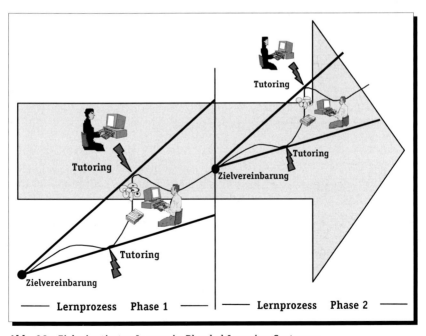

Abb. 33: Zielorientiertes Lernen in Blended Learning Systemen

- Systeme zum Transfer der Lehrmittel zum Lernenden
- Systeme zur Durchführung von Lehrangeboten mit verschiedenen Grundformen des Lernens
- Systeme zur Leistungserfassung und Verrechnung
- Systeme zur Evaluation der Effizienz der Blended Learning Angebote

Lernen in virtuellen Systemen ist primär selbstgesteuert. Entsprechend den Coachingsystemen in der Führung der Unternehmen ist jedoch ein System der Steuerung und Flankierung erforderlich.

Die jeweiligen Führungskräfte bzw. der Tutor legen gemeinsam mit dem Lernenden in einem Zielvereinbarungsgespräch überprüfbare Lernziele bzw. Lernzielkorridore für die kommende Lernperiode fest. Dieses Zielsystem leitet sich dabei aus den langfristig vereinbarten Entwicklungslinien ab, die mit dem jeweiligen Mitarbeiter vereinbart wurden. Weiterhin werden die Erfahrungen der vergangenen Lernperiode verarbeitet.

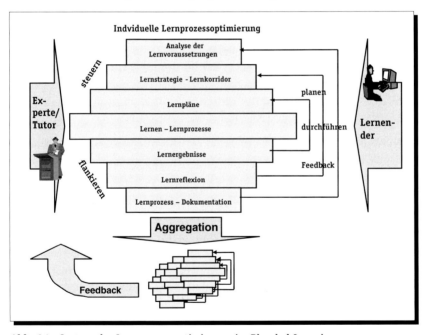

Abb. 34: System der Lernprozessoptimierung im Blended Learning

Meldet das System ein Abweichen von dem vereinbarten Lernzielkorridor wird die Führungskraft bzw. der Tutor intervenieren und in einem Coachinggespräch mit dem Lernenden die weiteren Schritte vereinbaren. Am Ende der Lernperiode wird der Lernende aufgrund der ermittelten Lernergebnisse im Rahmen der Gesamtbeurteilung bewertet. Daraus leiten sich wiederum weitere Lernziele ab.

Ein System zur Lernprozessoptimierung kann folgende Grundstruktur aufweisen.

Wesentliche **Anforderungen an die Lernorganisation** sind dabei hohe Benutzertransparenz, flexible Anpassung an die Bedürfnisse der Lernenden, der Führungskräfte und Dozenten sowie der Unternehmen, eine transparente und qualitative Abbildung heutiger wie zukünftiger Lernprozesse sowie hohe Qualitätsstandards. Das Ziel besteht darin, dass die ganze Lernorganisation, ausgehend von der Bearbeitung der WBT bis hin zu den Präsenzphasen, transparent und systemgestützt abgewickelt wird.

Im Rahmen der Lernrprozessoptimierung kommen zwei Anwendungsebenen in Frage:

> **Individuelle Ebene: Instrument der Lernprozessoptimierung für Lernende**

- Detaillierte Lernsteuerung auf der Basis der individuellen Lernsituation mit graphischer Darstellung des Lernfortschrittes und der Positionierung im gesamten Lernprozess
- Individuelle Lernerfolgskontrolle mit graphischer Aufbereitung in Form von Soll-Ist-Vergleichen,
- Entwicklung individueller Vorschläge zur Sicherung des Lernerfolges und der Rückkoppelung an die Lernsteuerung,

> **Metaebene: Instrument zur Flankierung und Steuerung der Lernprozesse durch Tutoren, Experten oder die Führungskraft (Coach)**

- Individuelle und aggregierte Rückmeldungen über die Entwicklung der Lernprozesse in Hinblick auf die vereinbarten Lernkorridore.
- Lernprozessanalyse mit Tests und dem individuellen Ausbildungsstand
- Analyse der Abweichungen vom vereinbarten Lernkorridor und Entwicklung von Vorschlägen zur Intervention
- Vorschläge für flankierende und steuernde Maßnahmen, insbesondere Hinweise auf häufige Lernrpobleme der Teilnehmer.

3.7 Technische Infrastruktur des Blended Learning

Blended Learning Systeme erfordern eine Integration in die Personalentwicklungs- und Qualifizierungskonzeption der Unternehmen, aber auch in die jeweilige IT-Infrastruktur. Ein wesentlicher Grund für die momentane Zurückhaltung vor allem kleinerer und mittlerer Unternehmen im

Bereich des eLearning sind aber gerade die Unsicherheit bei der Auswahl der »richtigen«Lernplattform und deren teilweise sehr hohe Kosten, die im Extremfall bis in den siebenstelligen Bereich gehen.

In der Praxis ergibt sich oftmals ein Projektablauf, der folgendem Beispiel entspricht:

Erst sucht die IT-Abteilung aus unzähligen Angeboten eine Plattform aus. Dann wird über Inhalte nachgedacht. Aber über einen Zeitraum von etlichen Monaten müssten zugleich die Anpassungen und Anbindungen an die Unternehmenprozesse geplant werden. Weitere Energien werden durch die Implementierung der verschiedenen Systeme und Subsysteme absorbiert. Was als »große Lösung« geplant war, wird mehr und mehr zum großen Problem und am Ende stehen die Planer vor Plattform-Architekturen, die hunderte von Lernprogrammen für unzählige Nutzergruppen und Anforderungen verwalten könnten – aber diese Lernprogramme gibt es nicht! Nachdem sehr viel Geld ausgegeben worden ist, fällt es immer schwerer, neuer Gelder für die Entwicklung von Inhalten zu bekommen. ...

Für das E-Learning bzw. Blended Learning wird ein System benötigt, das in die Geschäftsprozesse integriert wird und vom Accounting und Billing, also dem Zugang und der Abrechung, über die Zertifizierung der erworbenen Qualifikationen und die Evaluation der Lernprogramme bis hin zum unternehmensweiten Qualifizierungsmanagement und der Anbindung der Management- und Controlling-Prozesse vielfältige Elemente enthält.

Eine Lernplattform muss für all diese Elemente Schnittstelllen bereithalten. Neben der Anbindung dieser unternehmensbezogenen Funktionalitäten sind in einem E-Learning-System aber auch Kommunikations-, Recherche- und Lernmanagementfunktionen für den Nutzer wichtig sowie Möglichkeiten des synchronen und asynchronen Lernens und Zusammenarbeitens (z. B. Gruppenarbeit) im Netz.

Grundsätzlich benötigt E-Learning eine **Lernplattform**, die die gesamte Lernlogistik eines Unternehmens, d. h. Zugriffsmöglichkeiten auf Web Based Trainings, Lernerfolgsmessung oder die Kommunikation in der Learning Community, steuert. Eine Lernplattform verknüpft die verschiedenen Aktivitäten, die im Rahmen des Qualifizierungssystems stattfinden, in einem vernetzten Organisationsschema. Je nach Ausgestaltung können hierbei auch vielfältige Personalentwicklungsaspekte mit integriert werden.

Personalmanagement Systeme	
Personalstammdaten z.B. Kompetenzprofile, Entwicklungspläne ...	**Personalcontrolling** z.B. Effizienzermittlung, Kostenverrechnung...

Lernmanagement System					
Qualifizierungs-angebote • intern • extern	• Anmeldung • Bestätigung • Genehmigung	Verwaltung der Kurse	Skilmanage-ment: Abgleich Bedarf/Angebot an Mitarbeiter-kompetenzen	Individuelle Entwicklungs-pfade	• Analysen • Berichte

E-Learning Contentmanagement System					
Lernobjekte	Verwaltung der Lerninhalte	Autorenwerk-zeuge zur Pflege und evtl. zur Erstellung von Kursen	Definition Allge-meiner Lernpfa-de und Entwick-Lung individu-eller Lernwege	• Testsystem • Zertifizierung	Schnittstellen zum Wissens-management

E-Learning Communication System					
Web Based Trainings: Systematisches Lernen	Learning Community: • Chat • Foren • Mail	• Business TV • Video on demand	Wissens-Broker: Situatives Lernen mit aktuellen Tools	Lernlabor: Simulatives Lernen Tools	• Projektlernen • Praxistransfer

IT-Infrastruktur

Abb. 35: Elemente einer E-Learning-Plattform (eigene Darstellung nach KPMG)

Das Lernmanagement-System dient vor allem der Darstellung und Verwaltung der Qualifizierungsprozesse im Unternehmen. Die Mitarbeiter können sich darüber über die Lernangebote informieren, Kurse buchen, bestätigen und genehmigen lassen. Einige Systeme ermöglichen weiterhin die Darstellung individueller Lernpfade sowie Lernanalysen.

Im E-Learning Content Management werden Qualifizierungsmaßnahmen aus Modulen zusammengestellt, allgemeine Lernpfade definiert oder Tests und Zertifizierungen erstellt. Die individuellen Lernprozesse werden im E-Learning Communication System gestaltet.

Aus diesen Elementen ensteht ein komplexes, in das Unternehmenssystem integriertes Qualifizierungssystem, das alle wesentlichen Elemente bündelt. Damit können Lernprozesse unternehmensweit gesteuert und bewertet werden. Dies bildet wiederum die Grundlage für ein permanentes Qualitätsmanagement.

Die Auswahl der Lernplattform hängt somit davon ab, welche Ziele angestrebt werden und welche Ressourcen dafür eingesetzt werden können. »Große« Plattformlösungen werden heute vor allem von globalen Unternehmen eingesetzt. Bei Mitarbeiterzahlen unter 10.000 sind Kosten-Nutzen-Rechungen genau zu prüfen. Ein Argument ist in allen Fällen aber die multinational verfügbare Inftrastruktur der großen internationalen Anbieter. Wo immer multinationale Unternehmensstrukturen existieren, sind solche Standardlösungen deshalb sinnvoll.

Wie bei den meisten Softwareprodukten gehen auch hier die Preise weit auseinander. Kleinere Anbieter, die einen begrenzten Funktionsumfang abdecken und keine großen Entwicklungsabteilungen unterhalten, bieten Lizenz-Pakete ohne Beschränkung der Teilnehmerzahlen schon ab ca. 10.000 € an. Bei den großen Anbietern gibt es sehr unterschiedliche Modelle, bei denen sich Lizenzgebühren teilweise auf mittlere sechsstellige Beträge pro Jahr addieren können. Technologieführer dieser Branche kalkulieren die Basiskosten der Lizenzen und des Implementierungsprojektes ab ca. 250.000 €. Zu diesen Kosten sind erhebliche Anpassungskosten sowie interne Planungs- und Managementaufwendungen hinzuzurechnen.

Web Based Trainings können heute eine Reihe von Funktionalitäten, die üblicherweise der »Plattform« zugerechnet werden, intern schon enthalten: Zu nennen sind Funktionen des User-Tracking und der individuellen Lernstandsverwaltung, Kommunikationsfunktionen wie Foren und Chats, Dokumenträume mit Uploadmöglichkeiten oder Auswertungsmöglichkeiten über den Erfolg der Lerner bzw. bestimmter Gruppen von Lernern. Solche Systeme können sowohl schnell implementiert als auch an schon vorhandene Plattformen angebunden werden. Durch die Parameterübergabe im AICC- oder SCORM-Standard können alle im Lernprogramm und seinen Datenbanken gespeicherten Daten in Management-Funktionen einer Standard-Lernplattform verfügbar gemacht werden.

Wie sollte ein Unternehmen vorgehen, das E-Learning als Instrument der Personalentwicklung implementieren möchte? Aufgrund der Komplexität dieser Systeme bietet sich ein schrittweises Vorgehen an. In einem ersten Schritt werden geeignete Anwendungsfelder für E-Learning identifiziert, die idealerweise mit Standardinhalten, evtl. auch modifiziert, abgedeckt werden können. Sinnvoll ist es, dieses Pilotprojekt mit möglichst geringen technischen Risiken durchzuführen.

Es gibt zwischenzeitlich Lösungen, die E-Learning-Systeme ohne eigene Lernplattformen möglich machen. Insbesondere für den schrittweisen Einstieg in das E-Learning eignen sich sogenannte **ASP-Lösungen** (Application Service Providing), bei denen die Unternehmen Lernprogramme auf Servern von eLearning-Anbietern nutzen. »Intelligente« E-Learning-Produkte, die alle erforderlichen Plattformfunktionen, z. B. Login, Chat, Foren oder User-Tracking, beinhalten, können ohne Mehraufwand in das Intranet oder die Website der Unternehmen integriert werden.

Als leistungsstarke und kostengünstige Lösung empfiehlt sich im nächsten Schritt die Kombination »intelligenter« Lernprogramme, die wesentliche Plattformfunktionalitäten schon enthalten, mit kleineren Plattformlösungen, die je nach Kundenbedarf die aktuell benötigten weiteren Funktionalitäten abdecken. Dabei ist auf die durchgängige Kompatibilität mit dem AICC- und SCORM-Standard zu achten, um jederzeit die Option größerer Plattformlösungen offen zu halten.

Methodik und Gestaltungsprinzipien des Blended Learning

Die Intelligenz organisiert die Welt, indem sie sich selbst organisiert.

Jean Piaget, Wissensforscher

Nach dem »Primat der Didaktik« sind bei der Entwicklung von Qualifizierungskonzeptionen erst die Fragen der Ziele und der Inhalte zu klären, bevor daraus die geeigneten Methoden und Medien für den Lernprozess definiert werden. Die Praxis zeigt, dass oftmals genau der umgekehrte Weg gewählt wird. In diesen Fällen darf man sich nicht wundern, wenn die Lernziele primär von den Medien und Methoden bestimmt werden.

Blended Learning Konzeptionen werden durch die Leitfrage geprägt, welche Methoden und Medien am besten geeignet sind, die definierten Lernziele und -inhalte in Abstimmung zur vorhandenen Lernkultur zu erreichen bzw. zu vermitteln. Hierbei hat die Lernkultur, die Summe der Denk- und Lernweisen in einer Organisation, eine fundamentale Bedeutung. In einem Unternehmen, das bisher ausschließlich mit dozentenorientierten Trainingsformen gearbeitet hat, wird der Methoden- und Medienmix weniger Elemente mit Selbststeuerung enthalten können als in Organisationen, die langjährige Erfahrungen mit Gruppen- und Projektlernen aufweisen können. Ein Fernstudienanbieter, der bisher seine Kunden ausschließlich über Printmedien versorgt hat, wird den Lernprozess seiner Lerner sinnvollerweise zunächst weiterhin über Printmedien steuern und behutsam E-Learning-Elemente integrieren.

Es gibt deshalb keinen »richtigen« Methoden- und Medienmix. Die Kunst der Entwickler von Qualifizierungsmaßnahmen besteht vielmehr darin, maßgeschneiderte Lernarrangements zu entwickeln, die für die jeweiligen Lernziele und -inhalte sowie die vorhandene und angestrebte Lernkultur optimiert sind.

4.1 Methodik handlungsorientierten Lernens

Die Vorstellung, neu vermitteltes Wissen würde direkt handlungssteuernde Prozesse und Strukturen beeinflussen, ist naiv.

Diethelm Wahl, Pädagog. Hochschule Weingarten

Das Ziel betrieblicher Qualifizierungsmaßnahmen besteht immer mehr darin, Veränderungen der Denk- und Handlungsweisen der Mitarbeiter zu initiieren. Reine E-Learning-Systeme können dieses Ziel nur bedingt erreichen. In Blended Learning Konzeptionen besteht jedoch die Möglichkeit, handlungsorientierte Lernziele über webbasierte Lernformen vorzubereiten, so dass beispielsweise anschließende Workshops eine deutlich höhere Lerneffizienz aufweisen.

4.1.1 Der weite Weg vom Wissen zum Handeln – welche Merkmale kennzeichnen effektive Maßnahmen in der betrieblichen Bildung?

In der betrieblichen Bildungsarbeit nimmt die Diskussion über die **Lerntransfer-Sicherung** einen zentralen Stellenwert ein. In den siebziger und teilweise achtziger Jahren herrschte einerseits die Vorstellung, dass die Lerner die für ihr berufliches Handeln erforderlichen Qualifikationen durch Aufnahme und Bewertung theoretischer Wissensbestände erwerben. Diese naive Sichtweise ist zwischenzeitlich allgemein als unzureichend erkannt worden. Auf der anderen Seite ist seither im Bereich der beruflichen Qualifizierung eine Entwicklung zu beobachten, die als »**Krise des Verhaltenstrainings**« bezeichnet werden kann. Es ist in der betrieblichen Praxis zunehmend deutlich geworden, dass sich die Vermittlung von Verhaltenstechniken mit dem Ziel der Einstellungs- und Verhaltensbeeinflussung nicht bewährt hat. Auch »aktivierende« Methoden, in denen die Trainingsteilnehmer in gruppendynamischen Übungen und Rollenspielen ihr eigenes Verhalten reflektieren und neue Verhaltensmuster einüben sollen, erbringen alleine nicht den angestrebten Praxistransfer. Die wesentlichen Ursachen dafür sind zum einen Teil die zugrunde liegenden theoretischen Konzeptionen, zum anderen Teil eine unzureichende Gestaltung der Rahmenbedingungen. Als wesentliche Einflussfaktoren sind u.a. folgende Faktoren zu nennen:

- Unzureichende Vorbereitung und Einmaligkeit des Trainings
- Fehlende Praxisnähe
- Desinteresse der verantwortlichen Führungskräfte

Der Strukturwandel auch im Bildungsbereich macht ein Umdenken in der Weiterbildungslandschaft erforderlich, das den Erfolg zunehmend darin misst, in welchem Maße ein Praxistransfer der neu erworbenen Kompetenz erfolgt. Dabei ist insbesondere zu prüfen, inwieweit ein Transfer der Einstellungs- und Verhaltensmodifikationen von der Trainingssituation in die Arbeitssituation erfolgt und letztendlich dazu beigetragen hat, die gestellten Aufgaben und erkannten Probleme besser bewältigen zu können. Die Transferproblematik beinhaltet in der betrieblichen Bildung somit zwei Stufen:

1. **Transfer zum System:** Übertragung der Lernerfolge aus der Qualifizierung in das Unternehmen

2. **Transfer im System:** Initiierung nachfolgender Lernprozesse bei weiteren Organisationsmitgliedern (Multiplikatoreffekt).

4.1.2 Warum sind handlungsorientierte Trainings oftmals wenig effektiv?

Die seminaristische Bildungsarbeit in Betrieben ist oftmals durch ein Phänomen gekennzeichnet. Die Teilnehmer empfinden die Trainings, die vielfach nahezu »perfekt durchgestylt« sind, als motivierend, abwechslungsreich und insgesamt positiv. Dies schlägt sich in guten und zum Teil begeisterten Bewertungen nieder. Die Erfahrungen in der betrieblichen Realität zeigen jedoch, dass trotz dieser positiven Einschätzung nur wenig der Lerninhalte in die Praxis transferiert wird. Wie lässt es sich erklären, dass das erworbene Wissen über Handlungsweisen nicht in die Praxis umgesetzt werden kann?

Die Vorstellung, dass ein Seminarteilnehmer Informationen über die Gestaltung von Seminaren umgehend auf seine berufliche Praxis übertragen kann, gilt als naiv (vgl. Wahl 1991). Dafür sind zwei Gründe maßgebend:

- **Bisherige handlungssteuernde Prozesse und Strukturen** der Teilnehmer werden meist nicht außer Kraft gesetzt und es werden keine entsprechenden neuen Prozesse und Strukturen schrittweise aufgebaut. Dies hat zur Folge, dass Mitarbeiter trotz »besseren Wissens« wie gewohnt handeln, so dass Zweifel an der eigenen Person und Selbstvorwürfe bzw. Schuldgefühle entstehen können.
- Das neu vermittelte Wissen knüpft oftmals nicht an den handlungssteuernden Prozessen und Strukturen an, welche die Teilnehmer mitbringen. Da er deshalb **keine Verbindung** zwischen der erworbenen Theorie und dem, was er in der Praxis erlebt, sieht, wird sich sein Handeln nicht ändern.

Die Entwicklung von handlungsorientierten Trainings im Rahmen des Blended Learning setzt deshalb weitgehende Kenntnisse über Prozesse und Strukturen voraus, die das Handeln von Mitarbeitern bestimmen. Dabei sind insbesondere folgende Merkmale von Bedeutung:

- Psychologische Theorien sind von hohem Allgemeinheitsgrad und treffen in der Realität aber auf hoch individuelle subjektive Theorien der einzelnen Lerner.
- Die Lernenden sind vielfach überfordert, wenn sie ohne Anleitung die vorhandenen Situations- und Reaktionstypen sowie deren Verknüpfungen verändern sollen.

- Schließlich müssten die Lernenden die umstrukturierten Kognitionen so verinnerlichen, dass sie beim Handeln unter Druck direkt das gewünschte Verhalten hervorbringen.

4.1.3 Handlungssteuernde Prozesse und Strukturen

Mitarbeiter müssen in der Praxis oftmals sehr rasch auf komplexe Problemstellungen reagieren. Ihre Kapazität, Informationen zu verarbeiten, ist aber begrenzt. Je nach Handlungsdruck wird die Reaktion unterschiedlich ausfallen. Es können deshalb folgende Grundformen menschlichen Handelns nach dem Merkmal des Handlungsdrucks unterschieden werden:

- **Geringer Handlungsdruck:** Ohne Zwang, unverzüglich reagieren zu müssen, kann der Mensch wie ein rationaler Problemlöser vorgehen, d. h. er analysiert die Situation und sucht unter Ausschöpfung seiner eigenen Problemlösungskapazität die passende Lösung. So kann er z. B. bei der rechtzeitigen Planung Emotionen, die handlungsbeeinträchtigend wirken könnten, weitgehend ausschalten und besitzt damit eine gute Chance, eine optimale Lösung zu finden; er ist in der Lage **umzudenken.**
- **Hoher Handlungsdruck:** Steht der Mensch, z. B. bei einer Präsentation unter Zeitdruck, so reduziert sich die Zeit, die Situation einzuschätzen (**Situationsauffassung**) und eine Lösung auszuwählen (**Handlungsauffassung**) auf nur wenige Sekunden. Der Handelnde kann deshalb nicht alle Informationen aufnehmen und auswerten, die zu einer ausreichenden Situationsauffassung erforderlich wären. Sein gespeichertes Wissen über Lösungsmöglichkeiten wird nicht voll ausgeschöpft. Kreative Lösungen können kaum gefunden werden. Handlungsbeeinträchtigende Emotionen verhindern, dass die Handlungsauffassung zu einer optimalen Lösung führt.

Die komplexen Situationen, denen Mitarbeiter ausgesetzt sind, die Vielfalt der angestrebten Ziele und die hohe Geschwindigkeit menschlicher Interaktionen erfordern besondere Prozesse der Informationsverarbeitung. Diese Zielgruppe benötigt deshalb folgende Fähigkeiten:

- **Situationsauffassung:** In extrem kurzer Zeit müssen Situationen richtig eingeschätzt werden.
- **Handlungsauffassung:** Wirksame Handlungsweisen müssen blitzschnell ausgewählt werden.

In empirischen Untersuchungen (WAHL 1991) wurde nachgewiesen, dass Situations- und Handlungsauffassungen so eng miteinander verzahnt sind, dass der Mensch in dem Moment, in der er die Situation sieht, auch gleichzeitig die – aus seiner momentanen Sicht – beste Lösungsmöglichkeit erkennt. Damit finden beide Prozesse teilweise gleichzeitig statt.

Somit ist die Kernfrage, wie ein Mensch sein Wissen angeordnet haben muss, damit er eine Situation möglichst rasch erkennt und die »passende« Handlungsweise in Sekundenschnelle auswählt. Die begrenzte Informationsverarbeitungskapazität des Menschen erfordert damit eine »**Bündelung**« oder »**Verdichtung**« des erworbenen Wissens, so dass es in Sekundenschnelle handhabbar ist. Der Lernprozess muss deshalb so organisiert werden, dass viele einzelne, gestreut gespeicherte Wissensbestände so miteinander verknüpft werden, dass ein Netzwerk entsteht, das sie zu einer einzigen Informationseinheit werden lässt. Da der Mensch gleichzeitig zwischen drei und sieben bzw. neun Informationseinheiten aktiv bearbeiten kann, kann er mit dieser Strategie seinen Handlungsspielraum – auch unter Druck – um ein Vielfaches erweitern.

Wahl (1991) hat dieses Phänomen u.a. auch am Beispiel von Tischtennisspielern und Blitzschachspielern untersucht. So können sich Schachgroßmeister in Blitzschachspielen nur deshalb behaupten, weil sie die jeweiligen Figuren als einzelne Ketten abgespeichert haben. Stellt man die Figuren in einen »sinnlosen« Zusammenhang, können sich auch diese Experten nur drei bis sieben Figurenpositionen merken. In einem bildlichen Vergleich stellt Wahl (1993, S. 64 ff.) die Situation der Informationsverarbeitung als einen Eisberg dar, der auf dem Kopf steht.

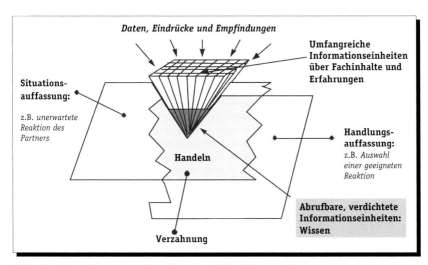

Abb. 36: Verzahnung von Situations- und Handlungsauffassung (nach Wahl, D. 1993 S. 62)

Nur eine winzige Spitze des Wissens, das auf eine oder wenige Informationseinheiten »verdichtet« ist, wird im Spannungsfeld zwischen Situations- und Handlungsauffassung wirksam. Das restliche Wissen ist zwar ebenfalls mit diesen »Wissenspaketen« verbunden, wirkt sich aber in diesem Moment nicht handlungssteuernd aus.

Handlungsorientierte Trainingsmaßnahmen müssen deshalb so konzipiert werden, dass die neuen Informationen durch eine Kette weiterer Lernprozesse auf wenige Informationseinheiten »verdichtet« werden.

Dies erfordert den »**Mut zur Lücke**«, da alle Informationen, die nicht in dieser Form »gebündelt« werden können, sich nicht handlungssteuernd auswirken können. Informationen, die nicht in die Situations- und Handlungsauffassung eingehen, werden sich nicht im konkreten Verhalten der Lerner niederschlagen. Damit tragen sie nicht zur Problembewältigung bei, sondern können höchstens für nachträgliche Reflexionen herangezogen werden.

4.1.4 Handlungsorientierte Trainingsdesigns

Indessen ergibt schon eine oberflächliche Betrachtung des Menschen, dass im Strome seiner Handlungen Wiederholungen vorkommen. Zwar steigt man nie zweimal in den selben Fluss. Indessen: die Badeszenen gleichen sich!

Hans Aebli, Pädagoge

Ein Mitarbeiter wird Problemstellungen schnell, sicher und kompetent lösen können, wenn er die »typischen« Ereignisse kennt und für jede dieser repräsentativen Problemstellungen bereits im Vorfeld eine Lösung entwickelt, die bei Bedarf abrufbar ist. Die Zielsetzung handlungsorientierter Trainings besteht darin, die Teilnehmer zu befähigen, sich auch unter Zeitdruck schnell, sicher und kompetent zu verhalten.

Betriebliche Qualifizierungsmaßnahmen müssen also so aufgebaut werden, dass »**typische**« **Problemsituationen** definiert und dafür die geeignetsten Lösungen entwickelt werden. Steht der Lerner in der Praxis vor einer konkreten Problemstellung, kann er dann sofort eine strukturierte Lösung abrufen. Diese Fähigkeit zeichnet Experten aus. Wahl (1991) benutzt zur Illustrierung das Bild des Schachspielers:

»Der Schachgroßmeister braucht in einer Simultanpartie lediglich zu erkennen, welche ›typische‹ Stellung er vor sich hat. Hat er dies erkannt, so weiß er aus seiner langjährigen Erfahrung, welcher ›typische‹ Gegenzug

hier am ehesten zum Erfolg führen wird, bzw. welche ›typischen‹ Gegenzüge in der betreffenden Situation überhaupt erfolgversprechend sind. Anders wäre es ihm auch gar nicht möglich, von Brett zu Brett zu gehen und zu gleicher Zeit gegen eine große Zahl von Gegnern zu spielen. Ähnlich verhält es sich auch beim Blitzschach.«

Die Konzeption betrieblicher Qualifizierungsmaßnahmen ist deshalb sinnvollerweise auf der Basis »typischer« Situations- und Reaktionstypen zu gestalten. Das Richtziel dieser Bildungsmaßnahmen lautet somit: Die Teilnehmer werden befähigt, Situationen in ihrer Praxis rasch zu erkennen und entsprechende Handlungsketten abzurufen, so dass sie individuell und kompetent auf typische Problemstellungen entsprechend ihrer Situationsauffassung reagieren können. Die Entwicklungskonzeption muss so gestaltet werden, dass der langwierige und schwierige Prozess der Umformung des vermittelten Wissens so lange systematisch unterstützt und begleitet wird, bis zielgerichtet abrufbare Handlungsketten entstehen. Deshalb sind die Trainingsteilnehmer so lange zu begleiten, bis sich das neue Wissen in Form veränderter Situations- und Reaktionstypen niedergeschlagen hat.

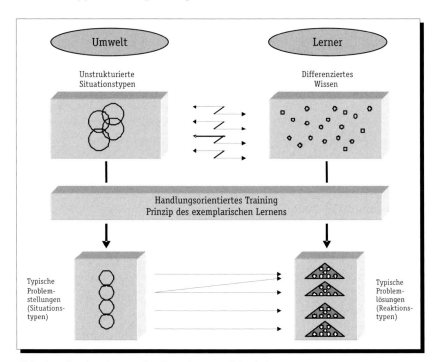

Abb. 37: Strukturierung der Situations- und Reaktionstypen

Ein effektives, handlungsorientiertes Trainingsdesign erfordert vier Schritte, die in ihrer Summe zu einer zielgruppenorientierten Gestaltung des Lernprozesses führen:

Abb. 38: Elemente eines effektiven, handlungsorientierten Trainingsdesigns (nach Wahl D. 1993)

Lerner besitzen bereits handlungssteuernde Prozesse und Strukturen, die sich über Jahrzehnte entwickelt haben. Jeder hat aufgrund seiner individuellen, vielfältigen Erfahrungen als Mitarbeiter und Lernender hoch individuelle Situationstypen und Reaktionstypen »gebündelt«, so dass Probleme auf eine unverwechselbare Art aufgenommen und auf die gleiche unverwechselbare Weise beantwortet werden. Die Zielsetzung handlungsorientierter Trainings besteht deshalb darin, diese »typischen« Problemwahrnehmungen und die damit verbundenen »typischen« Reaktionen zu verändern. Dafür sind folgende Teilschritte erforderlich:

- Die **bisherige Handlungssteuerung** muss zunächst **außer Kraft gesetzt werden.** Damit Handlungsroutinen abgeblockt werden können, ist es erforderlich, dass der Mensch sein praktisches Handeln unterbricht und nachdenkt. Erfolgreiches Handeln-Lernen zeichnet sich dadurch aus, dass bestehendes Wissen vom Lernenden ständig hinterfragt wird und nicht gegenüber vorfindbarer Information immunisiert wird. Damit bieten sich folgende Strategien an:

Der Lerner macht sich die komplexe und vernetzte Situation der jeweiligen Problemstellung bewusst. Die unterschiedlichen Sichtweisen, welche dabei zusammentreffen, können durch einen Perspektivenwechsel verdeutlicht werden. Dabei geht es z. B. darum, sich entweder gedanklich in die Rolle eines Kunden oder Lieferanten zu versetzen oder im Nachhinein zu reflektieren, wie man diese Rolle am eigenen Leibe erlebt hat. Prozesse und Strukturen können außer Kraft gesetzt werden, wenn der Handelnde mit den Wirkungen seines Handelns konfrontiert wird und dadurch gezwungen wird, sich mit diesen Rückmeldungen auseinanderzusetzen. Als die wirksamste Konfrontationstechnik ist das Feedback zum realen Handeln anzusehen. Deshalb ist die Konzeption von Qualifizierungsmaßnahmen auf regelmäßige Rückmeldung auszurichten. Blended Learning Systeme sind entsprechend so zu gestalten, dass sich hierfür vielfältige Möglichkeiten im persönlichen Kontakt, über die Learning Community sowie durch das Lernprogramm selbst bieten.

- Im **zweiten Schritt** ist ein **(Um-)Lernen** erforderlich, das autonom, reflexiv und zielgerichtet gestaltet ist. Wahl (1993, S. 82) hat in seinen empirischen Untersuchungen festgestellt, dass handlungssteuernde Strukturen von Menschen »ganz außerordentlich stabil« sind. Der Grund dafür ist, dass der Prozess des (Um-)Lernens hoch individuelle gedankliche und gefühlsmäßige Vorgänge beinhaltet. Deshalb ist es für handlungsorientierte Trainings erforderlich, den Teilnehmern Problemlösungsstrategien zu vermitteln, die ihnen helfen, auch künftig an sich selbst zu arbeiten und damit zum selbstständigen Problemlöser zu werden. Dies erklärt, warum Vorkehrungen zu treffen sind, um so zu verhindern, dass durch ungünstige Rahmenbedingungen, berufliche Belastungen, nachlassende Motivation, menschliche Bequemlichkeit, mangelnde Akzeptanz bei Führungskräften und Kollegen, anfängliche Misserfolge, Überschätzung der eigenen Kräfte oder Unterschätzung der Schwierigkeiten dieser Lernprozess unterbrochen wird. Dies kann über Kleingruppen und Praxistandems erreicht werden, die sich in Präsenzveranstaltungen oder im Rahmen der Learning Community treffen.

Das **KOPING-Verfahren,** das von Wahl (vgl. 1991, S. 195 ff.) entwickelt wurde, sollte gewährleisten, dass dieser (Um-) Lernprozess erfolgreich abläuft. Damit bildete die KOPING-Gruppe das zentrale Element (Wahl 1993, S. 83). KOPING ist ein Kunstwort, das an das englische Wort »**coping**« (= bewältigen, mit etwas fertig werden) angelehnt ist. Gleichzeitig bedeutet der Begriff **KO**mmunikative **P**raxisbewältigung **IN G**ruppen. In der Stressforschung hat der Begriff »coping« eine zentrale Bedeutung bekommen. Mit ihm werden jene Anstrengungen oder Bemühungen einer Person bezeichnet, die diese zur Bewältigung von Anforderungen, Belastungen oder Konflikten unternimmt (vgl. Wahl 1989). Somit gibt dieser Begriff exakt die Zielsetzung betrieblicher Qualifizierungsmaßnahmen wieder. Die Lerner sollen befähigt werden, ihre Praxis als Mitarbeiter oder Führungskraft zu bewältigen. In kleinen Gruppen sollen sie sich im gegenseitigen Austausch, also kommunikativ und in der Form »kleiner Netze«, gegenseitig in ihrer Entwicklung unterstützen.

Dieser KOPING-Prozess wird durch **Lerntandems** flankiert. Zwei Gruppenmitglieder, die auf Dauer kooperieren wollen, bilden jeweils ein »Lerntandem«. Durch die Zusammenarbeit mit einer vertrauten Person können es die Partner leichter schaffen, die Alltagsroutinen zu unterbrechen, die Probleme deutlicher zu erkennen und besser zu lösen. Die Partner wählen sich nach dem Prinzip der Sympathie, d. h. beide sollen sich akzeptieren und verstehen, sowie nach dem Grundsatz der Symmetrie, d. h. beide sollen gleich »mächtig« sein.

- Im **dritten Schritt** werden die erarbeiteten **Problemlösungen verdichtet.** Die zentrale Zielsetzung der Qualifizierungsmaßnahme liegt dabei darin, Problemlösungen auch unter großem Handlungsdruck abrufen zu können. Dafür können besonders drei Verfahren eingesetzt werden.

Das »**Doppeldecker-Prinzip**« (vgl. Wahl 1993, S. 79) prägt die gesamte Qualifizierungskonzeption. Die Lerner erleben die Sicht ihrer Kunden oder Partner. Im Anschluss an Phasen des Lernens begeben sie sich auf eine Metaebene der Reflexion. Damit beinhaltet das Doppeldecker-Prinzip zwei wesentliche Wirkungsmechanismen. Durch den Perspektivenwechsel können die Teilnehmer durch persönliches Erleben und der nachfolgenden Reflexion aus Erfahrung lernen. Die Integration von neuen Lerninhalten in die individuelle Handlungssteuerung der Trainingsteilnehmer macht es erforderlich, aktiv zu agieren. Dabei haben sich insbesondere Simulationen bewährt (vgl. Wahl 1993, S. 80), wie z. B. Szenarien, Rollenspiele oder Planspiele. Als besonders günstig erweisen sich Übungen, in denen die Teilnehmer Lösungen bearbeiten und diskutieren, die sie zuvor in Tandem- oder Kleingruppenarbeit vorbereitet haben. Das anschließende Feedback der Lerngruppe oder des Experten vermittelt jedem Lerner wichtige Hinweise, wie er das Gelernte in seine ganz persönliche Handlungssteuerung übersetzen kann.

- **Zwischen bzw. nach den Trainingsphasen in der Lerngruppe** erproben die Teilnehmer schrittweise – mit steigenden Schwierigkeitsgraden – das Erlernte in der Praxis. Dabei ist es besonders wichtig, dass sie in dieser Phase nicht allein gelassen werden und durch Lernpartner, Tutoren oder Experten Unterstützung erhalten.

4.1.5 Flankieren der Lernprozesse durch Schutzschilde

Empirische Untersuchungen (vgl. Wahl 1991) haben gezeigt, dass die Strukturen von Lehrenden aufgrund der hohen Verdichtung der handlungssteuernden Strukturen über Jahre hinweg sehr stabil sind. Da der Lernprozess eine lange Zeit erfordert, besteht die große Gefahr, dass die anfängliche Motivation aufgrund ungünstiger Rahmenbedingungen, mangelnder Unterstützung durch Vorgesetzte oder Kollegen, menschlicher Bequemlichkeit, anfänglicher Misserfolge oder Fehleinschätzungen nachlässt und im Endeffekt dazu führt, dass sich der Lernerfolg nicht einstellt. Mutzeck (1988) bezeichnet diese negativen Faktoren als »**Giftpfeile**«. Die Lernenden benötigen deshalb »**Schutzschilde**«, die den Weg vom Wissen zum Handeln flankieren und Störgrößen ausschalten und den Transfer sichern.

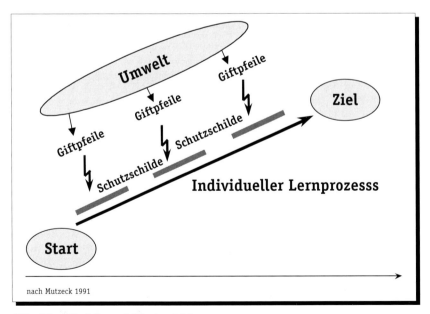

nach Mutzeck 1991

Abb. 39: Giftpfeile und Schutzschilde

Als zentraler Schutzschild hat sich das **KOPING-Verfahren** bewährt, das sicherstellt, das der Prozess der Verdichtung des aufgenommenen Wissens erfolgreich ablaufen kann. Dieses Verfahren beinhaltet drei Schwerpunkte:

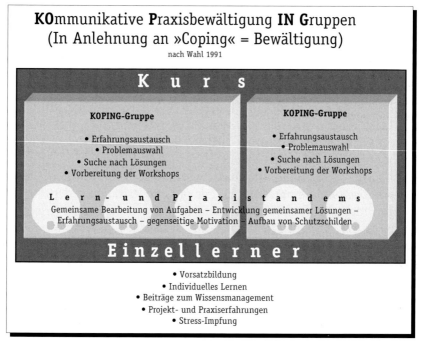

Abb. 40: Koping-Gruppen, ein zentrales Element des Blended Learning

Die **Koping-Gruppe** ist der »Motor« des gesamten Lernprozesses. Vier bis sechs Teilnehmer treffen sich regelmäßig, um sich gegenseitig zu motivieren und durch soziale Unterstützung im Lernprozess zu stärken. Daneben erfolgt ein intensiver inhaltlicher Erfahrungsaustausch durch Praxisberichte, Schilderung von Erfolgen und Misserfolgen, Erzählungen über störende und hinderliche Bedingungen, Enttäuschungen und Überraschungen. Auf dieser Grundlage werden gemeinsam Lösungswege entwickelt. Die Gruppen steuern sich entweder selbst auf der Basis von Handlungsanleitungen der Tutoren oder unter Einbeziehung eines Trainers, der die Patenrolle übernimmt. Bei teamorientierten Lernprozessen kann es sinnvoll sein, der jeweiligen Führungskraft diese Rolle zu übertragen, die dadurch ihre Funktion als Coach der Mitarbeiter stärkt.

Lerntandems bilden stabile Lernpartnerschaften über einen oder mehrere Kurse hinweg. Sie bearbeiten gemeinsam Aufgaben, diskutieren aktuelle Probleme und geben sich laufend Rückmeldung. Darüber hinaus haben sich Lerntandems als wichtige Verstärker für eine dauerhafte Lernmotivation erwiesen.

Die einzelnen Lerner sind im KOPING-Verfahren das störanfälligste Element, da sie die meiste Zeit auf sich allein gestellt sind. Deswegen zielt das Qualifizierungskonzept auch darauf ab, ihnen »Schutzschilde« mitzugeben, die dann wirksam werden, wenn »Giftpfeile« auftreten. Diese entstehen z. B., wenn die Motivation nachlässt, Probleme als »unlösbar« erscheinen oder die Menge der Aufgaben als zu viel empfunden wird.

Notwendige Voraussetzung für selbstgesteuertes Lernen ist die **Vorsatzbildung.** Jeweils am Ende des Workshops mit dem Tutor oder Experten, der Gruppensitzung und des Tandemtreffens werden jeweils konkrete Vorsätze gebildet. Die Teilnehmer konkretisieren ihr Vorhaben und setzen damit aus eigenem Willen den Beginn einer Handlung fest.

Die wichtigsten Aspekte des KOPING-Verfahrens können durchaus auch in den zunächst »virtuellen« Gruppen der Learning Community greifen. Hinzu kommt, dass Vorsatzbildungen und konkrete Vereinbarungen in den Foren der Learning Community festgehalten werden können, so dass durch diese Transparenz eine hohe soziale Verbindlichkeit geschaffen wird

Als weiterer Schutzschild hat sich insbesondere das **»Vorausdenken«** bewährt. Die Lernpartner vereinbaren hierbei für alle möglichen »Giftpfeile« konkrete Handlungsweisen. Dadurch werden positive Handlungsroutinen aktiviert, wenn »Giftpfeile« auftreten. Die **»Stress-Impfung«** arbeitet mit Entspannungstechniken und sogenannten »Stopp-Befehlen«, die durch ein Signalwort ausgelöst werden. Die Lerner analysieren dabei bereits im Vorfeld mögliche Problemsituationen und überlegen sich, wie sie in dieser Situation reagieren können.

4.1.6 Zunehmende Individualisierung der Lerninhalte

Lernprozesse laufen hochgradig individuell ab. Deshalb ist ein Lernprozess zu initiieren, der immer mehr individualisiert wird. Dafür eignet sich folgende grundsätzliche Struktur des Lernprozesses:

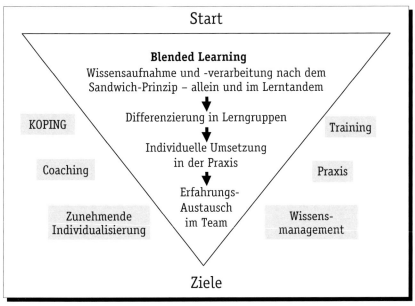

Abb. 41: Zunehmende Individualisierung der Lernprozesse

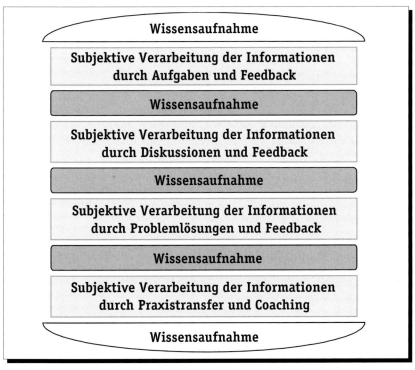

Abb. 42: Sandwich-Prinzip, nach Wahl 1993, S. 88

Nach dem **Sandwich-Prinzip** wechseln Phasen eher rezeptiver Informations- und Wissensaufnahme mit Phasen eher aktiver Wissensverarbeitung ab. Im Rahmen von Blended Learning Systemen besteht die Möglichkeit, dass jeder Lerner sich – entsprechend seines Vorwissens und seiner Ziele – einen individuellen »Sandwich« mixt. Er bearbeitet jeweils Aufgaben und kann sich aus der Wissensbasis individuell das Wissen abrufen, welches er dafür benötigt.

Über einen wiederkehrenden Prozess des KOPING und des Coaching werden die Lernprozesse immer mehr individualisiert. Durch die Integration der Praxiserfahrungen in den Lernprozess entsteht organisationales Wissen, so dass der Lernende das Wissensmanagement für eigene Problemlösungen nutzen kann.

4.1.7 Grundsätze des methodischen Konzeptes

Betriebliche Qualifizierungskonzepte, die den aktuellen Anforderungen entsprechen, sind zusammenfassend nach folgenden Grundsätzen zu gestalten.

- **Zunehmende Handlungsorientierung:** Die Zielsetzung betrieblicher Qualifizierungsmaßnahmen kann nur erreicht werden, wenn das Training auf die individuellen Handlungsdefizite der Teilnehmer abgestimmt ist. Nur so ist ein Vernetzen von Denken, Fühlen und Agieren möglich.

- **Zunehmende Individualisierung:** Das konkrete Handeln der Trainingsteilnehmer soll in »typischen«, individuell unterschiedlichen Bereichen verändert werden. Dabei werden nur die Bereiche in Angriff genommen, wo ein individueller Lernbedarf besteht.

- **Zunehmende Professionalisierung:** Die Trainingsteilnehmer sollen durch kontinuierliches Arbeiten am eigenen Planungshandeln und am eigenen Interaktionshandeln ihre Problemlösungskompetenz steigern.

- **Zunehmende Transfersicherung:** Die Übertragung des Gelernten auf »natürliche Lernsituationen« erfordert vor allem folgende Aspekte:
  - Identifikation sogenannter »**Giftpfeile**«
  - Vorsatzbildung und Aufbau sogenannter »**Schutzschilde**« als Strategien der Stressimpfung

Eine Änderung der Denk- und Handlungsweisen der Lerner kann nicht in einer isolierten Maßnahme von wenigen Tagen erreicht werden. Deshalb ist ein **Wechsel** zwischen **Trainings- und Praxisblöcken** erforderlich.

Die Nachbereitung erfolgt jeweils nach dem **KOPING-Prinzip.** Diese Gesamtkonzeption soll letztendlich dazu führen, dass die Trainingsteilnehmer lernen, ihre persönliche Lernstrategie laufend zu optimieren.

4.2 Methoden des Blended Learning

Auch Multimedia und Telekommunikation mögen mit dazu beitragen, dass die Lernumgebung anregender wird. Die Datenautobahn wird aber nicht automatisch auch zu einem Lernschnellweg, denn Lernen kommt nicht über die Anhäufung von Wissen zustande, sondern erst durch dessen Anwendung. Und diese Aneignung ist an keine Technik übertragbar, sie bleibt der unverzichtbaren Anstrengung eines jeden Lernenden überlassen.

Dieter Euler, Hochschule St. Gallen

Blended Learning ist keine Revolution des Lernen, sondern vielmehr eine konsequente Erweiterung bewährter Lern- und Sozialformen um die Möglichkeiten, die aus der Nutzung von Computer Based Trainings und vor allem webbasierten Lernlösungen entstehen.

4.2.1 Vom Computer Based Training zum webbasierten Lernen

Viele der heute eingesetzten Lernprogramme lassen deutlich spüren, dass Ihre Konzeptionen noch aus der Sicht- und Denkweise geprägt sind, die bei der Entwicklung von CBT – Computer Based Trainings – im vergangenen Jahrzehnt im Vordergrund standen. Diese Offline-Lösungen mussten sich im Regelfall auf standardisierte Aufgabentypen ohne Kommunikation beschränken. Deshalb sollte die Lernmotivation z. B. dadurch gesichert werden, dass durch Geschichten, die in grafisch aufwändig animierter Form aufbereitet wurden, der Lerner in eine anschauliche Situation versetzt wird.

Ein Lernprogramm für Bankauszubildende basierte z. B. auf einem frühmittelalterlichen Dorf, in dem es noch kein Geld gibt. Irgendwann gab der Dorfälteste Geldscheine aus, es entstanden Buchgeld und Schecks und im Laufe der Geschichte mussten bereits Maßnahmen zur Sicherung der Geldstabilität eingeführt werden.

Die Erfahrungen in der Praxis ergaben, dass vor allem erwachsene Lerner dieser Form der Animation auf Dauer überdrüssig werden. Hinzu kam, dass der Trend zum webbasierten Lernen Lösungen erforderte, die auch bei geringen Übertragungsraten ein wartefreies Lernen ermöglichten.

Abb. 43: CTB mit hoher Grafikanimation (Quelle: BANKAKADEMIE)

Daraus ergaben sich grundlegende Fragen zur Gestaltung von Blended Learning Systemen.

- Wie wird der Lerner über den Ansatz des Web Based Trainings und die Art und Weise der von ihm zu erbringenden Leistung orientiert?
- Wie verbindet der Lerner Information, Fragestellung und Lösungsweg?
- Ist der Lerner kompetent und ausreichend vorinformiert?
- Reichen die in der Wissensbasis zur Verfügung gestellten Informationen aus, um die Aufgaben zu lösen?
- Welches heuristische Muster, d. h. welche erkenntnisfördernde Methodik, liegt dem WBT zugrunde und wie wird dieses dem Lerner vermittelt?
- Wird dem Lerner ein analytisches Raster an die Hand gegeben, aus dem er Lösungen ableiten kann?

4.2.2 Grundkonzeption des Blended Learning

Grundsätzlich stehen für die Gestaltung von Blended Learning Systemen drei Ansätze zur Verfügung.

Methodik und Gestaltungsprinzipien des Blended Learning

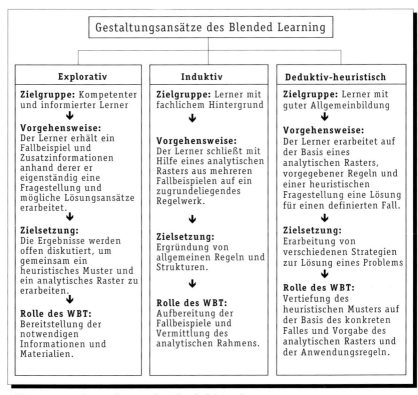

Abb. 44: Gestaltungsformen des Blended Learning

Die drei Ansätze unterscheiden sich stark hinsichtlich der Rolle, die den online bereitgestellten Materialien und Medien zukommt:

Während es beim explorativen Ansatz ausreicht, Fallstudien, vertiefende Informationen oder Links auf weiteres Material unter einer allgemeinen oder speziellen Fragestellung lediglich zur Verfügung zu stellen, ist die Rolle der im Netz abrufbaren Medien bei den weiteren Ansätzen anspruchsvoller:

Der »induktive« Ansatz erfordert die Vermittlung eines analytischen Bezugsrahmens, der es ermöglicht, aus den Fallbeispielen auf zugrundeliegende Regelmäßigkeiten, d.h verallgemeinerungsfähige Zusammenhänge zu schließen. Auch die Fallbeispiele müssen hier sehr sorgfältig ausgewählt und aufbereitet werden, um dem Lerner die Lösung dieser anspruchsvollen Aufgabe zu ermöglichen bzw. zu erleichtern.

Der »deduktiv-heuristische« Zugang basiert auf denselben analytischen Lehrinhalten, die die Theorie darstellen, die der Lerner nun anhand des konkreten Falles anwendet, um eine angemessene Lösung zu entwickeln und zu begründen. In diesem Fall ist die »Anwendungsfähigkeit« oder Praxisrelevanz der »Theorie« ausschlaggebend und eine Vermittlung, die geeignet ist, den Lerner die Brücke von »theoretischen« Lerninhalten zu fallbezogenen Anwendungen schlagen zu lassen.

In der Praxis werden diese Ansätze oftmals miteinander verknüpft. Dies kann beispielhaft an folgendem Ablauf des Lernszenarios verdeutlicht werden.

---

1. Didaktischer Impuls:

- Als Zugang, der helfen soll, dem Lerner den Weg zur Lösung zu zeigen, wird eine kontroverse Diskussion vorangestellt, in der schon Lösungswege und Problemstellungen als Thesen in den wiederstreitenden Meinungen formuliert werden.
- Diese Diskussion wird auf eine übergreifende Fragestellung und prägnante Lösungswege zugespitzt.
- Eine kontextsensitive, modularisierte Wissensbasis wird genutzt, um diesen heuristischen Zugang zu konkretisieren.

2. Explorativ-analytische Umsetzung:

- Der Lerner untersucht Fallbeispiele im Hinblick auf die aufgeworfenen Fragestellungen und Lösungswege.
- Die Wissensbasis dient als situatives Hilfsmittel, um das verfeinerte Analyseraster wiederzufinden und die Fallbeispiele in den Problemkontext richtig einzuordnen.

3. Argumentative Präsentation:

- Der Lerner formuliert entweder
  a) einen allgemeinen Lösungsweg oder
  b) einen auf einen konkreten Fall zugeschnittenen Lösungsweg und diskutiert diesen in der Präsenzveranstaltung mit Bezug zur Fragestellung.
- Die Wissensbasis oder zusätzlich recherchierte Dokumentationen werden genutzt, um den Lösungsweg zu konkretisieren und zu begründen.

Abb. 45: Beispiel eines Lernszenarios

4.2.3 Lernarrangement im Blended Learning Konzept

Beispielhaft kann zum Thema E-Business-Marketing folgender Lernprozess arrangiert werden:

Methodik und Gestaltungsprinzipien des Blended Learning

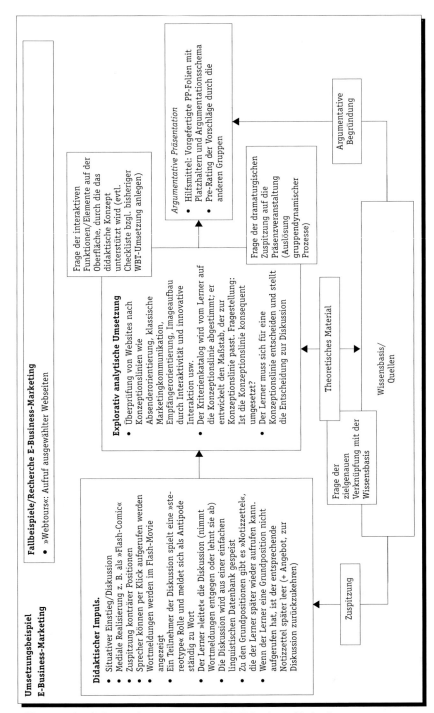

Abb. 46: Blended Learning Arrangement für E-Business Marketing

Die Grundzüge und Elemente dieses Umsetzungsbeispiels werden im Folgenden kurz erläutert.

1. **Methodik und didaktischer Impuls**

- *Situativer Einstieg: Diskussion konträrer E-Marketing-Positionen:* Das WBT beginnt mit einem situativen Einstieg: Die Geschäftsleitung eines Unternehmens diskutiert über die Optimierung und Vermarktung Ihres Internetauftritts. Jeder der virtuellen Diskussionsteilnehmer stellt zuerst thesenartig seine Grundposition dar, die einer bestimmten Richtung im E-Marketing entspricht. Im Verlauf der Diskussion werden diese Positionen mit verschiedenen Lösungswegen und Bewertungsmustern in Verbindung gebracht. Dadurch wird der Lerner schon auf seine Aufgaben vorbereitet und erhält Hinweise, wie er sie in Angriff nehmen soll. Wichtig ist, dass er versteht, dass es keine Patentlösung gibt. Er muss vielmehr eine Lösung finden, die zur Ausrichtung des Unternehmens passt und die zu den definierten Zielen führt.

- *Der Lerner als Moderator:* Der Diskussionsverlauf wird nicht vorgegeben, sondern von den Anwendern selbst initiiert und geleitet. Als Moderator steuern sie den Diskussionsverlauf nach ihren Interessen und Schwerpunkten aber auch nach ihrem persönlichen Zeithorizont. Die virtuellen Diskussionsteilnehmer melden sich zu Wort, der Lerner hat dadurch die Möglichkeit, Beiträge aufzurufen, abzulehnen oder zu einem späteren Zeitpunkt zur Kenntnis zu nehmen.

- *Präsentation der Gegenargumente durch Antipoden:* Ein virtueller Teilnehmer der Diskussion meldet sich als Antipode regelmäßig zu Wort. Dadurch wird eine gewisse Objektivität erreicht und dem Lerner die Möglichkeit gegeben, sich seine eigene Meinung zu bilden, mögliche Gegenargumente zu antizipieren und eventuell seine bisherige Meinung zu revidieren.

- *Abruf der Positionen durch digitalen Notizzettel:* Zu den Grundpositionen gibt es »Notizzettel«, die der Lerner später wieder aufrufen kann. Diese Notizzettel enthalten eine Zusammenfassung der jeweiligen Position als These. Der Lerner hat dadurch ein Instrument, das ihm einen ständigen Abgleich mit den aktuellen Problembearbeitungen ermöglicht, ohne nochmals in die Diskussion einsteigen zu müssen. Wenn der Lerner eine Grundposition nicht aufgerufen hat, ist der entsprechende Notizzettel später leer. Der Lerner wird nicht gezwungen, diese Position zur Kenntnis zu nehmen. Es wird ihm jedoch angeboten, zur Diskussion zurückzukehren und diese kennen zu lernen.

2. Medieneinsatz

- **Interaktiver »Comic«:** Die Diskussion der Geschäftsleitung wird als interaktives »Comic« umgesetzt. In diesem werden verschiedene dramaturgische Schnittstellen wie z. B. die Gesprächseröffnung sowie mögliche Gesprächsverläufe angelegt. Die virtuellen Sprecher melden sich aktiv zu Wort und können per Klick aufgerufen werden. Der Lerner wird dadurch in eine virtuelle Realität gestellt, die ihm viele Identifikationspotentiale bietet. Zugleich ist er in der Rolle des Moderators zu einer gewissen Distanz und Objektivität gezwungen, die es ermöglicht, zu einer umfassenden Sicht der Fragestellung zu kommen.

- **Oberflächenprogrammierung in Flash:** Als Programmformat für die Oberflächengestaltung kann Macromedia Flash genutzt werden. Dadurch sind die angedachten dramaturgischen und didaktischen Effekte wirkungsvoll und ansprechend realisierbar, ohne dass mit langen Ladezeiten oder zeitintensiven Downloads zu rechnen ist.

- **Interaktive Steuerung durch linguistische Datenbank:** Die programmtechnische Steuerung der Diskussion wird aus einer einfachen linguistischen Datenbank generiert. Diese ermöglicht durch lernerorientierte Wenn-Dann-Verknüpfungen genügend Variationen im Interaktionsverlauf. Dies vermeidet Redundanzen und führt dennoch zu weitgehend identischen Wissensständen der User. Ein intelligentes Authoring in der Konzeption der Verknüpfungs- bzw. Diskurslogik ist dabei entscheidend.

3. Explorativ-analytische Umsetzung

- **Übergeordnete Aufgabenstellung der WBT:** Die übergeordnete Aufgabenstellung der WBT besteht darin, einen eigenen E-Marketing-Ansatz zu formulieren. Der Lerner soll seine eigene Position im E-Marketing finden, auf dieser Grundlage einen Lösungsweg am Fallbeispiel des Beispielunternehmens entwickeln und die Ergebnisse dieser Exploration auf der Präsenzveranstaltung präsentieren und begründen.

- **Leitfragen für die Lerner:**
  - Welche strategische Position sollte die Unternehmung im E-Marketing vertreten?
  - Welche Konzeptionslinien sind generell sinnvoll?
  - Wie lässt sich die von Ihnen gewählte strategisch-konzeptionelle Linie am Beispiel der Unternehmung begründen?

- **Konkretisierung der Positionen:** Um die Fragestellung zu konkretisieren, müssen die strategischen Positionen auf entsprechende Konzeptionslinien heruntergebrochen werden. Die erste Aufgabe des Lerners ist, diese Konzeptionslinien in der Wissensbasis kennen zulernen und mit den in der virtuellen Diskussion vorgestellten Positionen in Verbindung zu bringen. Der Lerner kann über Links zur Wissensbasis Fachtexte und Grafiken und über den Wissensbroker aktuelle Informationen und Tools abrufen, welche die jeweilige Konzeptionslinie verdeutlichen. Informationen kann er im digitalen Notizzettel sammeln und der jeweiligen Position zuordnen. Jede Arbeitsgruppe stellt das Ergebnis in das Forum. Im Chat diskutieren die Teilnehmer die Beiträge.

- **Arbeitsstufen:** Die Durchführung der explorativ-analytischen Umsetzung erfolgt in vier Stufen:
  - **Stufe 1: Entscheidung für eine Konzeptionslinie/einen Lösungsweg.**
    Nachdem jeder die Positionen und Konzeptionslinien kennen gelernt und das Für und Wider abgewogen hat, soll jede Gruppe eine Position und Konzeptionslinie wählen und diese Entscheidung begründen (Angabe von Gründen, die für die gewählte Linie sprechen; evtl. auch Angabe der Gründe, die gegen andere Positionen und Konzeptlinien sprechen). Als Hilfsmittel wird ein online abrufbares Bewertungsschema an die Hand gegeben, in das die Argumente Für und Wider eingetragen werden (zusätzlich auch optionale Freitexteingabe). Die begründete Festlegung auf eine Grundlinie wird in ein Forum gestellt. Dort besteht die Möglichkeit der Stellungnahme durch Teilnehmer aus anderen Gruppen.

  - **Stufe 2: Anwendung eines analytischen Rasters innerhalb einer Konzeptionslinie auf dem Internetauftritt des Unternehmens**
    In der zweiten Stufe sollen die Arbeitsgruppen entsprechend der gewählten Konzeptionslinie den Internetauftritt eines ausgewählten Unternehmens bewerten und anhand eines zur Konzeptlinie passenden analytischen Rasters die Defizite und Optimierungspotenziale ausfindig machen. Dazu werden in der Wissensbasis vier Checklisten zur Bewertung von Internetauftritten bereitgestellt, in denen die dort aufgeführten Beurteilungskriterien systematisch auf jeweils eine der angebotenen Marketinglinien bezogen werden. Für jede der Marketinglinien wird entsprechend eine Bewertungsmatrix abgeleitet und in ein Onlineformat gebracht, in das der Lerner die Analyseergebnisse eintragen kann. Die Ergebnisse dieser Arbeitsstufe werden zunächst nur innerhalb der eigenen Gruppe zur Verfügung gestellt (internes Forum).

- **Stufe 3: Ideensammlung durch Bewertung anderer Internetauftritte.**
Ziel der dritten Stufe ist es, das bereits Gelernte auf andere Internetauftritte anzuwenden, aber auch neue Impulse aus anderen Richtungen aufzunehmen und die eigene Position auf den Prüfstand zu stellen. Dies geschieht durch eine gezielte Bewertung anderer Internetauftritte. Das WBT bietet dazu eine Linkliste mit Auftritten an, die für eine Konzeptalternative hilfreich sind. Rund um den jeweiligen Auftritt werden zusätzlich Pressemitteilungen Kommentare oder Fachartikel angeboten. Damit dieser Arbeitsschritt nicht unkontrolliert läuft, soll jede Gruppe konkrete Ideen für die Verbesserung des Internetauftritts der ausgewählten Firma ableiten, die in das Optimierungskonzept der Gruppe eingebracht werden.

- **Stufe 4: Entwicklung eines Optimierungskonzepts**
Hier erfolgt die Synthese aus Grundkonzepten, Empirie und eigenen Ideen, um das Optimierungskonzept für das Online-Marketing des Unternehmens auszugestalten. Auch hierfür sollte das WBT ein Format bereitstellen, das der User auf der Plattform abrufen kann.

3. **Argumentative Präsentation**

Hilfsmittel: PP-Folien mit Platzhaltern und Argumentationsschema.
Die Gruppen können im WBT ein Folienformat in Powerpoint mit Platzhaltern und einem Grobschema für die argumentative Aufbereitung herunterladen. Dieses Format kann modifiziert werden, ist aber für alle verbindliche Grundlage der Präsentation in der Präsenzveranstaltung.

Peer-Rating der Vorschläge durch die anderen Gruppen

Vor der Präsenzveranstaltung finden online durchgeführte Peer-Ratings im Gruppenkontext statt. Dazu müssen alle Gruppen ihr bisheriges Arbeitsergebnis in das öffentliche Forum einstellen. Anhand eines durch die WBT bereitgestellten Kriterienkatalogs und Punktesystems werden die Optimierungskonzepte durch die anderen Teilnehmer in ein Ranking gebracht. In internen Gruppenchats werden die Ergebnisse der anderen Gruppen diskutiert. Es hat sich bewährt, diese Ratings nur im Gruppen-Konsens zu erstellen. Die Gruppen lernen durch die Kritik an anderen, ihre eigenen Maßstäbe zu überprüfen, und erhalten die Chance, ihr eigenes Konzept für die Präsentation in der Präsenzveranstaltung zu modifizieren und zu schärfen.

Online-Abruf der Positionen während der Präsenzveranstaltungen

Grundsätzlich sollte die Möglichkeit bestehen, während der Präsenzveranstaltung auf Arbeitsergebnisse zurückzugreifen. Damit haben die Teilnehmer die Chance, ihre eigene Leistung und den gesamten Weg zum vorliegenden Ergebnis, z. B. auch Meinungswechsel, zu reflektieren.

Abschluss: Peer-Rating in der Präsenzverstaltung

Die Teilnehmer stellen auf der Präsenzveranstaltung ihre Lösungen vor, diskutieren diese und nehmen eine erneute Bewertung der Beiträge vor. Auf diese Weise bleibt die Spannung bis zum letzten Moment erhalten und jeder kann sein Ergebnis im Lichte anderer Vorschläge und einer Gesamtbewertung betrachten.

4.2.4 Aufgabenformen im Blended Learning

Im Konzept des Blended Learning dienen die Übungen der Web Based Trainings nicht primär der Wissensvermittlung im Sinne der Instruktion der Teilnehmer, sondern übernehmen die grundlegende Funktion, die individuellen Lernprozesse der Teilnehmer problemorientiert sowie partner- und gruppenorientiert zu steuern. Aus den Aufgaben heraus werden deshalb Lernprozesse alleine und mit Lernpartnern initiiert und Arbeitsaufträge an Lerngruppen definiert. Gleichzeitig unterstützt das E-Learning-Konzept die Dokumentation und die Erörterung der erarbeiteten Lösungen.

Die Übungs- oder Testaufgaben elektronischer Lernprogramme können entlang von zwei methodischen Achsen differenziert werden, gegliedert nach den Sozial- und Trainingsformen. Damit wird die Vielfalt der möglichen Aufgabenformen zur Steuerung der Lernprozesse deutlich.

Die »klassische« Form des CBT, des Computer Based Trainings, das seit den 90er Jahren insbesondere in der Automobilindustrie und bei den Finanzdienstleistern weite Verbreitung fand, hatte seinen Schwerpunkt zunächst in geschlossenen Aufgaben, die der einzelne Lernende an seinem Computer bearbeiten kann und die das System für ihn auswertet. In den neueren Formen der Web Based Trainings (WBT) werden diese Aufgabenformen überwiegend noch zur Wissensvermittlung genutzt, während für die Wissensverarbeitung dieser ursprüngliche Fokus entsprechend der neuen Möglichkeiten des Online-Mediums erweitert wurde.

| Methodik und Gestaltungsprinzipien des Blended Learning |

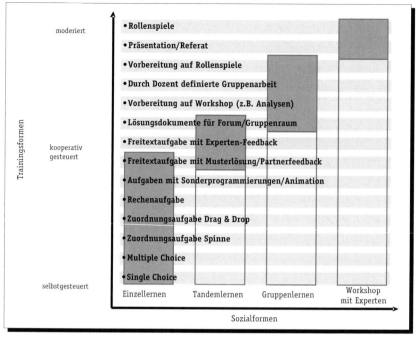

Abb. 47: Grundformen der Aufgabentypen in Blended Learning Konzepten

Online-Tutoren ermöglichen nun die Auswertung offener Aufgabenstellungen ohne aufwendige Programmierungen. Die Kommunikationsmöglichkeiten unter den Teilnehmern erlauben darüber hinaus kooperative

Abb. 48: Grundformen offener Aufgaben in Blended Learning Konzepten

Lernformen mit oder ohne Beteiligung des Tutors, die insbesondere auch der Vor- oder Nachbereitung von Präsenzveranstaltungen dienen können.

Blended Learning Konzeptionen schließen dabei erhebliche Lücken der bisherigen Methodik der Offline-Lernprogramme, da die Verengung auf einzeln zu bearbeitende, geschlossene Aufgaben den Lernzielen in der betrieblichen Bildung nur in Teilbereichen gerecht werden kann. Vergleichende Untersuchungen zeigen, dass der Austausch mit einem Lernpartner und die Zugehörigkeit zu einer Lerngruppe den Lernerfolg in hohem Maße fördern. Umgekehrt wächst bei einem Fehlen oder einem Mangel entsprechender Kommunikationen die Wahrscheinlichkeit des Abbruchs eines Ausbildungsganges oder Schulungsprogramms dramatisch.

Während kooperative Lernformen im Wesentlichen motivationsstiftend sind, erlauben offene Aufgabenstellungen auch die Nutzung des Überschusses an Wissen und Ideen auf Seiten des Lerners. Die Kombination aus beiden Ansätzen erzeugt gruppendynamische Momente und Synergieeffekte, die im besten Fall in einen sich selbst steuernden Lernprozess münden.

Die Erfahrungen mit zahlreichen E-Learning Projekten der letzten Jahre zeigen, dass die Rahmen- und Kontextbedingungen einen wesentlichen Beitrag einer elektronisch gestützten Lehrmaßnahme ausmachen und für die effektive Umsetzung kooperativer Möglichkeiten von hervorgehobener Bedeutung sind. Nicht die Weiterentwicklung der Technologie wird für die Herausbildung und Etablierung selbstgesteuerter Lernprozesse, insbesondere in großen Unternehmen, ausschlaggebend sein, sondern die Entwicklung einer Lernkultur, die den Rahmen für diese Lernleistungen abgibt.

Wo ein geeigneter Rahmen noch fehlt, können punktuell eingesetzte offene und kooperative Lernformen dazu beitragen, diesen zu schaffen. Gerade durch die Kombination des Online-Lernens z. B. mit begleitenden Workshops oder anderen Präsenzformen des Blended Learning kann der soziale Prozess der gemeinsamen Aneignung neuer Möglichkeiten und Methoden immer wieder reflektiert und befördert werden.

4.2.5 Trainingsaufgaben im E-Learning

Eine Systematik möglicher Trainingsaufgaben im E-Learning kann unter den Aspekten geschlossener bzw. offener sowie individueller bzw. kooperativer Formen gestaltet werden.

Methodik und Gestaltungsprinzipien des Blended Learning

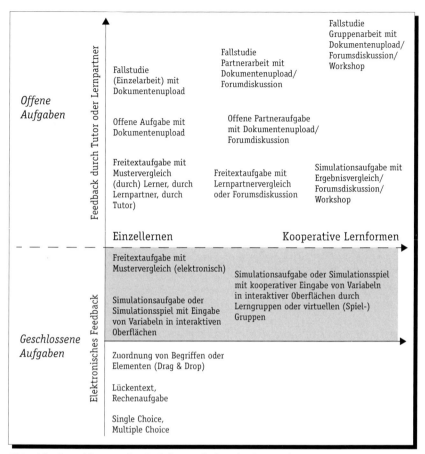

Abb. 49: Grundformen der Trainingsaufgaben im E-Learning

Die gestrichelte waagrechte Linie markiert die Grenze zwischen elektronisch auswertbaren Aufgaben und solchen Aufgaben, die – außer vom Lerner selbst – nur durch einen Tutor oder durch Lernpartner bzw. Lerngruppen ausgewertet werden können. Die durchgezogene waagrechte Linie grenzt die geschlossenen von den offenen Aufgabenstellungen ab.

Geschlossene Aufgaben zum Einzellernen

Die einfachen Grundformen geschlossener Aufgaben, insbesondere Single Choice (Einfachauswahl) und Multiple Choice (Mehrfachauswahl), Lückentextaufgaben, Rechenaufgaben oder Drag and Drop-Aufgaben können in mannigfacher Weise differenziert werden.

Die standardisierten Formen des Einzellernens am Bildschirm bilden noch immer das »Rückgrat« der meisten WBT. Sie sind im Rahmen ihrer didaktischen Reichweite erfolgreich, wenn sie sowohl abwechslungsreich als auch in sehr engem Bezug zu einem »roten Faden« des Programms eingesetzt werden. Durch geschickte Variationen und Kombinationen kann auch im Rahmen der Standardformen die Gefahr der Monotonie vermieden werden. Sofern dies zu einem Mindestmaß gelingt, wird die inhaltliche Qualität für die weitere Motivation des Lerners ausschlaggebend sein. Unabhängig davon kann aber kein Lernprogramm eine mangelnde inhaltliche Qualität durch Formenvielfalt und Abwechslungsreichtum wettmachen.

Die standardisierten geschlossenen Aufgaben haben für den Lerner auch klare Vorteile. Er kann alleine, zur von ihm gewählten Zeit lernen, erhält sofort Feedback und kann einen quantifizierbaren Lernstand speichern und später abrufen. Ein »intelligentes« Lernmanagement des Programms kann ihn zu den Aufgaben zurückführen, bei denen er Schwierigkeiten hatte, um ihn individuell zu seinem Lernziel zu führen. Gerade bei Prüfungsvorbereitungen können diese Aspekte für den Anwender von hohem Nutzen sein.

Offene Aufgaben mit elektronischer Auswertung

Programme, die ohne tutorielle und mit rein elektronischen Auswertungen auskommen, können auch den Bereich offener und kooperativer Aufgabenstellungen erschließen.

Zwei Formen sind grundsätzlich elektronisch auswertbar, obwohl der Lerner eine offene Aufgabenstellung bearbeitet:

- Freitextaufgaben mit Mustervergleich
- Simulationsaufgaben bzw. das Simulationsspiel

In **Freitextaufgaben** gibt der Lerner die Antwort auf eine Fragestellung in ein Textfeld ein.

Die Texteingabe kann über elektronisch basierte Mustervergleiche ausgewertet werden. Doch so einfach dies klingen mag, so schwierig ist es, hierbei valide Bewertungen zu erzielen. Unterschiedliche Begriffe und Schreibweisen für denselben Sachverhalt sowie Schreibfehler oder Formulierungen, an die in der Musterantwort »nicht gedacht« wurde, hebeln dieses Verfahren nur all zu leicht aus. In der Praxis hat sich herausgestellt, das nur sehr aufwendige Lösungen unter Einsatz mächtiger linguistischer Datenbanken in der Lage sind, einen frei eingegebenen Text zu analysieren und anhand eines Mustervergleiches sinnvoll zu bewerten. Eine effektive Bewertung bzw. ein für den Lerner nützliches

Feedback dürfte hier erst mit kommenden Generationen **linguistischer »Roboter« (Lingobots)** möglich sein. Diese neuen Technologien können dann auch für Dialoge des Anwenders mit dem Programm genutzt werden, so dass die Form der Aufgabe entsprechend weiterentwickelt werden kann.

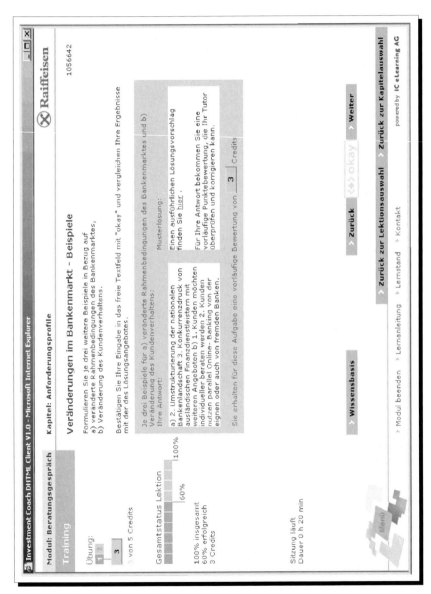

Abb. 50: WBT mit Freitextaufgabe – Quelle: IC eLearning AG

Jenseits dieser (schon recht nahen) Zukunftsmusik besteht die Möglichkeit, den Lerner selbst oder seinen Lernpartner, evtl. auch einen Tutor die Freitextantwort bewerten oder kommentieren zu lassen. Da die tutorielle Betreuung in der Praxis oft zu aufwendig ist, bietet sich eine besondere Form der Selbstkontrolle durch den Lerner oder seinen Lernpartner an. Die Freitexteingabe wird gespeichert und zu einem späteren Zeitpunkt z. B. im Lichte einer aktuellen Entwicklung oder auch im Lichte des erweiterten Wissensstandes des Lerners überprüft.

Die **Simulationsaufgabe** oder das **Simulationsspiel** ist ein weiteres Beispiel der technisch aufwendigen Bewertung offener Aufgabenstellungen: Programmtechnisch werden die Wirkmechanismen und Interdependenzen eines möglichst realistisch dargestellten Handlungszusammenhanges oder technischen Zusammenhanges simuliert. Die Aufgabe des Lerners besteht dann darin, einen offen definierten Zustand zu erreichen, wofür unterschiedliche Optionen zur Verfügung stehen.

Der Anwender der Simulation oder des Simulationsspiels gibt durch seine Spielhandlungen Variablen ein, die sich beobachtbar auf das System auswirken. Dies kann er auch gemeinsam mit anderen Lernern oder Spielern tun. Auf der Basis eines rein elektronischen Lernsystems können hier **kooperative Prozesse** geplant und gemeinsam durchgeführt werden.

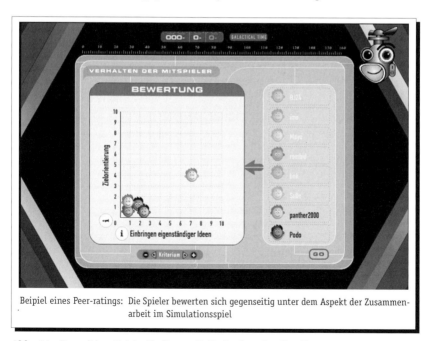

Beipiel eines Peer-ratings: Die Spieler bewerten sich gegenseitig unter dem Aspekt der Zusammenarbeit im Simulationsspiel

Abb. 51: Recruiting Spiel »Challenge Unlimited« – Quelle: Siemens AG

Im Rahmen einer Personalmarketing-Kampagne wurde z. B. ein Recruiting-Spiel »Challenge Unlimited« realisiert, in dem Gruppen von Bewerbern, die zu einer virtuellen »Raumschiffbesatzung« zusammengestellt wurden, gemeinsam städteplanerische Maßnahmen in einer fiktiven Stadt eines fremden Planeten durchführten, um die dortige Atmosphäre zu retten. Die Aufgabe galt aber erst dann als gelöst, wenn die Gruppe dem »intergalaktischen Rat« eine gemeinsame Lösungsstrategie vorgeschlagen hatte. In diesem Spiel wurden sowohl analytische Fähigkeiten getestet bzw. trainiert als auch sogenannte »**Soft Skills**« wie Teamfähigkeit, Flexibilität im Denken oder Leistungsorientierung.

4.2.6 Learning Community – Offene Aufgabenformen im kooperativen Lernumfeld

Offene Trainingsaufgaben, die eine kooperative Lernumgebung erfordern, um die Einzelaufgaben auszuwerten und Gruppenarbeiten durchführen zu können, ermöglichen die Bearbeitung komplexer Problemstellungen.

Beim Aufbau eines solchen Lernumfeldes stellen sich grundlegende Fragen:

- Sollen die Kommunikationsfunktionen in die Lernprogramme integriert werden oder separat über eine Lernplattform zur Verfügung stehen?
- Sollen nur Kommunikationskanäle des Systems benutzt werden oder werden parallele Kommunikationskanäle – z. B. Telefon, E-Mail, Fax der Teilnehmer – mit einbezogen?
- Soll ein »elektronischer Campus« als kooperative Infrastruktur angeboten werden? Soll ein virtuelles Umfeld mit »Hörsälen«, »Bistro« und »Schwarzem Brett« oder eher ein elektronisch animierter Kontext geschaffen werden?
- Werden Aspekte des Wissensmanagements in die kooperative Infrastruktur mit einbezogen?

Eine Learning Community weist meist folgende Strukturen auf.

- Der Einstieg ist sachlich nach den Kooperations- und Kommunikationsfunktionen gegliedert:
- Die Bereiche der synchronen und der asynchronen Kommunikation in Foren sind entsprechend der gewohnten Online-Funktionalitäten gestaltet. Dabei wird ein internes E-Mail System verwendet, das nur für die Teilnehmer zugänglich ist und durch das der sonstige E-Mail Verkehr der Teilnehmer nicht belastet wird.

Methoden des Blended Learning

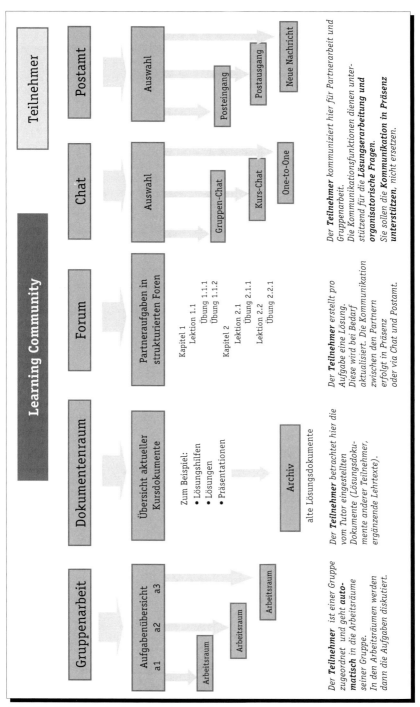

Abb. 52: Elemente der Learning Community

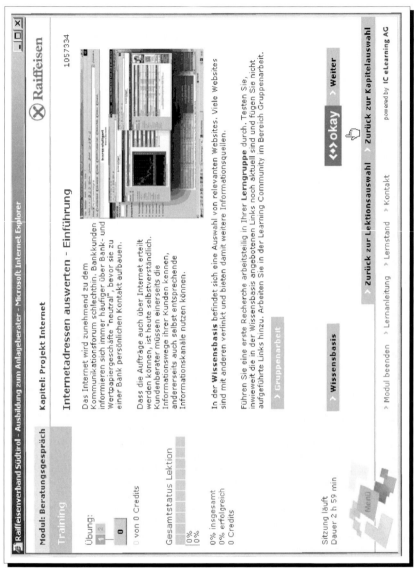

Abb. 53: WBT mit Gruppenaufgabe – Quelle: IC eLearning AG

Entsprechend der Bedeutung, die den kooperativen Lern- und Arbeitsformen in Blended Learning Konzepten zukommt, sind auf der Einstiegsseite der Learning Community die kooperativen Bereiche an den oberen Positionen aufgeführt, während die üblichen Kommunikationsfunktionen nachgeordnet erscheinen. Die einzelnen Bereiche der synchronen und der asynchronen Kommunikation in Foren sind dabei entsprechend der gewohnten Online-Funktionalitäten gestaltet. Verwendet wird ein internes E-Mail System, das nur für die Teilnehmer zugänglich ist und durch das der sonstige E-Mail Verkehr der Teilnehmer nicht belastet wird.

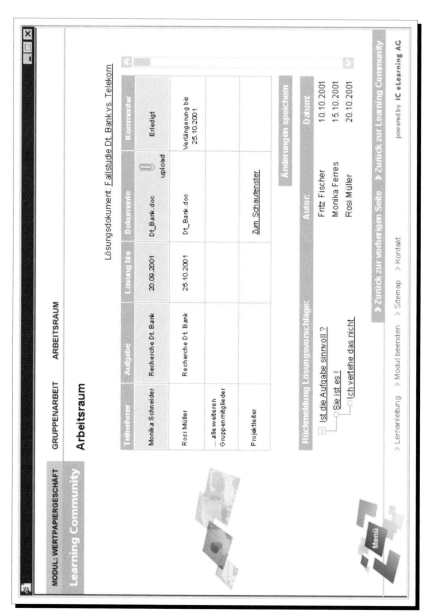

Abb. 54: WBT mit Arbeitsraum – Quelle: IC eLearning AG

Kernstück dieser Learning Community ist der Bereich **Gruppenarbeit**. Hier werden durch die Tutoren Aufgaben eingestellt und von Arbeitsgruppen kooperativ bearbeitet. Für diese kooperative Bearbeitung stellt der Bereich Gruppenarbeit die technische und kommunikative Infrastruktur zur Verfügung:

- Der Tutor oder Dozent kann zu jeder gestellten Aufgabe Erläuterungen geben, Dokumente anfügen bzw. uploaden und Links für Informationsquellen zur Verfügung stellen.

- Die Teilnehmer der jeweiligen Arbeitsgruppe finden unter jeder Aufgabenstellung ein Forum vor, in dem sie offene Fragen zur Aufgabenstellung an den Tutor oder die Experten richten und die Aufgabenstellung untereinander diskutieren können. Auch in dieses Forum können Dokumente eingestellt bzw. upgeloaded werden.

- Die Ergebnisse aus der Bearbeitung der Aufgabenstellung wird von den Teilnehmern der Gruppe im sogenannten **Arbeitsraum** dokumentiert. Hier geht jeder Teilnehmer eine Selbstverpflichtung ein, indem er seinen Teil der Bearbeitung benennt und mit einem Termin versieht. In den hinteren Spalten der hierfür verwendeten Tabelle kann er Dokumente einstellen und Kommentare hinzufügen.

- Jede Lerngruppe legt jeweils einen Gruppenleiter fest, der den Lernprozess der Gruppe steuert und im Aufgabenraum die Teilergebnisse der Teilnehmer zu einem Ergebnis der Arbeitsgruppe zusammenfasst sowie eventuell das Ergebnis – z. B. ein Lösungsdokument – in einem Kursforum allen Teilnehmern zugänglich macht.

- Diese Organisation der Learning Commnity nutzt aktiv die positiven Lerneffekte der Gruppenbildung.

Erst wenn ein gemeinsames Ergebnis einer Gruppe verabschiedet ist, wird es den anderen Gruppen durch deren Leiter zugänglich gemacht. Bis dahin finden die Diskussionen, gegenseitigen Hilfestellungen oder Sichtungen der Zwischenergebnisse nur innerhalb der Gruppe statt. Eine solche »**Schließung« des Handlungskontextes** führt zu einer Verdichtung der Kommunikation und zu einer Intensivierung des Austauschs. Die Erfahrungen mit Online-Foren zeigen, dass diese um so weniger als Arbeitsmittel genutzt werden, je größer und anonymer die Gruppe der Teilnehmer ist. Hingegen nutzen bereits konstituierte Gruppen entsprechende Angebote gerne, wenn sie für die Erfüllung der jeweiligen Aufgaben nützlich sind. Entsprechend ist es wichtig, die Gruppen in einführenden Präsenzveranstaltungen (»Kick-off«) zu konstituieren, in den Arbeiträumen nützliche Dokumente und Arbeitsmittel zur Verfügung zu stellen sowie durch einen Tutor oder Experten die Arbeitsgruppen in den geschlossenen Foren aktiv zu unterstützen.

Der Tutor oder Experte kann **Gruppenkonkurrenz** bewusst hervorrufen, indem er den einzelnen Lerngruppen seines Kurses *die gleiche* Aufgabenstellung gibt, um die Ergebnisse in einem anschließenden Workshop zu vergleichen. Auf der Basis funktionierender Kooperationen innerhalb der Gruppen können neben Konkurrenzsituationen auch problemorientierte Aufgaben vorgegeben werden, in denen die Gruppen ein **gemeinsames Ergebnis** erarbeiten, das sie im Workshop zusammenführen. Auch hier spielt Konkurrenz eine Rolle, ist aber durch die Vorgabe einer generellen **Kooperationssituation** abgemildert.

Learning Communities haben oftmals das Ziel, Strukturen der Telekooperation, wie sie heute im Arbeitsleben eine immer bedeutendere Rolle spielen, schon in Ausbildungssituationen einzuüben. Neben den inhaltlichen Lernzielen, die im Kanon des jeweiligen Fachgebietes definiert sind, wird auch das Ziel, Lern- und Arbeitswelt zusammenzuführen, gefördert. Die Offenheit der Community und die Selbstverantwortung der Teilnehmer eröffnen hier Chancen, aber auch Risiken. Wenn eine geeignete Lernkultur fehlt oder die Erwartungen vor allem auf die Rezeption und Reproduktion »mundgerechter« Wissensportionen ausgerichtet sind, wird eine auf Formen der Selbststeuerung ausgerichtete Community kaum Akzeptanz finden.

Die dargestellten Funktionen geben nur einen kleinen Teil des heute technisch Machbaren wieder. Doch nicht die technische Machbarkeit sondern die Umsetzbarkeit und Akzeptanz in der konkreten Anwendungssituation bilden in der Pionierphase kooperativen Online-Lernens meist das Problem. Deshalb ist Einfühlungsvermögen in die Denk- und Handlungsweisen der Teilnehmer, aber auch ausreichende Flexibilität nötig.

4.2.7 Präsenztraining im Blended Learning Konzept

Die Präsenzphasen können in handlungsorientierten Blended Learning Systemen gegenüber reinen Präsenzangeboten im Regelfall auf ca. ein Drittel bis zur Hälfte gesenkt werden. Die Erfahrungen zeigen, dass die Lerner, insbesondere wenn sie bisher ausschließlich »klassische« Seminare gewohnt sind, bei geringeren Präsenzanteilen oftmals das Gefühl haben, zu wenig gesteuert bzw. betreut zu werden. Beschränken sich die Lernziele primär auf die Informationsvermittlung, z. B. über neue Produktmerkmale und Verkaufsargumente, wurden aber auch reine E-Learning-Lösungen erfolgreich realisiert.

Die Präsenzphasen erhalten in Blended Learning Lösungen durch die intensive Vorbereitung der selbstgesteuerten Lerngruppen primär den Charakter von Workshops. Die Experten wandeln ihre Rolle vom Dozenten, der in erster Linie Wissen vermittelt, zum Moderator, der Präsentationen abnimmt und Feedback gibt, Diskussionen moderiert und bei Bedarf fachliche Inputs gibt.

Was wird nun in den Präsenzphasen inhaltlich geleistet? Die Lernenden bringen offene Fragen ein und präsentieren ihre Lösungen selbst bearbeiteter Aufgaben. In darauf aufbauenden Übungen wird die Handlungskompetenz gefördert. Es wird aber auch weiterführendes Wissen vermittelt, vor allem zu aktuellen Inhalten oder in Bereichen, die sich über WBT nur schwer abbilden lassen. Darüber hinaus tauschen die Lernenden ihre Erfahrungen über das Lernen in den Selbststudienphasen aus.

Beispielhaft kann diese Struktur der Präsenzphase am Präsenztag eines Blended Learning Konzeptes für Anlageberater verdeutlicht werden.

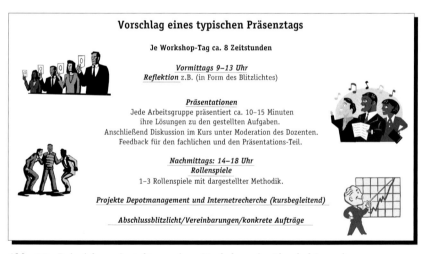

Abb. 55: Beispiel zur Gestaltung eines Workshops im Blended Learning

Die Moderatoren können sich in diesem Workshop der Lern- und Sozialformen bedienen, die sich insbesondere bei handlungsorientierten Lernprozessen bewährt haben.

Für die Planung des Lernprozesses sind als Anregung im Folgenden eine Reihe von Lern- und Sozialformen dargestellt, welche in handlungsorientierte Lernprozesse integriert werden. Im Anhang finden sie eine Beschreibung dieser Methoden, eine Bewertung ihres Einsatzes sowie eine Erläuterung der jeweiligen Wirkung.

Methode	Kurzbeschreibung
Aquarium	Diskussionsvorbereitung in Gruppen, anschließend konzentrierte Diskussion der Gruppenvertreter im Plenum
Blitzlicht	Erhebung eines Stimmungsbildes aller Teilnehmer; anschließend Vereinbarung der Konsequenzen
Gruppenarbeit	Teilnehmerorientierte Lernformen in vielfältigen Varianten
Gruppenpuzzle	Verknüpfung der ➔ Leittextmethode mit Kleingruppenarbeit und gegenseitiger Information sowie Präsentation und Diskussion im Plenum
Gruppen-Rallye	Ermittlung des individuellen Leistungsstandes, Lernen in leistungsheterogenen Gruppen und Überprüfung des Wissenszuwachses
Gruppen-Turnier	Lernen in leistungsheterogenen Gruppen, anschließend Frage-/Antwort-Spiel
Kugellager	Kombination verschiedener ➔ Partnerinterviews zum Abbau von Redeschwellen in der Einstiegsphase oder zum Austausch von Meinungen
Impulsreferat	Effiziente Form der Informationsvermittlung, sofern es grafisch gestützt wird und die Lernenden Gelegenheit erhalten, nach ca. 20 Min. die Inhalte zu verarbeiten ➔ Sandwich
Leittext	Texte die in konzentrierter Form die wesentlichen Inhalte vermitteln, werden meist in Einzelarbeit bearbeitet, um anschließend in der Gruppe oder im Plenum ausgewertet und diskutiert zu werden.
Kartenabfrage	In Einzel-, Partner- oder Gruppenarbeit werden Eindrücke, Meinungen oder Erkenntnisse aller Lernenden erfragt, auf Karten oder in der Virtual Community festgehalten und anschließend ausgewertet.
Metareflexion	Mit Hilfe eines Fragebogens oder offener Fragen denken die Lernenden über ihre individuellen Eindrücke nach und diskutieren diese Erkenntnisse anschließend in der Gruppe oder im Plenum
Motorischer Eisbrecher	Motorische Übungen zum Auflockern des Workshops und zur Förderung der Konzentration
Netzwerk	Wiederholung der Lerninhalte oder Erhebung der Vorkenntnisse mit Hilfe von Karten
Partner-Interview	Die Lernenden besprechen vorgegebene Fragen und diskutieren die gewonnenen Eindrücke anschließend im Plenum

Methode	Kurzbeschreibung
Rollenspiel	In realitätsnahen Gesprächssituationen trainieren die Teilnehmer ihre Fähigkeit zur zielgerichteten Kommunikation
Quattro	Die Lernenden beziehen ohne Rücksicht auf die Gruppenmeinung Stellung.
Sandwich	Die Planung verknüpft relativ kurze Phasen der Informationsaufnahme mit Phasen der Informationsverarbeitung, z. B. Partner- und Gruppenarbeiten.
Strukturieren	Der Moderator stellt den inhaltlichen und methodischen Ablauf des Workshops dar.
Struktur-Lege-Technik	Karten werden in Partner-, Gruppen- oder Einzelarbeit in eine logische Struktur gebracht.
Themenspeicher	Alle Teilnehmer können in der Learning Community oder mittels Karten ihre Fragen oder Themenvorschläge festhalten und damit das Seminar mitgestalten.

4.3 Gestaltungsprinzipien des E-Learning

Ebenso wie das Ersetzen der Schiefertafel durch ein Schreibheft keine direkte Verbesserung darstellt, bringt der Einsatz von Multimedia allein wenig Nutzen.

Frank Thissen, Hochschule für Medien Stuttgart

Die Oberflächen elektronischer und insbesondere webgestützter Trainingsprogramme wurden lange Zeit in einer Weise gestaltet, die als virtualistisch-explorativer Zugang charakterisiert werden kann.

4.3.1 Der fokussierte Lernprozess

Nachstehende Abbildung zeigt einen typischen Screen. Der Lerner erforscht auf dem Bildschirm einen »virtuellen Arbeitsplatz« und findet ein Telefon, eine Zeitung, einen Kurszettel, einen Kalender und ähnliches vor.

Bei allem Interesse, die diese Oberflächen zunächst hervorrufen, haben sie einen entscheidenden Nachteil: Die Energie des Lerners wird auf die Beherrschung einer virtuellen Welt gelenkt, in der die reale Welt nachgestellt wird, und in der dieselben Aktionen – hier: des wirklichen Arbeitslebens – mit den Mitteln durchgeführt werden sollen, die das elektronische Programm zur Verfügung stellt.

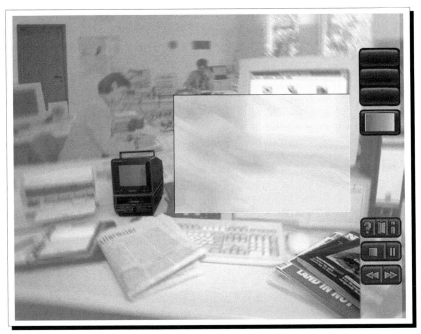

Abb. 56: Virtuelles Büro

Die Anstrengung, die dieses vom Lerner verlangt, darf nicht unterschätzt werden. Die im besten Fall »intuitive« Navigation, die mit diesen Oberflächen einhergeht, setzt Anwender ständig der Gefahr der Fehlbedienung aus und stellt ihn unter den Stress der Ungewissheit über die Bedeutung der Screen-Elemente und der Gefahr des Verpassens eines wichtigen Inhaltes bzw. Weges im Programm. Der Prozess ist zu keiner Zeit transparent. Die Oberfläche absorbiert an Stelle der Lerninhalte die Aufmerksamkeit.

Neuere Programme gehen einen anderen Weg, der mit den folgenden Screens illustriert wird. Angestrebt wird hier eine einfache, intuitiv bedienbare Oberfläche, damit sich der Lerner auf schwierige Inhalte konzentrieren kann.

Im Zentrum des Screens steht dabei der thematische Fokus. Nichts soll den Lerner in eine Peripherie von Navigationswegen oder überschüssiger Möglichkeiten »entführen«. Die Abbildung zeigt einen typischen Screen.

Die zentrale Darstellung wird in ihrer Bedeutung durch den Titelbereich des Screens thematisiert. Dort ist das Kapitel (oben) die Lektion (Zeile darunter) und der Gegenstand des Screens (abgegrenzt durch den Gedankenstrich) leicht verständlich benannt.

Methodik und Gestaltungsprinzipien des Blended Learning

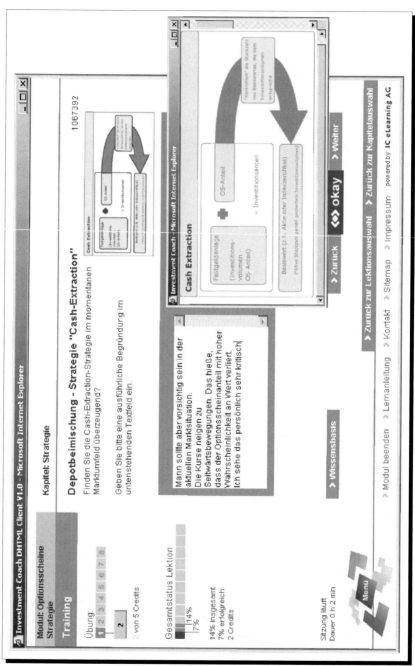

Abb. 57: WBT mit explikativer Grafik

Das erforderliche Wissen zur Bearbeitung der Aufgabe kann durch Klick auf eine »Wissensbasis« vertieft oder ergänzt werden. Der »Weiter«-Button gibt dem Lerner eine eindeutige und klare Richtung des weiteren Vorgehens an. Er braucht sich mit dem Programm selbst nicht zu befassen.

Ziel eines derart fokussierten Lernprozesses ist es, den Lerner didaktische Schritte statt Navigationsschritte erleben zu lassen, während er eine Lektion bearbeitet. Er soll kein »Programm bedienen«, sondern das Programm führt ihn mit didaktisch und methodisch aufbereiteten Inhalten.

4.3.2 Rhythmik und Strukturanalogie

Die Erfahrungen mit unterschiedlichen Oberflächenkonzepten zeigen, dass die Erkennbarkeit von wiederkehrenden Elementen und Mustern sowie das »Einpendeln« des Anwenders auf eine nicht zu schnelle und möglichst gleichmäßige Klickrate wesentlich zu Lernerfolgen mit interaktiven Programmen beitragen.

Jeder Screen sollte deshalb mit einem kontrolliert niedrigen Anteil an neuen und verständnisbedürftigen Elementen sowie einer etwa im Durchschnitt liegenden Lese- oder Bearbeitungszeit erscheinen.

Lese- und Bearbeitungszeiten sind dabei durchaus verschieden. Bei Programmen, die hauptsächlich entlang interaktiver Übungen strukturiert sind, wird die Bearbeitung einer Aufgabe auf dem Screen wesentlich mehr Zeit beanspruchen als das Lesen kurz gehaltener Bildschirmtexte. Bei textorientierten »E-Books« kann das Umgekehrte der Fall sein.

Entscheidend für den Lernerfolg ist, die Relation über weite Strecken des Programms konstant zu halten und Abweichungen an wiederkehrenden Punkten des didaktischen Ablaufs auftreten zu lassen. Es ergibt sich im Idealfall ein rhythmisches Muster, bei dem z. B. am Anfang eine ausführlichere Einführung steht, der kurze Info- und Übungssequenzen folgen und an dessen Ende eine längere Aufgabe oder Übung folgt.

Die Abbildungen zeigen ein Beispiel für einen Grundrhythmus, der wiederkehrend erscheint.

Methodik und Gestaltungsprinzipien des Blended Learning

Abb. 58: Einstieg in ein Thema über Dialogbeiträge (Quelle IC eLearning AG)

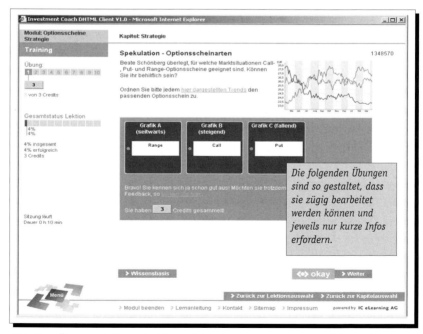

Abb 59: Übung mit kurzen Informationen (Quelle IC eLearning AG)

Gestaltungsprinzipien des E-Learning

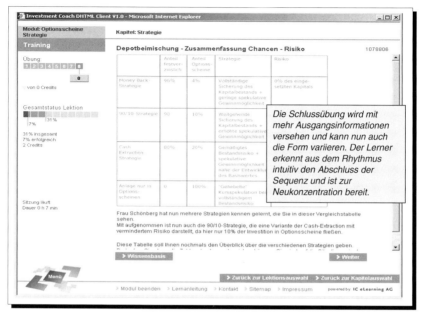

Abb. 60: Ausführlichere Schlussübung mit ausführlichen Informationen

4.3.3 Situative Anbindung

Das Prinzip, den Lerner über den Effekt der Wiedererkennung und der Vertrautheit an das Programm zu »fesseln«, wird über formale Aspekte hinaus sinnvollerweise auch auf den Inhalt der einzelnen Sequenzen übertragen. Dabei gehen insbesondere die einführenden Szenen häufig von repräsentativen Situationen aus, die der Lerner z. B. aus seiner Arbeitswelt kennt oder in die er sich gut hineinversetzen kann. In dieser Phase werden nun Problem- oder Fragestellungen bearbeitet, die den Lerner schrittweise, mit wachsender Komplexität, an die Lösungen heranführen und damit die Relevanz der Inhalte für den Lerner steigern.

Damit orientiert sich diese Methodik am Prinzip des exemplarischen Lernens mit repräsentativen Problemstellungen.

In beiden Fällen ist die Identifikationsmöglichkeit des Lerners mit einem »Protagonisten« wichtig. Die Fragen und Probleme, die sich diesen stellen, sind auch die Fragen und Probleme des Lerners oder könnten dies zumindest sein. Die Einstiege stellen für den Lerner die praktische Relevanz des Stoffes unter Beweis und zeigen den möglichen Nutzen auf, den der Anwender davon hat, die Programme zu bearbeiten. Durch die Anknüpfung an möglichst realistisch dargestellte Situationen wird bereits zu Beginn eine generelle Lernmotivation hergestellt.

An die situative Anbindung wird im weiteren Programm immer wieder angeknüpft. Der Lerner übernimmt dabei sukzessive die Rolle, die Probleme *für* die Figur, mit der er sich identifizierte, zu lösen. Er steigert sukzessive seine Kompetenz indem er mehr und mehr zur Beantwortung seiner Fragen und zur Lösung individueller Probleme in der Lage ist.

4.3.4 Problemorientierte Methode

Die den meisten noch aus der Schulzeit bekannten didaktischen Methoden können dem »Instruktiven Paradigma« zugerechnet werden. Zunächst wird »der Stoff erklärt«, werden also Zusammenhänge dargestellt, die der Lerner nachvollziehen und verstehen soll. Falls diese »Unterrichtung« erfolgreich war, kann das Gelernte angewandt werden.

Die problemorientierte Methode geht dagegen von der Vorgehensweise aus, die wir alle Tag für Tag – ob zu Hause, unterwegs oder am Arbeitsplatz – erfolgreich anwenden. Sobald wir auf ein Problem stoßen, das wir anders nicht lösen können, verschaffen wir uns Informationen, Eindrücke und Erfahrungen und versuchen, die Zusammenhänge zu verstehen. Wir lernen dabei nichts »Unnützes«, sondern genau das, was wir zur Lösung der anstehenden Aufgaben und Probleme benötigen.

Unser alltäglicher »ökonomischer« Umgang mit knapper Zeit bringt noch ein Weiteres mit sich. Zunächst wird probiert, ob man mit vorhandenen Mitteln oder vorhandenem Wissen auskommt. Erst wenn man merkt, dass dem *nicht* so ist, wird der Aufwand der Wissensbeschaffung und der Grundlagenanalyse in Kauf genommen.

Die nachstehenden Beispiele aus Lernprogrammen lassen den Lerner diese »alltägliche« Vorgehensweise auch im WBT umsetzen. Nach den situativen und problemorientierten Einführungen werden ihm konkrete Aufgaben gestellt. Fall er diese *nicht* lösen kann, stehen ihm kontextsensitiv informative und erklärende Beiträge in der Wissensbasis zur Verfügung. Diese wird er nur dann abrufen, wenn er entsprechende Wissensdefizite hat.

Um den Lerner innerhalb dieser Methodik möglichst erfolgreich sein zu lassen, werden die einzelnen Übungen mit sukzessive steigendem Schwierigkeitsgrad aufeinander aufgebaut. Die Ergebnisse und Rückmeldungen der einzelnen Übungen werden dabei so gestaltet, dass aus jeder Übung wichtige Grundlagen für die Bearbeitung der kommenden Aufgaben resultieren.

Gestaltungsprinzipien des E-Learning

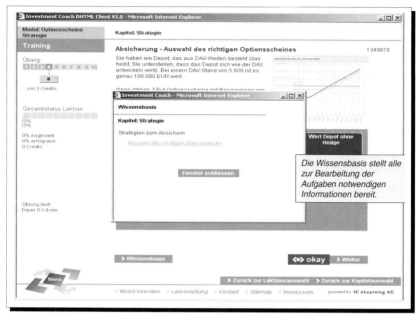

Abb. 61: Übung und kontextsensitive Wissensbasis

Erfahrungen mit Programmen, die in dieser Form gestaltet wurden, zeigen, dass die Anwender das Lernprogramm weitgehend aus den Übungen heraus bearbeiten konnten und dabei deutliche Lernerfolge erzielten.

4.3.5 Individuelles Lernmanagement

Selbstgesteuerte Lernprozesse setzen zwingend eine permanente Rückmeldung der eigenen Bearbeitungs- und Lernstände voraus, damit der Lerner ständig eine Metaorientierung besitzt. Diese Transparenz kann nur gesichert werden, wenn die jeweiligen Lerninformationen in der ständig verfügbaren Programmoberfläche integriert sind.

- Die Bearbeitungsstände des gesamten WBT oder des gesamten Kapitels werden in einem gesonderten Rahmen (Frame) dargestellt,
- die einzelnen Lernstände je Kapitel oder Lektionen werden in der Kapitel- oder Lektionenübersicht integriert.

Diese Anforderung ist in folgendem Beispiel umgesetzt.

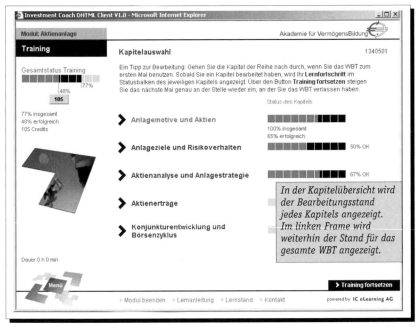

Abb. 62: Darstellung der WBT-Studien in Kapitelübersicht

Der Bearbeitungsstand wird in der ständig verfügbaren Programmoberfläche integriert. Für den Lerner wirkt der bei erfolgreich absolvierter Übung sofort steigende Punktestand als zusätzliche Motivation, während die Übersichten über die Bearbeitungsstände wichtige Navigations- und Entscheidungshilfen darstellen.

Bei Lernprogrammen, die aus einer Datenbank generierte, dynamische Anwendungen sind, können die Funktionen des Lernmanagements leicht zur Individualisierung der Programme, je nach Lernstand des Anwenders, verwendet werden. Der Lerner wird dann entsprechend seiner Leistungen individuell durch das Programm geführt. Schwache Lerner erhalten z. B. zusätzliche Aufgaben zur Vertiefung der Lerninhalte, Anwender mit hoher Kompetenz werden das Lernprogramm eher linear bearbeiten.

Die Abbildung zeigt ein Feedback, das ein Nutzer erhält, der die festgelegte Erfolgsquote noch nicht erreicht hat und deshalb das nächste Programmelement noch nicht öffnen kann.

Gestaltungsprinzipien des E-Learning

Abb. 63: Lernstandsbezogene Individualisierungsfunktion

Die Entwicklung zu »intelligenten«, individualisierten Lernprogrammen steht erst am Anfang. Das Ziel besteht darin, dem Lerner möglichst exakte Antworten auf folgende Fragen zu geben:

- Welche Methode und welcher Zugang zu den Inhalten brachte Lernern den Lernerfolg, den ich nicht erzielte?
- Wie kann ich von den Lernerfolgen der anderen lernen?
- Welche Möglichkeiten habe ich, diese Erkenntnisse in die Gestaltung und Steuerung meines individuellen Lernprozesses zu übertragen?

Diese didaktische Zielsetzung kann im E-Learning verwirklicht werden, sofern das Lernsystem geeignete Instrumente anbietet und die Komposition der Lernprozesse konsequent darauf ausgerichtet wird. Voraussetzung dafür ist weiterhin, dass die Lerner bereit sind, trotz jahrzehntelanger Erfahrung in der Konsumption dozentengesteuerter Lernprozesse diese Verantwortung tatsächlich zu übernehmen, und auch in der Lage sind, diese neue Chance selbstgesteuerten Lernens orientiert an den individuellen Problemstellungen zu nutzen.

4.3.6 Sprache und Bildschirmtext

Computergestützte Trainingsprogramme, die als interaktive multimediale Anwendungen gestaltet sind, befinden sich latent in der Gefahr, die

Aufmerksamkeit des Anwenders zu überfordern. Da interaktive Programme in ihrer Machart noch wenig standardisiert sind, sind die generelle Programmoberfläche und die Navigationsmöglichkeiten das erste, was der Anwender zu erlernen hat. Hinzu kommt, dass jeder Screen mit einem gewissen Maß an Neuheit hinsichtlich der erwarteten Nutzeraktion erscheint, sofern es sich nicht um eine reine »Durchklickseite« handelt. Solche Seiten besitzen jedoch eine geringe Lerneffektivität und sollten deshalb die Ausnahme bilden.

Der Fokus und die Prinzipien der medialen Gestaltung haben der Tatsache Rechnung zu tragen, dass interaktive Funktionen das Aufmerksamkeitspotenzial des Lerners belasten. Das verbleibende Potenzial ist deshalb so weit als möglich auf die sachlichen Relevanzen und Bezüge des Gegenstandes bzw. des Lernzieles des jeweiligen Screens zu lenken.

Ein naheliegender Fehler beim Versuch, die Aufmerksamkeit auf konkrete Zusammenhänge zu lenken, kann als »*medialer Overload*« gekennzeichnet werden. Durch eine Intensivierung des Medieneinsatzes bzw. der »Mediendichte« soll das verminderte Potenzial kompensiert werden. Als extreme Ausprägung dieser Vorgehensweise stelle man sich – um ein etwas zugespitztes Beispiel zu verwenden – einen Screen vor, auf dem eine Animation zu sehen ist, die sich in mehrere Phasen gliedert. Parallel zur Animation wird ein die Phasen erklärender Bildschirmtext gezeigt. Das Ganze kommentiert der Sprecher. Ein gesonderter Anweisungstext fordert den Nutzer auf, die Phase X zu identifizieren und auf den Button Y klicken, wenn die entsprechende Phase gerade läuft.

Multimedialität ist im obigen Beispiel zum grotesken Zerrbild eines didaktisch sinnvollen Medieneinsatzes geraten, das die Grundlagen der Wahrnehmungspsychologie verletzt. Die Kombination von auditiven und visuellen Medien ist nur unter bestimmten, definierbaren Umständen hilfreich. Entscheidend hierbei ist die allgemeine Funktion, die dem Leitmedium Sprache zukommt: Jeder sinnhafte Zusammenhang von Lerngegenständen oder Wahrnehmungsobjekten wird vom Lerner entweder als sprachlicher Ausdruck rezipiert oder aber als sprachlicher Ausdruck beim Prozess des Verstehens innerlich erzeugt.

Sprache wird in interaktiven Programmen sowohl visuell (als Text bzw. Bildschirmtext) als auch auditiv (Audio bzw. Sprechertext) verwendet. Beides bringt aber je eigene Gestaltungsprinzipien mit sich. Entscheidend dabei ist: Auf der Basis von graphischen Programmoberflächen und bei Verwendung erklärender Grafik oder Animation *sollte beides nicht vermischt bzw. auf ein und demselben Screen additiv eingesetzt werden!*

Empirische Tests zeigen, dass nicht jede Kombination verschiedener Darstellungsmedien sinnvoll ist und bestimmte Kombinationen sogar kontraproduktive Effekte erzielen (vgl. Hasebrook, 1995). So stellte sich beispielsweise heraus, dass die Kombination aus Bildschirmtext + Sprechertext + Grafik oder Grafikanimation die Lernerfolge gegenüber »schlankeren« Kombinationen deutlich reduziert. Als »ideale« Kombination erwies sich ein führender und erklärender Sprechertext, der mit einer illustrativen Grafik einhergeht oder eine erklärende Grafik bzw. Grafikanimation erläutert. Die rein auditive Rezeption der Sprache lässt dabei sozusagen »Raum« für die visuelle Wahrnehmung der *Veranschaulichungen*. Sobald ein erklärender Text aber vom Lerner auf dem Bildschirm gelesen werden muss, ist die visuelle Bahn »besetzt« und es bleibt kein ausreichendes Aufmerksamkeitspotential für die Wahrnehmung der Grafik oder Grafikanimationen. Die Multimedialität des Programms verfehlt dann ihr Ziel und wird zum hinderlichen Beiwerk.

Webbasierte Schulungsprogramme stürzt dieser Effekt zunächst in ein Dilemma. Da in der Regel nicht von ausreichenden Bandbreiten ausgegangen werden kann, muss auf einen Sprecher oder eine Sprecherin und das »Leitmedium Sprache« oftmals verzichtet werden. Soll der gesamte Erklärungsgehalt nun in der einen oder anderen Form als Text bzw. Bildschirmtext »vermittelt« werden? Wohl kaum, denn dies führt zu den notorischen Problemen der Überlastung der Programme mit Bildschirmtexten. Auch der »Ausweg«, Texte downloaden und vom Lerner ausdrucken zu lassen, leistet nichts weiter als die Rückverlagerung zum Printmedium – mit dem Unterschied, dass der Lerner nun für den Andruck selber zuständig ist.

Auch wenn die Vorteile des Leitmediums Sprache vielleicht nur teilweise eingeholt werden können, bieten sich drei Prinzipien an, die das Problem des Bildschirm- statt Sprechertextes zumindest entschärfen und effektive Lernsituationen am Bildschirm schaffen:

1. Prinzip: Trennung des Informationskorpus und der Basistexte von den interaktiven Screens des Programms.

Diese Trennung kann durch eine Gliederung in einen *Trainings*teil mit interaktiven Übungen und eine »Wissensbasis« erfolgen. Diese Wissensbasis kann vom Lerner – in einem eigenen Fenster – aufgerufen werden, um wichtige Sachverhalte zu den jeweiligen Übungen nachzulesen, falls dies nötig ist. Er kann sich auch vor der Bearbeitung der Übungen über eine sogenannte »Sitemap« (Gliederung) einen Überblick über diesen Wissenskorpus verschaffen. Die tatsächlich interaktiven Oberflächen stellen diesen Wissenskorpus aber nicht dar und können somit mit wesentlich geringeren Textumfängen auskommen.

2. Prinzip: Gestalterische Abgrenzung der hinführenden oder zusammenfassenden Darstellungen von den interaktiven Übungen und klare Kennzeichnung bzw. Erkennbarkeit der unterschiedlichen Typen von Bildschirmoberflächen.

Auch innerhalb des Trainingsbereichs werden erklärende Elemente anders dargestellt als die Übungen selbst, die durch eine plakative Verwendung, z. B. einer Hintergrundfarbe, gekennzeichnet sind. Die hinführenden Elemente »vertragen« dabei etwas mehr Text bzw. entlasten die Übungen weiter in Sachen Textumfang

Die hinführenden Screens setzen darüber hinaus weiterführende Links (Hypertextstruktur) ein, um je nach Bedarf des Lerners Vertiefungen zu ermöglichen.

Im Beispielprogramm sind die Wissensbasis, die Hinführungen (Dialog oder Beispielfall) und die eigentlichen Übungen klar unterscheidbar durch den charakteristischen Screenaufbau bzw. die konstanten Bildschirmbereiche der kennzeichnenden Elemente. So grenzt sich z. B. diese Übung durch den sehr auffälligen OKAY-Button von anderen Ansichten ab.

3. Prinzip: Nutzung der »inneren Texte« bzw. der Assoziationen und Überlegungen des Anwenders im Rahmen des Methodeneinsatzes

Während die ersten beiden Punkte gezielte Reduktionen vornehmen, zielt der dritte Punkt auf die Nutzung des sprachlich verfügbaren Bedeutungsüberschusses ab, der sich auf Seiten des Lerners bei geeigneten Szenen des Programms oder bei der Bearbeitung geeigneter Übungsformen einstellt. Im Beispielfall sind es die Einstiegsszenen und Dialoge, die den Bedeutungsraum eröffnen. Durch den bewusst alltagssprachlich bzw. »lebendig« dargestellten Dialog oder mit »aus dem Leben geriffenen« Situationen werden Fragen aufgeworfen, Andeutungen gemacht, Möglichkeiten illustriert usw. Dieser »Horizont« wird zum einen in Fragestellungen verwandt, die fortan den Lernprozess strukturieren, und zum anderen wird an den Bedeutungsüberschuss in offenen Aufgabenformen wieder angeknüpft.

Gerade durch die Verknüpfung mit offenen Aufgabenstellungen und flankierenden Kommunikationsfunktionen wird hier der Weg vom rezeptiven und reproduzierenden Lernen zur aktiven Erarbeitung von Wissen und zur eigenständigen Formulierung von Anwendungsmöglichkeiten beschritten. Es ist letztlich dieselbe Methodik, die auch einen guten Präsenzunterricht prägt, die hier zur Anwendung kommt.

4.3.7 Grafische Gestaltung

Das Motiv der gezielten Reduktion ist auch auf die grafische Gestaltung eines Lernprogramms anzuwenden, wenn der langfristige Lernerfolg statt des kurzfristigen Aufmerksamkeitswertes im Zentrum stehen soll. Jeder Einsatz von Grafik hat deshalb der Frage zu folgen, welcher Funktion er entsprechen soll.

Beim Einsatz von Grafik im Rahmen von Lernprogrammen lassen sich vier Grundfunktionen unterscheiden. Jedes Grafikelement, das verwendet wird, kann darauf hin geprüft werden, ob es sich einer dieser Grundfunktionen zuordnen lässt und ob es im Hinblick auf diese Funktion gestaltet und optimiert wurde. Die Reihenfolge spiegelt dabei eine aufsteigende Variationsbreite wieder:

Nutzerführende Elemente – insbesondere Navigationselemente, aber auch Elemente, die Screentypen unterscheidbar machen – sollen möglichst wenig variieren, um eine leichte und intuitive Bedienung sowie eine selbstverständliche Orientierung im Programm zu bieten.

Standardisierte nutzerführende Elemente sind das Basislayout der Seite, die Seitenkennung und die Kennung des Programms, die Navigationsfunktionen sowie im Falle des Lernprogramms die Lernstands- oder Statusanzeige.

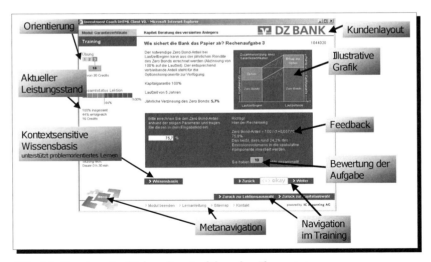

Abb. 64: Benutzeroberfläche mit unterführenden Elementen

Alle Statusanzeigen sowie die Kennung des Programms (textlich und grafisch) befinden sich in einem seitlichen Rahmen, der seiner Gestaltung nach nicht als Teil des inhaltlichen Bereiches wahrgenommen wird (Basislayout).

Für den Lerner muss zweierlei sofort augenfällig sein:
- Wo befinde ich mich aktuell im Programm?
- Wie komme ich zum nächsten Element des Programms?

Wenn er über eine dieser beiden Fragen im Unklaren ist, wird er den thematischen und inhaltlichen Faden verlieren und ein Lernerfolg wird sich kaum einstellen.

Der Beispielscreen gibt eine vollständige Seitenkennung in Form einer Kapitel- und Lektionsüberschrift sowie die Benennung des Themas des Screens wieder. Nur diese Benennung ändert sich von Screen zu Screen. Der Lerner braucht innerhalb einer Lektion deshalb nur diese Bezeichnungen zu beachten, um zu wissen, wo er sich gerade in der inhaltlichen Struktur befindet.

Auch die Frage, wie es weitergeht, ist für den Lerner von zentraler Bedeutung. Auf dem prominent platzierten Button steht »weiter«. Sobald er etwas auszuwählen oder einzutragen hat, erscheint ein nicht übersehbares »okay« mit dem er seine Aktion abschließt. Durch die im System programmierte Reihenfolge wird gewährleistet, dass in den Lektionen alle Aufgaben durch klicken von »weiter« aufgerufen werden können.

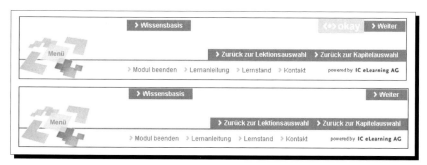

Abb. 65: Typische Navigationsleisten

Thematisch illustrative Grafiken müssen »plakativ« und klar erkennbar sein. Die Wiederholung von Grundmotiven hat sich dabei als hilfreicher erwiesen, anstatt auf jedem Screen ein anderes Element zu verwenden. Man kann durchaus so weit gehen, innerhalb einer kompletten Lektion dieselbe Illustration des Themas zu verwenden, wodurch eine Art

Gestaltungsprinzipien des E-Learning

»visueller Überschrift« entsteht, die der Lerner als Teil der Screen-Kennung wahrnimmt.

Insbesondere bei einfachen Übungsformen wie dem Single oder Multiple Choice empfiehlt sich eine thematisch illustrative Grafik, die dem Lerner den Kontext aufzeigt, in dem er sich inhaltlich befindet.

Thematisch illustrative Grafiken müssen nicht viel Raum einnehmen, um ihre Funktion zu erfüllen. Diese Funktion kann z. B. das Paragraphenzeichen in einer Lektion »rechtliche Grundlagen« erfüllen.

Grafiken, die eine **didaktische Funktion,** also z. B. die Erklärung eines Sachverhaltes, leisten, werden sinnvollerweise in Abhängigkeit vom Sachverhalt unterschiedlich gestaltet. Gerade in Abgrenzung zu den relativ konstanten, Nutzer führenden und illustrativen Elementen gewinnen sie durch ihre jeweils besondere Gestaltung an Aufmerksamkeitswert und regen den Lerner an, sich bewusst mit der Aufgabe zu befassen.

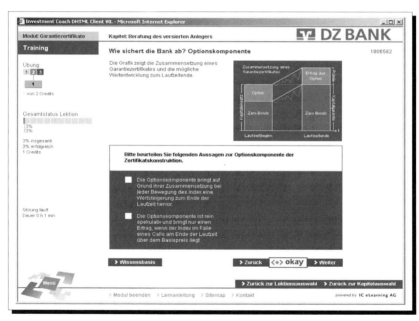

Abb. 66: Beispielgrafik zur Konstruktion eines Garantiezertifikates

Das Beispiel zeigt eine Grafik, die plakativ gestaltet ist und den Screen dominiert.

Bei **didaktisch-interaktiven Grafiken** wird dieselbe Dominanz der Bildschirmwirkung und eine noch höhere Variation der Gestaltung erzeugt. Der Lerner kann die Interaktion im Zentrum des Screens durchführen und erfährt in einfachen Worten, was er tun soll.

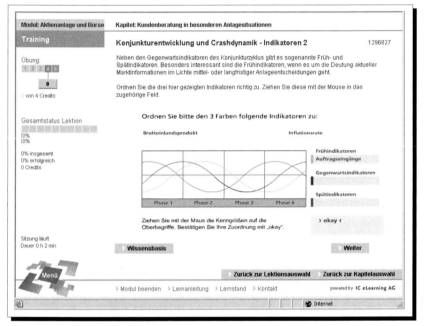

Abb. 67: Beispielgrafik »Früh-, Spät-, Gegenwartsindikatoren«

Das Beispiel zeigt eine Drag and Drop Aufgabe, in der Begriffe bestimmten Körben zugeordnet werden. Eine Animation beim Seitenaufbau erhöht die Aufmerksamkeit. Sobald die Seite »steht« und die Animation zu Ende ist, erfährt der Lerner, was er zu tun hat.

4.3.8 Sondermedien

Sondermedien dienen dazu, das Lernprogramm durch Animation oder Simulation sowie durch Audio oder Video »spannender« zu machen. Sie ergänzen damit die textbasierten und grafischen Gestaltungselemente.

- **Animationen,** also die Bewegung grafischer Objekte auf dem Bildschirm, machen ein Programm »lebendig«. Insbesondere der Bildaufbau oder der Wechsel zu Übersichtsseiten kann animiert dargestellt werden, ohne dass dies die Lernfunktionen des Programms stört. Auch bei Hilfefunktionen können Animationen – z. B. ein Cursor, der sich auf dem

Bildschirm zu bestimmten Bereichen bewegt – hilfreich sein. Animationen werden oft auch im Rahmen von Simulationen eingesetzt.

Generell sollte auch bei Grafikanimationen jede Anwendung im Hinblick auf ihre nutzerführenden, illustrativen oder didaktischen Funktionen hin analysiert werden. Animationen, die keine klare Funktion haben und deshalb lediglich von den Lerninhalten ablenken, sollten vermieden werden.

- **Simulationen** bilden komplexe Wirkzusammenhänge auf dem Bildschirm nach. Sie ermöglichen es dem Anwender, »virtuell« – also auf dem Bildschirm – Handlungen vorzunehmen, wie er sie auch in einer realen Umgebung durchführen könnte und die Auswirkungen seiner Handlungen auf dem Bildschirm zu verfolgen. Simulationen geben den Lernenden die Chance, z. B. Kunden- und Prozessorientierung als fundamentale Haltung in realitätsnahen Szenarien zu verinnerlichen und auszuprobieren.

Die Simulation kann ein intelligentes soziales Medium darstellen, um Problemlösungen interaktiv und eigenverantwortlich zu entwickeln, zu erproben, praktisch einzusetzen und wirtschaftlich zu bewerten. Gleichzeitig bietet die Systemtechnik der Simulation die Möglichkeit, den Ablauf im »Lernlabor« praxisgetreu nachzubilden, zu protokollieren und inhaltlich auszuwerten. Somit wird für den Lernprozess neben einer Lernumgebung auch eine (künstliche) Praxisumgebung verwirklicht.

- Erst in der Praxis erfährt der Lernende, dass manches *Verhalten* sich nur durch eine angemessene *Haltung* überhaupt ausüben lässt. In der »Hitze des Gefechts« verhält man sich eben nicht immer so, wie man es sich vorgenommen hat – und manchmal nicht einmal so, wie man es nachher in der Erinnerung behält. So kann der Lernende selten verlässlich feststellen, ob eine verfehlte Wirkung einem falschen Konzept oder nur einer mangelhaften Ausführung zuzuschreiben ist. Deshalb wird in Branchen, wo der effektive Umgang mit Kunden wirtschaftlich von existentieller Bedeutung ist, besonderen Wert auf erfahrungsbasierte Lernformen, z. B. im Rahmen von Simulationen, gelegt.

Das Ziel, Lernen und Arbeiten zu integrieren, erfordert die Entwicklung von sowohl für das »Laborlernen« im Rahmen der Simulation als auch für das Projektlernen in der Praxis mehrfach verwendbaren und leicht anpassbaren Anwendungssystemen. Von zentraler Bedeutung ist hierbei das *gemeinsame Agieren* der Lerner im Netz. Deshalb sollte sie eine Vielfalt an *synchronisierender* und *integrierender* Funktionalitäten mit dem Ziel umfassen, gemeinsames Lernen und Aufarbeitung von Praxiserfahrung unmittelbar zu verknüpfen.

In Simulationen können vielerlei didaktische Interaktionen oder Effekte integriert werden, von einfachen »Richtig-Falsch«-Feedbacks bis hin zu Dialogen mit Online-Beratern oder von der Ansammlung von Punkten oder Scorings bis hin zur netzgestützten Zusammenarbeit mit anderen Spielern und der Bewertung gemeinsamer Ergebnisse durch eine Gesamtheit von Teilnehmern (Community).

Der »Einbau« von Simulationsaspekten in Lernanwendungen sollte auf den jeweiligen Kontext des Lernprogramms zugespitzt werden. Bei der Integration einer Simulation in den Ablauf eines eigenständigen Programms besteht die Gefahr der Überforderung des Nutzers, weil er unter Umständen eine sehr hohe Komplexität bewältigen muss.

Die Alternative besteht darin, einen kompletten Lernprozess als Simulation oder Simulationsspiel zu gestalten. Das »Personal Order Guide Spiel« der Börse Stuttgart ist ein Beispiel eines solchen Falles. Der Lerner schlüpft in die Rolle des »Personal Order Guides« – also des Kursmaklers – und erlernt Schritt für Schritt die Aktionen, die er zur Festlegung eines Kurses erbringen muss. Ein findet dabei ein virtuelles Oderbuch vor, in das er Orders einstellen kann, er kann sich an Referenzmärkten refinanzieren, Stückzahlen in seinen Bestand aufnehmen usw.

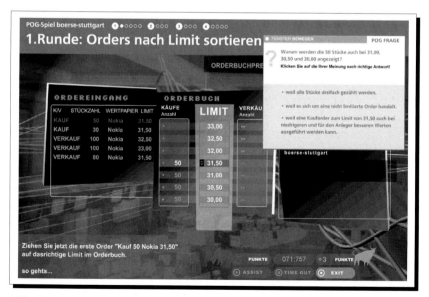

Abb. 68: Im Simulationsspiel schlüpft der Lerner in die Rolle des »Personal Order Guides« (des Kursmaklers). Quelle: Börse Stuttgart.

Wird ein Teil des Simulationsspieles – hier: die Festlegung des Orderbuchpreises – in ein Lernprogramm integriert, so erfolgt dies unter weitgehendem Verzicht auf die sonstigen Funktionalitäten des Spiels. Der Lerner hat vorab die hinführenden Übungen bearbeitet und ist damit in der Lage, die aus dem sonstigen Simulationsgeschehen herausgelöste Aktion durchzuführen.

Eine weitere Möglichkeit ist die additive Verwendung eines Simulationsspiels zur Flankierung eines Lernprozesses bzw. als spielerische Anwendung des Gelernten. Ein Lerner, der im jeweiligen Thema schon Kompetenz besitzt, kann sein Wissen in realitätsnahen »Laborsituationen« anwenden und Erfahrungen sammeln. Die Grenze zum projektorientierten Lernen wird fließend.

Der Einsatz von **digitalem Video** eröffnet – ausreichende und vorhandene Produktionsetats sowie Bandbreiten vorausgesetzt – hervorragende Möglichkeiten, um repräsentative Situationen, z. B. im Bereich **handlungsorientierter Trainings**, darzustellen. So kann beispielsweise eine Gesprächssequenz gezeigt werden, die Grundlage einer Fragestellung wird oder nach der sich der Lerner für alternative Möglichkeiten entscheiden muss, den Dialog fortzusetzen. Folgen seiner Entscheidung können wiederum als digitales Video anschaulich gezeigt werden.

Video wird in den genannten Beispielen nicht als linearer Lehrfilm, sondern als interaktiv integriertes und in kurze Sequenzen gegliedertes Medium eingesetzt.

Beim Einsatz von Video sind technisch drei Fälle zu unterscheiden:

- **Download:** Der Lerner lädt das Video auf seine Festplatte und startet es von dort aus. Dies erfordert Wartezeit und einen ausreichend geschickten Umgang des Lerners mit seinem Rechner. Downloads sind deshalb nur in Ausnahmefällen, beispielsweise bei Übersendung von komplexen Lehrvideos an eine Teilnehmergruppe, zu empfehlen.

- **»Gestreamte« Videos** werden durch Betätigen eines Links aufgerufen und starten nach einem kurzen »Preload«, der dem Lerner angezeigt wird. Während der ersten Sekunden wird der Rest des Videos durch einen permanenten Datenstrom, der beim Nutzer eingeht, »nachgeladen«. Diese Streaming-Technik erfordert ein Hilfsprogramm, das der Nutzer auf seinem Rechner installiert (Plug-In), sofern dieses nicht schon in seinem Browser vorhanden ist. Gestreamte Videos sind zumeist auf kleine Bildschirmausschnitte beschränkt, um die Datenrate klein zu halten, und deshalb für detailreiche Darstellungen (noch) nicht geeignet. Davon abgesehen lassen sie sich gut in interaktive Programme integrieren, sofern die Wartezeiten kurz genug sind, um der Konzentration zu dienen, statt den Lerner »abschalten« zu lassen oder ihn zu verärgern.

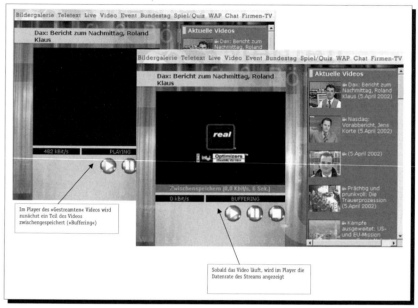

Abb. 69: Streaming Video

- **CD-Rom:** Dem Lerner wird ein komplexes Video per Post übermittelt. Er bearbeitet das Video auf der Basis der Aufgaben aus dem WBT offline.

5 Auf die Inhalte kommt es an – Entwicklung, Nutzung und Pflege von E-Learning-Lösungen

Es entwickeln sich vor allem die aktiven Problemlöser, die Sucher und die Finder, die Entdecker neuer Welten und neuer Lebensformen.

Sir Charles Popper, Philosoph

Die Entwicklung und Pflege von E-Learning-Lösungen, insbesondere Web Based Trainings, wird im Regelfall von Unternehmen realisiert, die sich auf die Produktion von CBT und WBT spezialisiert haben. Nach einer Ausschreibung und der Entscheidung für einen Anbieter wird ein Projektteam gebildet, das von Seiten des Unternehmens oder Bildungsanbieters mit Fachautoren, evtl. einer Redaktion bzw. einem Contentmanagement besetzt wird, während der E-Learning-Produzent die Realisierung und Pflege der WBT übernimmt. Daneben setzen sich immer mehr Lösungen durch, bei denen die WBT-Entwicklung in allen Phasen durch das Contentmanagement gesteuert wird.

5.1 Entwicklung und Pflege der WBT mit E-Learning-Softwarehäusern

Der Produktionsprozess umfasst im Regelfall sechs Stufen, die folgende Struktur aufweisen. Während die Entwicklung vom Fachskript bis zum Feinkonzept vom Contentmanagement gesteuert werden kann, geht diese Funktion danach auf das Softwarehaus über. Sowohl die Entwicklung des Fachdrehbuches als auch die Programmierung können vom Auftraggeber nur noch bedingt gesteuert und kontrolliert werden. Das Fachdreh-

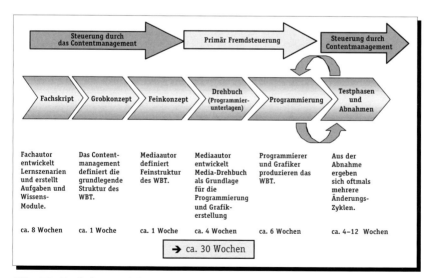

Abb. 70: Typischer Produktionsprozess mit einem E-Learning-Softwarehaus

buch wird häufig mit einer Vielzahl von Kürzeln der Drehbuchautoren gestaltet, die für den Laien kaum mehr nachvollziehbar sind. Da es keinen Standard dafür gibt, ist es für Contentmanager, die mit verschiedenen Produzenten arbeiten, auch schwierig, sich in diese Darstellungsform einzuarbeiten. Die Programmierer und Grafiker werden meist durch einen Projektleiter des Softwarehauses gesteuert und stehen vielfach nicht in direktem Kontakt mit den Auftraggebern.

Deshalb ist es nicht verwunderlich, wenn nach dieser ca. zehnwöchigen Entwicklungsphase ohne Einbeziehung der Auftraggeber das Ergebnis in vielen Fällen nicht der Intention des Contentmanagements entspricht. Eine große Zahl von Änderungswünschen, die zu hohen, zusätzlichen Kosten und zum Teil enormen Terminverschiebungen führen, sind die Folge.

5.1.1 Fachmanuskript

Die fachlichen Inhalte werden entweder von Experten aus dem Unternehmen oder von Fachautoren entwickelt, die für die WBT-Entwickler arbeiten. Die Erarbeitung der Fachmanuskripte erfordert von den Autoren die Fähigkeit, problemorientierte Lernszenarien zu entwickeln. Nach dem »Primat der Ziele« bietet sich folgende Vorgehensweise an:

Konzeptionelle Vorbereitung für die Erstellung eines Fachmanuskriptes

1. Schritt **Lernziele** formulieren mit Verben, die eine überprüfbare Handlung beschreiben, wie z.B. »...*lösen, ...erklären, ...beraten, ...analysieren*«. Substantivierungen, z.B. »*Kenntnis, Einsicht oder Überlick....*« sind als Lernziele wenig geeignet, da sie sehr viel Interpretationsspielraum offen lassen.

2. Schritt Typische **Problemstellungen** (»**Szenarien**«) auflisten, die den »roten Faden« durch das Trainings-Modul und die Grundlage für die Übungsaufgaben bilden. Die Auswahl muss sich an den Bedürfnissen der Lernenden orientieren. Wichtig ist, dass die Lernenden auch in Hinblick auf die Komplexität dort abgeholt werden, wo sie gerade stehen.

3. Schritt Definition der erforderlichen **Inhalte**, die in modularisierter Form in der Wissensbasis angeboten werden, sowie Festlegung weiterer Informations- und Wissensquellen für den **Wissensbroker** sowie geeigneter Tools (z. B. Optionsscheinrechner).

4. Schritt Vorschläge, Ideen und **Bildmaterial** für **multimediale Elemente** sammeln, z. B. Grafiken, Diagramme, Charts, Abbildungen, Prospekte, oder Links.

Entwicklung und Pflege der WBT mit E-Learning-Softwarehäusern

Struktur und Mengengerüst eines WBT

Die Zielsetzung des individuellen Lernens erfordert einen modularen Aufbau der WBT.
Jedes **WBT** ist im Regelfall strukturell gleich aufgebaut.

- **Kapitel:** Für jedes Kapitel gibt es Einstiegs- und Lernstandstests.
- **Lektionen (Lernobjekte):** Auf der Basis einer einführenden Problemstellung wird ein ausgewählter Themenbereich behandelt. Die Aufgaben werden mit wachsender Komplexität – von der Wissensvermittlung mit überwiegend standardisierten Aufgabenformen bis zu offenen Aufgaben für die Wissensverarbeitung – gestaltet. Zu jeder Aufgabe werden kontextsensitiv die Wissensbasen mit maximal je zwei Webseiten formuliert. Längere Erläuterungen wecken erfahrungsgemäß den Wunsch nach einem »Download«.
- **Übungsgruppen:** Bei Bedarf Zusammenfassung thematisch verbundener Übungen.

Manuskripterstellung

Es hat sich bewährt, die Manuskripte nach folgender Struktur aufzubauen:

- **Lernziele** für jedes Kapitel
- **Leitfragen** für jede Lektion, die dem Lerner als Richtschnur dienen können
- Problemorientierter **Einstieg** in die Thematik
- **Realitätsnahes Fallbeispiel** zur Entwicklung eines Lösungsweges.
- Einstiegstest
- Übungsaufgaben zum Wissenserwerb
- Anwendungsaufgaben
- **Wissensbasis**
- **Lernstandstests**

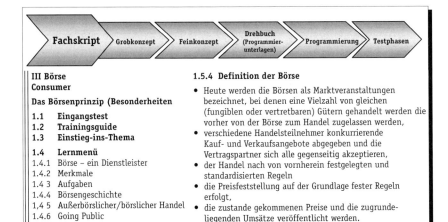

Abb. 71: Beispiel eines Fachmanuskriptes

Redaktion

Die Manuskripte werden durch das Contentmanagement redaktionell bearbeitet.

5.1.2 Vom Grobkonzept zum Multimedia-Drehbuch

Das Entwicklungsteam, bestehend beispielsweise aus Fachautor, internem Projektleiter des Unternehmens oder Bildungsanbieters (Contentmanager, Redakteur) und Mediaautor, überarbeitet in einem gemeinsamen Prozess das Fachmanuskript in Hinblick auf die multimediale Realisierung. In dieser Phase wird insbesondere festgelegt, welche Aufgabentypen, Animationen oder Trainingselemente genutzt werden.

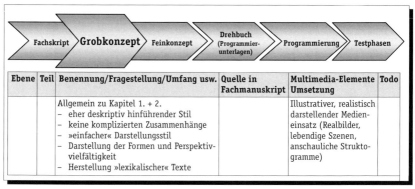

Abb. 72: Beispiel eines Grobkonzeptes

In diesem Abschnitt der WBT-Entwicklung wird die Grundlage für die »spannende« Gestaltung der WBT gelegt. Es wird festgelegt, welche Lernziele und Inhalte in welchen Bereichen des Blended Learning Konzeptes, z. B. in Präsenzveranstaltungen, in Printmedien oder mit E-Learning, vermittelt werden. Die inhaltlichen Verknüpfungen zwischen den verschiedenen Bereichen werden definiert. Die Teammitglieder diskutieren weiterhin Vorschläge für die multimediale Umsetzung. Hierbei spielen neben didaktisch-methodischen Aspekten auch Fragen der Wirtschaftlichkeit und Flexibilität eine zentrale Rolle.

Die Hauptanforderung an den Mediaautor ist ein hohes didaktisch-methodisches Verständnis sowie Kreativität. Im Regelfall wird nun er das Grobkonzept in ein Feinkonzept übertragen. Mediaautoren sind hierbei die Mittler zwischen dem Fachautor und der Redaktion sowie den Programmierern und Grafikern. Vielfach kommen Mediaautoren aus einer pädagogischen Ausbildung und besitzen eine Zusatzqualifikation für die Entwicklung von multimedialen Lerninhalten.

Im **Feinkonzept** werden die grundlegenden Vorschläge aus dem Grobkonzept in den einzelnen Elementen detailliert festgelegt.

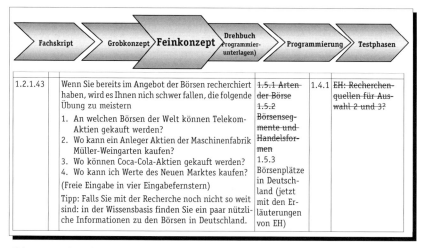

Abb. 73: Beispiel eines Feinkonzeptes

Hier findet die erste Detailarbeit am Endprodukt statt. Insbesondere die einzelnen Aufgabentypen sind zu definieren. Da im anschließenden **Drehbuch** das Feinkonzept minutiös umgesetzt wird, ist es vorteilhaft, wenn diese Schritte vom selben Mediaautor geschrieben werden.

Das Drehbuch, das von den Mediaautoren erstellt wird, ist wiederum die verbindliche Programmvorlage für die Programmierer und Grafiker.

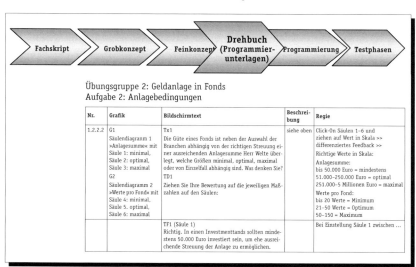

Abb. 74: Das Drehbuch bildet die Programmierunterlagen

5.1.3 Produktion und Test

Die Produktion umfasst in erster Linie die Programmierung der WBT sowie die Grafikerstellung. Je nach multimedialer Ausstattung kommen noch Fotoshooting, Tonaufnahmen und Videoerstellung hinzu. Das Programm definiert das Lernmanagement, das den Ablauf der Lernprozesse steuert und beinhaltet alle Texte, Grafiken, Animationen, Videos oder Audios.

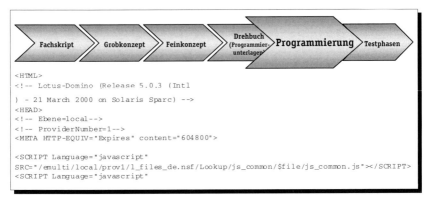

```
<HTML>
<!-- Lotus-Domino (Release 5.0.3 (Intl
) - 21 March 2000 on Solaris Sparc) -->
<HEAD>
<!-- Ebene=local-->
<!-- ProviderNumber=1-->
<META HTTP-EQUIV="Expires" content="604800">

<SCRIPT Language="javascript"
SRC="/emulti/local/prov1/1_files_de.nsf/Lookup/js_common/$file/js_common.js"></SCRIPT>
<SCRIPT Language="javascript"
```

Abb. 75: Programmunterlagen eines WBT

Diese Phase wird im Regelfall durch einen Projektleiter des Softwarehauses gesteuert. Das Contentmanagement wird jeweils zu Abnahmesitzungen eingeladen, in denen evtl. Änderungswünsche protokolliert und in Auftrag gegeben werden. Nach der Gesamtabnahme des WBT folgt ein sogenannter Betatest, in dem ausgewählte Nutzer die Programme bearbeiten und ihre Eindrücke zurückmelden. Auf dieser Grundlage erfolgt die Endbearbeitung.

Die Betatester haben vor allem auf folgende Aspekte zu achten.

Checkliste für Betatester
1. Funktionen des WBT
Eindeutigkeit der Navigation
Intuitive Bedienung des WBT
Aktivität der Links
Stimmigkeit der Punktevergabe
2. Darstellung
Seitenaufbau/Layout korrekt
Texte
Grafiken
Logo/Farben
3. Inhalt
Eindeutigkeit der Anweisungen
Fachliche Richtigkeit
Feedback bei richtiger/falscher Beantwortung
Angemessene Wissensbasen
Rechtschreibung
Grammatik
Stil
4. Technik
Ladezeiten
Reibungsloser Ablauf
5. Rechnerausstattung
Prozessor Arbeitsspeicher Betriebssystem Browser & Version Monitorauflösung

5.1.4 Ressourcen für die WBT-Entwicklung

Die Produktion der WBT erfordert ein Netzwerk von unterschiedlichen Kompetenzen. Es hat sich bewährt, im auftraggebenden Unternehmen einen internen Projektmanager zu definieren, der die Schnittstelle zwischen den externen Partnern und den zukünftigen internen Nutzern bildet.

Prozess-phasen	Netzwerkpartner	Einbindung des internen Projektma-nagers	Anforderung an die Beteiligten
Fachskript	• Fachautor/ Fachexperte	Hoch	• Fachliche Kompetenz, • Didaktisch-methodische Kompetenz • Kreativität in der Entwicklung praxisnaher Lernszenarien
Grobkonzept	• Mediaautor	Hoch	• Fachliche Kompetenz sinnvoll • Didaktisch-methodische und medientechnische Kompetenz • Kreativität und Ideenreichtum für eine spannende Umsetzung der Lerninhalte
	• Projektleiter des WBT-Entwicklers		• Didaktisch-methodische und medientechnische Kompetenz sinnvoll • Kompetenz im Projektmanagement
Feinkonzept	• Mediaautor	Mittel	• Fachliche Kompetenz sinnvoll • Didaktisch-methodische und medientechnische Kompetenz • Kreativität
Multi-media-Drehbuch	• Mediaautor	Mittel	• Fachliche Kompetenz sinnvoll • Didaktisch-methodische und medientechnische Kompetenz • Kreativität
Programmierung	• Programmierer	Niedrig	• Programmierkompetenz
	• Projektleiter des WBT-Entwicklers		• Didaktisch-methodische und medientechnische Kompetenz sinnvoll • Kompetenz im Projektmanagement
	• Grafiker		• Kreativität und Verständnis für das Thema

Prozess-phasen	Netzwerkpartner	Einbindung des internen Projektmanagers	Anforderung an die Beteiligten
Fachredaktion und inhaltliche Testphasen	• Inhaltlicher Projektleiter • Mediaautor • Fachexperte	Hoch	s.o.
	• Potenzielle User		• Kompetenz entsprechend der Zielgruppe
Funktionale Testphasen	• Potenzielle User • Auftraggeber	Mittel	• Kompetenz entsprechend der Zielgruppe

Die Entwicklungsdauer, aber auch die Qualität der WBT hängt insbesondere von folgenden Faktoren ab:

- Umfang und Qualität des Inputs, z.B. des Fachmanuskriptes
- Qualität des Projektmanagements
- Qualität der Zusammenarbeit von Auftraggeber und Netzwerkpartner
- Kompetenzen und Flexibilität aller Beteiligten
- Volumen und mediale Ausgestaltung der WBT-Inhalte (z.B. Sonderprogrammierung wie Flash)
- Art des Produktionssystems
- Umfang des Betatests incl. Fehlerbehebung

Der Projektleiter hat u.a. die Aufgabe, simultane Prozesse zu gestalten. So kann beispielsweise die Grafikproduktion bereits in der Anfangsphase des Feinkonzeptes begonnen werden. Ebenso können Sonderprogrammierungen in dieser Phase parallel erstellt und während der Programmierung mit eingepflegt werden.

5.2 Entwicklung und Pflege der WBT durch Mediaautoren und Contentmanager

Viele Unternehmen zögern noch, E-Learning einzuführen. Die Gründe dafür sind

- die Entwicklung der Inhalte, d.h. der WBT, ist sehr teuer und bindet viele Ressourcen im Unternehmen,
- innovative Lernkonzepte erfordern eine Kompetenz, die vielfach nicht im Unternehmen vorhanden ist,

- hohe Investitionskosten für Lernplattformen stellen eine nahezu unüberwindliche Hürde dar,
- vielfältige Probleme der Integration, z.B. im IT-Bereich, schrecken ab.

Damit E-Learning bzw. Blended Learning eine weite Verbreitung findet, ist es notwendig, diese Hürden abzubauen. Unternehmen und Bildungsanbieter benötigen deshalb ein integratives WBT-Entwicklungs-, Lernmanagement- und Content-Pflege-System, das E-Learning auch für kleinere und mittlere Unternehmen bzw. Bildungsanbieter wirtschaftlich ermöglicht. Aus einer Benutzeroberfläche heraus können dabei Redakteure bei entsprechender didaktisch-methodischer Qualifikation mit Hilfe vielfältiger Templates – Formatvorlagen – effiziente E-Learningarrangements entwickeln bzw. pflegen. Web Based Trainings können damit konsequent aus inhaltlicher Sicht entwickelt werden; Programmierer werden nur noch für Sonderlösungen, z.B. Flashelemente, benötigt.

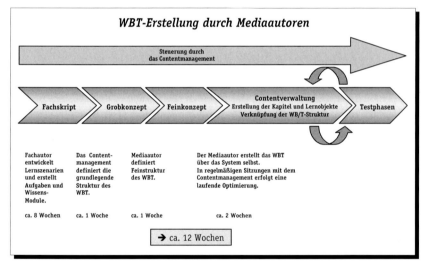

Abb. 76: Steuerung der WBT-Erstellung durch Contentmanager

Solche Systeme verändern die WBT-Entwicklung fundamental und verschaffen seinen Anwendern eine große Unabhängigkeit von Softwareproduzenten. Die Kosten für anspruchsvolle WBT können auf ca. $1/3$ der Kosten bei der Entwicklung mit Softwarehäusern gesenkt werden, die Entwicklungszeiten werden erheblich reduziert.

Voraussetzung für die Entwicklung bedarfsgerechter WBT mit solchen Systemen ist eine didaktisch-methodische Kompetenz für Blended

Learning Systeme. Sofern diese nicht vorhanden ist, bietet es sich an, die Produktion einem entsprechenden externen Entwicklungsteam zu übertragen. Die laufende Aktualisierung der Inhalte kann dagegen meist problemlos mit einem Redaktionssystem durch eigene Mitarbeiter geleistet werden.

Die Anforderungen an solch innovative Produktionssysteme können nur dann erfüllt werden, wenn folgende Strukturmerkmale gesichert werden.

- Die Struktur der WBT wird über eine Sammlung differenzierter Templates für Tests, Aufgaben, Einstiegsfälle und Kommunikation in vielfältiger Weise definiert. Damit können Redakteure oder Drehbuchautoren die Struktur der WBT ohne Programmierung definieren.

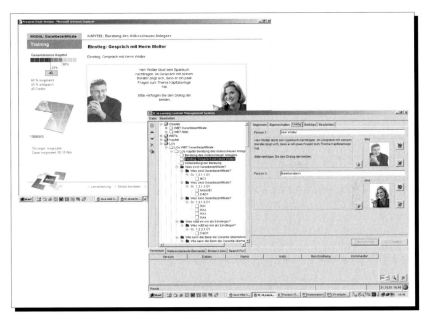

Abb. 77: Beispiel eines WBT-Produktions-, Lernmanagement- und Contentpflegesystems (Quelle IC eLearning AG Bad Homburg)

Das System ist beliebig um neue didaktische und methodische Elemente erweiterbar.

- Inhalte in WBT können durch Redakteure nach Bedarf verändert werden.
- Das Layout kann relativ problemlos an das Corporate Design des Nutzers angepasst werden. Inhalt und Layout werden getrennt voneinander bearbeitet.

- Die einzelnen Elemente eines WBT, z.B. Texte, Grafiken, Photos, Flash, Tests u.a., werden in einer Datenbank abgelegt.
- Das System ordnet entsprechend der inhaltlichen Auswahl jeweils automatisch die Testaufgaben zu und generiert von sich aus Eingangs- und Lernstandstests. Das Bewertungssystem kann beliebig verändert werden.

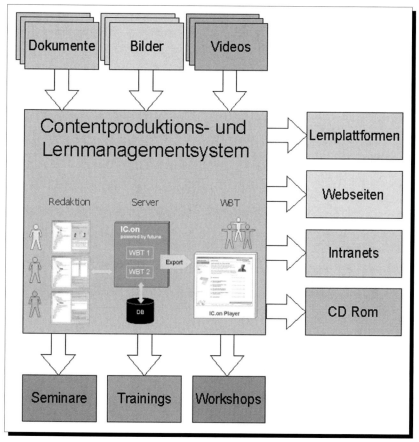

Abb. 78: Content-Entwicklungs-, Redaktions- und Lernmanagement System (Quelle: sitewaerts GmbH/IC eLearning AG)

- Die Inhalte werden über eine XML-Schnittstelle exportiert. Damit können alternative bzw. ergänzende Ausgabeformen, z.B. CD-Rom oder Print, erstellt werden.
- Die Bedienung des Systems ist intuitiv und somit ausgesprochen benutzerfreundlich.

- Die erstellten WBT können über eine auf **AICC bzw. SCORM-Standard** (Normen für die Kompatibilität von WBT und Lernplattformen) basierenden Schnittstelle auf jeder gängigen Plattform implementiert werden.
- Es besteht die Möglichkeit, ASP-Lösungen in Form eines **Learning Service Providing** anzubieten oder Lernplattformfunktionalitäten wie Login, Chat, Forum oder User-Tracking in ein »**Stand alone WBT**« zu integrieren. Damit können WBT in einem ersten Schritt auf der Website oder im Intranet des Unternehmens implementiert werden, ohne dass eine Lernplattform benötigt wird.

Grundsätzlich stehen den Unternehmen und Bildungsanbietern dabei folgende Möglichkeiten zur Verfügung.

Technologische Basis für den Lernbetrieb / WBT-Produktion durch	WBT auf der Lernplattform eines externen Providers	WBT auf der Lernplattform des eigenen Unternehmens/Bildungsanbieters	Stand alone WBT auf dem Server eines externen Providers	Stand alone WBT auf der eigenen Website oder im Intranet/Extranet des Unternehmens/Bildungsanbieters
externen WBT-Entwickler	In Kooperation mit dem Unternehmen/Bildungsanbieter werden die WBT entwickelt. Der WBT-Entwickler übernimmt einen Full Service für das E-Learning System. Die inhaltliche Pflege kann durch ihn oder das Unternehmen/den Bildungsanbieter übernommen werden.	In Kooperation mit dem Unternehmen/Bildungsanbieter werden die WBT entwickelt. Über AICC-Schnittstellen wird das WBT auf der Plattform des Unternehmens/Bildungsanbieters integriert. Dieser betreibt das WBT mit dem Lernmanagement selbstständig und pflegt die WBT.	In Kooperation mit dem Unternehmen/Bildungsanbieter werden die WBT entwickelt. Der WBT-Entwickler übernimmt einen Full Service für das E-Learning System. Die inhaltliche Pflege kann durch ihn oder das Unternehmen übernommen werden.	In Kooperation mit dem Unternehmen/Bildungsanbieter werden die WBT entwickelt. Das Unternehmen/der Bildungsanbieterkunde betreibt das WBT mit dem integrierten Lernmanagement selbstständig und pflegt die WBT.
Unternehmen/Bildungsanbieter im ASP – Application Service Providing Ansatz	Das Unternehmen/der Bildungsanbieter erhält Zugriff auf alle Werkzeuge zur Entwicklung und Pflege der WBT. Der externe WBT-Entwickler unterstützt den Kunden bei der	Das Unternehmen/der Bildungsanbieter erhält Zugriff auf alle Werkzeuge zur Entwicklung und Pflege der WBT. Der externe WBT-Entwickler unterstützt den Kunden bei der	Das Unternehmen/der Bildungsanbieter erhält Zugriff auf alle Werkzeuge zur Entwicklung und Pflege der WBT. Der externe WBT-Entwickler unterstützt den Kunden bei der	Das Unternehmen/der Kunde erhält Zugriff auf alle Werkzeuge zur Entwicklung und Pflege der WBT. Der externe Bildungsanbieter unterstützt den Kunden bei der Entwicklung

		Entwicklung der didaktisch-methodischen Kompetenz. Er übernimmt einen Full Service für das E-Learning System.	Entwicklung der didaktisch-methodischen Kompetenz. Über AICC-Schnittstellen wird das WBT beim Kunden integriert. Er betreibt das WBT mit dem Lernmanagement selbstständig und pflegt die WBT.	Entwicklung der didaktisch-methodischen Kompetenz. Er übernimmt einen Full Service für das E-Learning System.	der didaktisch-methodischen Kompetenz. Der Kunde betreibt das WBT mit dem integrierten Lernmanagement selbstständig und pflegt die WBT.
Unternehmen/ Bildungsanbieter mit eigener Lizenz auf internem Server			Das Unternehmen/der Bildungsanbieter installiert das System zur Entwicklung und Pflege der WBT auf dem eigenen Server. Der externe WBT-Entwickler unterstützt ihn bei der Entwicklung der didaktisch-methodischen Kompetenz und bietet die laufende Wartung und systemtechnische Betreuung an. Über AICC-Schnittstellen wird das WBT beim Kunden integriert. Er betreibt das WBT mit dem Lernmanagement selbstständig und pflegt die WBT.		Das Unternehmen/der Bildungsanbieter installiert das System zur Entwicklung und Pflege der WBT auf dem eigenen Server. Der externe WBT-Entwickler unterstützt ihn bei der Entwicklung der didaktisch-methodischen Kompetenz und bietet die laufende Wartung und systemtechnische Betreuung an. Der Kunde betreibt das WBT mit dem integrierten Lernmanagement selbstständig und pflegt die WBT.

5.3 Steuerung der Lernprozesse

Die Lernprozesse der Mitarbeiter sind in die Vielzahl von Unternehmensprozessen eingebunden. Vom Accounting und Billing, also dem Zugang und der Abrechnung, über die Steuerung der Lernphasen, der Zertifizierung der erworbenen Qualifikationen und die Evaluation der Lernprogramme bis hin zum unternehmensweiten Qualifizierungsmanagement und der Anbindung der Management- und Controlling-Prozesse sind vielfältige Elemente zu integrieren. Für all diese bieten Lernplattformen Schnittstelllen.

Neben der Anbindung dieser unternehmensbezogenen Funktionalitäten sind in einem E-Learning-System aber auch Kommunikations-, Recherche- und Lernmanagementfunktionen sowie Möglichkeiten des gleichzeitigen oder ungleichzeitigen Lehrens und Zusammenarbeitens (z.B. Gruppenarbeit) im Netz für den Nutzer von Bedeutung.

Eine Lernplattform verknüpft die verschiedenen Aktivitäten, die im Rahmen des Qualifizierungssystems stattfinden, in einem vernetzten Organisationsschema. Je nach Ausgestaltung können hierbei auch vielfältige Personalentwicklungsaspekte mit integriert werden.

Das Lernmanagementsystem dient vor allem der Darstellung und Verwaltung der Qualifizierungsprozesse im Unternehmen. Die Mitarbeiter können sich über die Lernangebote informieren, Kurse buchen, bestätigen und genehmigen lassen. Einige Systeme ermöglichen weiterhin die Darstellung individueller Lernpfade und Lernanalysen.

Im E-Learning Content Management werden Qualifizierungsmaßnahmen aus Modulen zusammengestellt, allgemeine Lernpfade definiert oder Tests und Zertifizierungen erstellt. Die individuellen Lernprozesse werden im E-Learning Communication System gestaltet.

Aus diesen Elementen entsteht ein komplexes, in das Unternehmenssystem integriertes Qualifizierungssystem, das alle wesentlichen Elemente bündelt. Damit können Lernprozesse unternehmensweit gesteuert und bewertet werden. Dies bildet wiederum die Grundlage für ein permanentes Qualitätsmanagement.

Die Auswahl der Lernplattform hängt somit davon ab, welche Ziele angestrebt werden und welche Ressourcen dafür eingesetzt werden können. Deshalb wird diese Frage sinnvollerweise erst nach den ersten Erfahrungen in einem Pilotprojekt, z.B. auf der Basis einer ASP-Lösung oder mit einem »Stand-alone-WBT« beantwortet.

Der Weg zum Blended Learning

In Ausnahmeunternehmen gehört Lernen zum Tagesgeschäft.

Ken Philipps

Blended Learning Lernumgebungen haben gegenüber »klassischen«, dozentenorientierten Lernformen, aber auch gegenüber Lernumgebungen, wie z.B. dem Sandwich-Prinzip mit einem Wechsel aus Wissensvermittlung und -verarbeitung über Partner- und Gruppenarbeit, den Vorteil, dass über den Großteil der Lernzeit hinweg individuelle Lernwege möglich sind. Vor allem in Phasen der Wissensaufnahme wird mit Hilfe von überwiegend standardisierten Aufgabentypen selbstgesteuert gelernt. Darauf bauen Phasen der subjektiven Wissensverarbeitung in Form des Trainierens, Reflektierens und Anwendens im Rahmen von Partner- und Gruppenlernen auf. Damit erfüllen Blended Learning Lernumgebungen in hohem Maße die Forderung nach individuellen Lernwegen.

Die Erfahrung zeigt, dass Blended Learning und E-Learning-Lernumgebungen den Lernenden weitaus höhere Kompetenzen abverlangen, als dies in »klassischen« Lernumgebungen und auch in teilnehmerorientierten Lernumgebungen wie dem Sandwich-Prinzip der Fall ist.

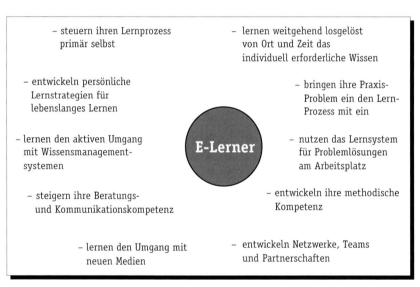

Abb. 79: Anforderungen an Lerner in Blended Learning Systemen

Nahezu alle Lernenden sind es biografisch bedingt gewohnt, die Steuerung von Lernprozessen den Lehrenden zu überlassen. In Lernumgebungen des Blended Learning müssen sie viele Funktionen, die bisher die Dozenten gesteuert und überwacht haben, selbst steuern und überwachen. Die Lerner müssen sich selbst motivieren, eine geeignete Lernstrategie auswählen, ihre einzelnen Lernphasen planen, steuern und überwachen, das partnerschaftliche Lernen organisieren und evtl. Konflikte in der Lernpartnerschaft lösen.

Diese Anforderungen sind sehr anspruchsvoll und meist auch ungewohnt, so dass die Gefahr besteht, dass die Lerner überfordert sind. Deshalb verwundert es nicht, dass in Fernstudien-Instituten in bestimmten Bereichen bis zu 90% den selbstgesteuerten Lernweg abbrechen.

Es ist also notwendig, den Einführungsprozess von Blended Learning und E-Learning-Lernumgebungen so zu gestalten, dass die Vorzüge individualisierten Lernens nicht durch zu hohe Abbruchquoten aufgehoben oder gar ins Gegenteil verkehrt werden. Der Implementierungsprozess ist deshalb als Personal- und Organisationsentwicklungsprozess zu gestalten, der eine Veränderung der Lernkultur zum Ziel hat.

6.1 Blended Learning Projekt – ein Element der Organisationsentwicklung

Blended Learning Systeme werden sich nur dann realisieren lassen, wenn sich das Denken und Handeln der Lerner, der Führungskräfte und der Qualifizierungsexperten fundamental verändert. Deshalb kann dieser Prozess auch nur unter **Einbeziehung der Betroffenen** realisiert werden. Aus diesem Grunde ist für die Entwicklung und Implementierung von E-Learning-Systemen ein **zielgerichtetes Projektmanagement** erforderlich.

Die Moderatoren dieser Prozesse benötigen umfangreiche Erfahrungen im Steuern von Veränderungsprozessen sowie im Medien- und Qualifizierungsbereich. Sie stellen sicher, dass eine bedarfsgerechte Konzeption wirtschaftlich und professionell realisiert wird. Voraussetzung ist ein Netzwerk von Experten aus dem Bereich der Didaktik und Methodik des Blended Learning bis hin zur multimedialen Realisierung dieser Konzepte, das bereits in vielfältigen Projekten in Wirtschaft und Hochschule Erfahrungen gesammelt hat.

Entwicklungsprozesse zur Implementierung von E-Learning-Prozessen werden durch die **Unternehmenskultur** geprägt, sodass sie für jedes Unternehmen individuell zu gestalten sind. In der Praxis hat sich deshalb folgende grundlegende Projektstruktur bewährt:

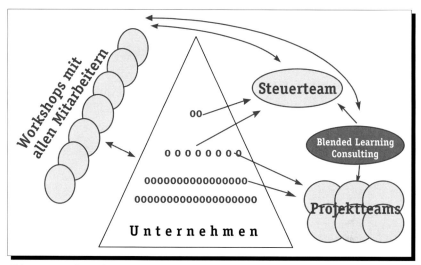

Abb. 80: Struktur des Projektmanagements für Blended Learning Konzepte

Die Realisierung von Blended Learning Systemen erfordert ein schrittweises Vorgehen über begrenzte Pilotprojekte mit gringem technischem und organisatorischem Aufwand. Damit können unter »Laborbedingungen« relativ risikolos Erfahrungen gesammelt werden, bevor darauf aufbauend eine Öffnung für breitere Nutzerschichten ermöglicht wird. Damit können die Einstiegshürden für E-Learning deutlich gesenkt werden.

Im ersten Schritt bietet es sich deshalb an, ein Projekt zu initiieren, das

- mit einer kleinen Pilotgruppe beginnt, die eine möglichst große Affinität zu internet- bzw. intranetbasierten Systemen, z.B. vom Arbeitsplatz her, hat,
- als Blended Learning Konzept realisiert wird, damit die Teilnehmer die E-Learning Elemente als Bereicherung und nicht als Ersatz der gewohnten Lernformen empfinden,
- nach Möglichkeit zunächst preisgünstige Standardinhalte oder adaptierte Standardinhalte zu nutzen,
- eine ASP-Lösung einzusetzen, damit der Schwerpunkt auf didaktisch-methodischen Aspekten des Lernsystems liegen kann.

Für die Projektverantwortung bietet sich folgende Lösung an:

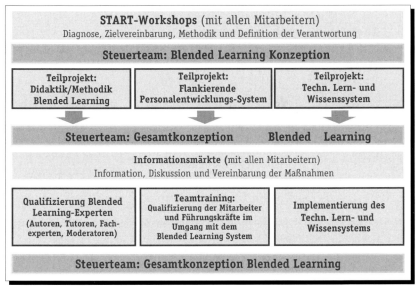

Abb. 81: Beispiel eines Projektablaufs zur Implementierung eines Blended Learning-Systems

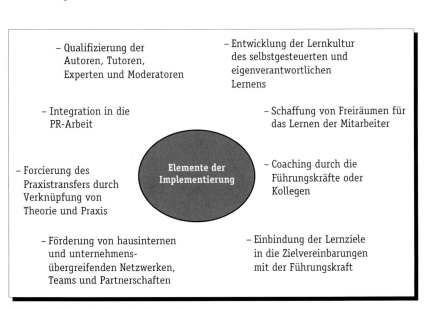

Abb. 82: Elemente des Implementierungsprozesses

Im Rahmen dieser Projektarbeit sind vielfältige Elemente des Implementierungsprozesses zu bearbeiten. Wesentliche Voraussetzung für den Erfolg ist, dass alle wesentlichen Facetten dieser Organisationsentwicklung bearbeitet werden.

6.2 Anforderungen an Blended Learning Experten

Die Qualifizierung von Blended Learning Experten, unabhängig davon, ob sie mehr flankierende Verantwortung als Tutor oder überwiegend fachorientierte Aufgaben als Coach oder Moderator übernehmen, kann grundsätzlich nach den in vielen Unternehmen bewährten Prinzipien der erwachsenendidaktischen Qualifizierung von Referenten in handlungsorientierten Lernszenarien mit hoher Selbststeuerung erfolgen (vgl. u. a. Wahl 1993, Sauter 1994).

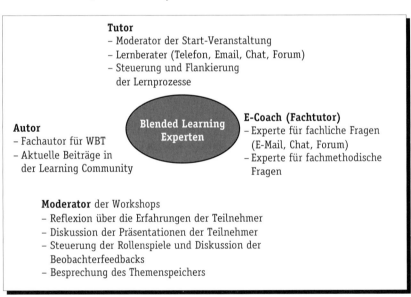

Abb. 83: Differenzierte Rollen der Blended Learning Experten

Für alle Verantwortlichen in Bildungsprozessen spielen Pläne eine bedeutende Rolle. Vielfach müssen sie sich an vorgegebene traditionelle Stoffpläne halten, aus denen sich in der konkreten Planung der Qualifizierung vielfältige Fragen ergeben: *Welche Inhalte können verkürzt oder verändert werden? Welche sind zu ergänzen? Wie kann ich den Stoff geschickt auf die zur Verfügung stehende Zeit verteilen? Wie motiviere ich die Teilnehmer in der Anfangsphase und im Verlauf? Mit welchen Methoden steuere ich den Lernprozess? Welche Medien benutze ich?*

Will man das Handeln von Bildungsverantwortlichen, z. B. Autoren, Tutoren oder Dozenten verändern, so muss man deshalb zu allererst ihre Pläne verändern. *»Es hat keinen Sinn, beim Trainieren einzelner Methoden oder Lehrfertigkeiten anzusetzen«* (Wahl, D. 1993). Handlungspläne spielen im konkreten Handeln der Menschen eine entscheidende Rolle. Aus diesem Grunde werden für die Qualifizierung von E-Learning-Experten Konzepte benötigt, bei denen sich die Teilnehmer von einer allgemeineren Handlungsebene, dem Planen, zu einer konkreteren Handlungsebene, dem Steuern, Flankieren, Moderieren und Coachen, entwickeln.

Im **ersten Schritt** wird das Planungshandeln, das sich zum Teil über viele Jahre entwickelt hat, umstrukturiert. Dies setzt voraus, dass sich der Dozent seine bisherigen Planungsroutinen bewusst macht, um sein Bewusstsein für den Änderungsbedarf zu schärfen. Ist diese Akzeptanz für ein verändertes Planungshandeln geschaffen, ist er offen für alternative Planungsprinzipien des Blended Learning. Außerdem ist er bereit, Informationen und Doppeldecker-Erfahrungen über die erlebten Erfahrungen für sein eigenes Planungshandeln zu verwerten. Dieser Teil wird durch Versuche alternativer Planungen abgeschlossen. Dabei erhalten die Trainingsteilnehmer die Gelegenheit, eigene Planungsentwürfe und Materialien einzubringen und zu testen.

Erst im **zweiten Schritt** wird das Interaktionshandeln der Teilnehmer verändert, indem sie ihre Planung in exemplarischen Schritten in konkretes Handeln umsetzen. Der Praxistransfer erfolgt durch Erprobungen im Praxisfeld, welche durch die Tandempartner und KOPING-Gruppen unterstützt werden.

Blended Learning Konzeptionen erfordern aufgrund ihrer Komplexität differenzierte Rollen der Steuerung und Flankierung. Es hat sich insbesondere bewährt, bei länger dauernden Qualifizierungsangeboten die Rollen des Tutors, d.h. des Lernwegbegleiters und der Experten zu trennen. Während ein Tutor als Lernwegbegleiter die Lernprozesse von der Einführungsveranstaltung bis zum Abschluss flankiert, steuern und begleiten die Experten die Lernenden in den jeweiligen Themenphasen. Idealerweise sind die Rollen des Moderators der Workshops und des Coaches, der die Lernenden online begleitet, jeweils in einer Person vereint. Bei Bedarf können diese Experten die Inhalte als Autor, insbesondere unter aktuellen Gesichtspunkten, bereichern.

Blended Learning Experten haben somit grundlegende Anforderungen zu erfüllen:

- Sie erstellen zielgruppengerechte und bedarfsorientierte Lernarrangements,

- in ihrem jeweiligen Verantwortungsbereich setzen sie die Instrumente des Blended Learning zielgerichtet ein,
- fördern die Motivation und die Kooperation unter den Lernern,
- unterstützen sie im zielorientierten und selbstverantwortlichen Lernen.

Die Qualität einer Blended Learning Qualifizierung steht und fällt mit der Qualität der Flankierung und Betreuung durch die Tutoren und Experten. Deshalb sind die Rollen exakt zu definieren.

6.2.1 Rolle des Tutors

Die Flankierung von Lernprozessen ist ein kommunikativer Prozess, der insbesondere in den E-Learning-Phasen unter erschwerten Bedingungen abläuft. Der Tutor benötigt deshalb die Kompetenz, den Wissensaustausch mit den Teilnehmern und zwischen Teilnehmern anzuregen. Dies erfordert die Fähigkeit, Eröffnungsveranstaltungen zu planen und zu moderieren und bei Kommunikationsstörungen gezielt einzugreifen. Er muss deshalb die Ursachen für Störungen in den Lernprozessen und Konflikten innerhalb der Tandems und Gruppen erkennen und beheben. Dies stellt besonders hohe Anforderungen an seine sozial-kommunikativen Kompetenzen.

Die Kernaufgabe des Tutors ist die Flankierung der Lernprozesse. Er begleitet die Lernprozesse der Teilnehmer von der Start-Veranstaltung über die Selbstlernphasen bis zum Abschlussworkshop. Als Lernbegleiter motiviert er die Lernenden, gibt Hilfestellungen bei Problemen und fördert die Kommunikation in der Gruppe. Er steuert und überwacht die Lernprozesse der Teilnehmer und gibt ihnen Rückmeldung. Parallel dazu evaluiert er die Qualifizierungsmaßnahme. Aufgrund des engen Kontaktes zu den Teilnehmern und seiner praktischen Erfahrung mit den jeweiligen Blended Learning Systemen hat der Tutor in der didaktisch-methodischen Planung und Weiterentwicklung von Qualifizierungsmaßnahmen eine zentrale Rolle.

Teilweise werden Tutoren auch mit Fragen der Bedienung des Systems oder gar technischen Problemen konfrontiert. Es hat sich bewährt, für solche Fragen eine eigene »Hotline« einzurichten, die mit einem IT-Experten besetzt ist.

Bei innerbetrieblichen Qualifizierungen kommt der Tutor sinnvollerweise aus dem jeweiligen Unternehmen. Kein externer Tutor kann die unternehmensinternen Besonderheiten, aber auch fachspezifischen Bedürfnisse so gut kennen wie ein Mitarbeiter des Unternehmen. Weiterhin können interne Tutoren wichtige Beiträge zum Aufbau der Akzeptanz für das Blended Learning System leisten.

Tutoren benötigen damit eine sehr breite Handlungskompetenz:

- **Lernmethodische Kompetenz:** Tutoren beraten die Teilnehmer in allen lernmethodischen Fragen und helfen ihnen, eine indidividuelle Lernmethodik zu entwikkeln.
- **Kompetenz als Moderator und Coach:** Im Einführungsworkshop führen Sie die Teilnehmer in das Blended Learning System ein, moderieren die Bildung von Lernpartnerschaften und -gruppen sowie die Vereinbarung von Arbeitsaufträgen und Projekten. Das Blended Learning Konzept stellt hohe Anforderungen an die Lernkompetenz der Teilnehmer. Der Tutor wird damit zum Partner der Teilnehmer für die Entwicklung ihrer Kompetenz als selbstgesteuerter Einzellerner sowie als aktiver Lernpartner in Tandems und Lerngruppen. Der Tutor benötigt hierfür insbesondere folgende Kompetenzen:
  - Erweiterter Handlungsspielraum durch die Beherrschung vielfältiger Lernmethoden für Blended Learning Systeme,
  - psychische Sicherheit und Risikobereitschaft im Umgang mit Lerngruppen,
  - zielgerichtetes Planungshandeln für den Einführungsworkshop, die Betreuungsphasen und Coachinggespräche,
  - die Fähigkeit, ein Verursacherklima zu schaffen, das die Eigenverantwortung der Lernenden fördert.

6.2.2 Rolle des Moderators und E-Coaches

Der Erfolg von Blended Learning Systemen hängt weiterhin von der Kompetenz und dem Engagement der Moderatoren ab, die im Regelfall als Online-Experten die Teilnehmer coachen. Beherrschen Sie das geforderte Wissen nicht ausreichend und besitzen sie nicht die erforderliche didaktisch-methodische Kompetenz, kann auch ein differenziert geplantes Blended Learning Konzept nur mit mangelndem Erfolg enden. Damit benötigen die Moderatoren und Coaches vor allem zwei Kompetenzbereiche:

- **Fachliche und methodische Kompetenz:** Diese Experten unterstützen die Teilnehmer in allen fachlichen Fragen und beraten sie in Hinblick auf eine zielgerichtete Problemlösungsmethodik. Sie analysieren und bewerten Lösungsvorschläge der Teilnehmer und geben individuelles Feedback. Im Workshop steuern sie die fachliche Diskussion über die Präsentationen der Teilnehmer und ergänzen bei Bedarf das Wissen der Teilnehmer durch Impulsreferate.

- **Kompetenz als Moderator und Coach:** Das Faktenwissen, das in den Selbstlernphasen erworben wird, kann nur dann sinnvoll angewandt werden, wenn es Teilnehmern gelingt, es für konkrete Problemlösungen einzusetzen. Deshalb benötigt der Moderator und Coach ein Konzept zur Steuerung der Lerngruppen mit dem Ziel, diese Handlungsfähigkeit systematisch zu entwickeln. Er wird damit zum Entwicklungspartner der Lerner, der ihnen hilft, bisherige handlungssteuernde Prozesse und Strukturen entsprechend der Lernziele aufzubrechen bzw. zu verändern. Dafür benötigt er eine umfassende Handlungskompetenz als Moderator und Coach, die im Einzelnen folgende Elemente umfasst:
    - Erweiterter Handlungsspielraum durch die Beherrschung vielfältiger Methoden zur Aktivierung der Lernenden,
    - psychische Sicherheit und Risikobereitschaft im Umgang mit Lerngruppen,
    - zielgerichtetes Planungshandeln für Workshops, E-Learning-Phasen und Coachinggespräche,
    - die Fähigkeit, ein Verursacherklima zu schaffen, das die Eigenverantwortung der Lernenden fördert.

6.2.3 Rolle des Autors

Die Anforderungen an die Fachautoren in Blended Learning Systemen sind durch eine hohe Problemorientierung gekennzeichnet. Sie müssen in der Lage sein, mit einem hohen Praxisbezug Lernszenarien zu entwickeln, die den Lerner von der Wissensvermittlung bis zur Wissensverarbeitung führen. Dabei kreieren sie ein Lernarrangement, das die Trainingsaufgaben mit klar strukturierten Wissensmodulen, aktuellen Links im Wissensbroker, Kommunikationsformen in der Learning Community, simulativen Anwendungen im »Lernlabor« sowie vielfältigen Formen des Lernens in selbstgesteuerten Lerngruppen, Workshops, Projekten oder am Arbeitsplatz kombiniert.

Diese Kompetenz entwickelt sich in erster Linie aus den Erfahrungen als Moderator und Coach von Blended Learning Systemen. Deshalb bietet es sich an, Autoren aus diesem Kreise zu gewinnen.

Die Fähigkeit zum Autor können Fachexperten schrittweise erlernen, indem sie für die Learning Community ergänzend zu den Web Based Trainings individuelle oder aktuelle Aufgaben entwickeln. Aus diesen Erfahrungen können sie ihre Kompetenz und ihren eigenen Stil als Autor entwickeln.

6.3 Anforderungen an Qualifizierungskonzepte für Blended Learning Experten

Der Weiterbildungsmarkt bietet ein breites Spektrum an Maßnahmen zur Qualifizierung von Tutoren und E-Learning-Experten an. Die Dauer schwankt dabei zwischen 40 und 400 Stunden, die Preise liegen zwischen 300 und 20 000 Euro. Diese Unterschiede lassen sich primär durch die verschiedenartigen Konzepte erklären. Die Angebote mit kürzeren Laufzeiten gehen davon aus, dass die Teilnehmer bereits über Erfahrungen als Trainer in klassischen Weiterbildungsmaßnahmen verfügen. Daher konzentrieren sich diese Trainings auf die Besonderheiten, die aufgrund des Einsatzes von E-Learning zu beachten sind. Die länger laufenden Angebote arbeiten die Themen dagegen grundlegender auf oder qualifizieren auch für die didaktisch-methodische Planung.

Trainingskonzeptionen für Blended Learning Experten haben letztendlich zum Ziel, die Handlungsweisen der Tutoren, Moderatoren und Coaches zu verändern. Aus dieser Zielsetzung leiten sich folgende Grundsätze für eine bedarfsgerechte Qualifizierungskonzeption ab:

- **Zunehmende Handlungsorientierung:** Die Zielsetzung dieser Trainingsmaßnahme kann nur erreicht werden, wenn sie auf die individuellen Handlungsdefizite der Teilnehmer abgestimmt ist. Nur so ist ein Vernetzen von Denken, Fühlen und Agieren möglich. Aus diesem Grunde sind zunächst die Erfahrungen der Teilnehmer als Lerner und Lehrender zu diskutieren und unter kognitiven Aspekten zu systematisieren.

  Aufbauend auf dieser Basis wird im Rahmen des »Doppeldecker-Prinzips« der emotionale Aspekt der Entwicklungsmaßnahme betont. Das Life-Modell der Trainer, das direkte Lernen an der Erfahrung mit dem Blended Learning Konzept sowie der Perspektivenwechsel tragen schrittweise dazu bei, die psychische Sicherheit, Risikobereitschaft und Änderungsmotivation der Teilnehmer zu fördern. Die Umsetzung des Erlernten in konkretes Handeln setzt letztendlich einen Prozess des Agierens voraus, der mit dem Denken und Fühlen der Teilnehmer vernetzt wird. Über modellhaftes Verhalten im Rahmen von Simulationen und Detailplanungen für individuelle Problemstellungen der Teilnehmer wird in einem systematischen Lernprozess, der durch Praxis-Tandems und KOPING-Gruppen begleitet wird, ein erfolgreiches, reales Erproben in der Praxis mit Feedback möglich.

- **Zunehmende Individualisierung:** Das konkrete Handeln der Trainingsteilnehmer als Tutor, Moderator und Coach soll in »typischen«, individuell unterschiedlichen Bereichen verändert werden. Dabei werden nur die Bereiche in Angriff genommen, wo eine Änderung nötig und erfolgversprechend ist.

- **Zunehmende Professionalisierung:** Die Trainingsteilnehmer sollen durch kontinuierliches Arbeiten am eigenen Planungshandeln und am eigenen Interaktionshandeln ihre didaktische Kompetenz für das Blended Learning steigern.

- **Zunehmende Transfersicherung:** Die Übertragung des Gelernten auf individuelle Lernsituationen in der Praxis der Teilnehmer erfordert vor allem folgende Aspekte:
  - Identifikation sogenannter »**Giftpfeile**«
  - Präparieren sogenannter »**Schutzschilde**« als Strategien der Stressimpfung
  - Abblocken eingeschliffener Lehr- und Reaktionsgewohnheiten

Eine Veränderung der Handlungsweisen der Trainingsteilnehmer kann nicht in einem isolierten Seminar von wenigen Tagen erreicht werden. Deshalb baut diese Grundkonzeption der Blended Learning Qualifizierung auf einem **Wechsel** zwischen **E-Learningphasen, Praxisblöcken, selbstgesteuerten Lerngruppen und Workshops** auf. Damit das Trainingskonzept voll auf die Bedürfnisse der kommenden Blended Learning Experten abgestellt werden kann, führt der Trainer vorab mit allen Teilnehmern ein **strukturiertes Interview** durch, in dem folgende Fragenkomplexe bearbeitet werden:

- Beruflicher Werdegang heute und in der Zukunft
- Verarbeitung der gegenwärtigen Situation als Trainer und/oder Lernender
- Planungs- und Interaktionshandeln in der betrieblichen Bildung
- Wünsche und Anregungen zur Qualifizierung und in der Nachbereitungsphase
- Metakommunikative Phase: Beurteilung des Interviews durch den Befragten.

6.4 Design der Qualifizierungsmaßnahmen für Blended Learning Experten

Die Qualifizierung von Blended Learning Experten erfolgt sinnvollerweise nach denselben Prinzipien, die Blended Learning Systeme prägen (vgl. Wahl, D. 2001).

- **Blended Learning Experten lernen im »pädagogischen Doppeldecker«**

  In der Qualifizierung zum Blended Learning Experten werden die Teilnehmer in Theorie und Praxis des Blended Learning eingeführt. Dabei ist die Qualifizierung selbst als eine Form des Blended Learning zu konzipieren, damit die Teilnehmenden »am eigenen Leibe« erleben, wie Blended Learning Systeme subjektiv wirken. Sie lernen die Stärken, aber auch die Probleme dieser Lernkonzeption konkret kennen. In diesem »pädagogischen Doppeldecker« wird auf zwei Ebenen gelernt: zum einen ist E-Training der Inhalt, zum anderen ist Blended Learning auch die Form.

- **Blended Learning Experten lernen individuelles, selbstgesteuertes Lernen**

  Der Grundgedanke von Blended Learning Konzeptionen besteht darin, individuelle und kollektive Lernprozesse in kulturgerechter Form zu verknüpfen.

  Ein wesentlicher Teil der Lernzeit in der Qualifizierung zum Blended Learning Experten wird deshalb sinnvollerweise für selbstgesteuertes Lernen freigehalten. Die Teilnehmenden erlernen mit Web Based Trainings die Grundlagen der Didaktik und Methodik des Blended Learning. Zu den selbst gesteuerten Phasen der Wissensaufnahme kommen die eigenverantwortlichen Phasen der Wissensverarbeitung hinzu.

- **Blended Learning Experten benötigen Strukturierungshilfen**

  Damit Lernschwierigkeiten, z. B. Orientierungslosigkeit oder das Fehlen günstiger Lernstrategien, vermieden werden, sollen die Lerner in ihren individuellen Lernphasen wirksame Strukturierungshilfen enthalten.

  Für jede Selbststudienphase werden WBT entwickelt, die die Lerner über zunehmend komplexer werdende Aufgaben steuern. Diese WBT enthalten nicht nur problemorientierte Übungsaufgaben und Wissensmodule, sondern bieten im Wissensbroker auch aktuelle und praxisbezogene Links.

- **Blended Learning Experten benötigen Rückmeldungen**

  Lernen ist dann besonders effizient, wenn die Lernenden Rückmeldungen über Lernprozesse und Lernleistungen erhalten. Dies hilft, Lernstrategien zu optimieren, Wissenslücken zu schließen und Kompetenzdefizite zu erkennen und zu schließen.

Nachdem Aufgaben in Einzelarbeit gelöst wurden, stellen die Trainingsteilnehmer ihre Arbeitsergebnisse und Erfahrungen in die Virtual Community ein. Je nach Art der Aufgabe erhalten sie entweder Rückmeldungen von Lernpartnern oder Experten. Vergleichbare Rückmeldungsstrukturen sollten auch zu den Partner- und Kleingruppenarbeiten aufgebaut werden. Die Erfahrungen zeigen, dass insbesondere das Wissensmanagement in der Lerngruppe als sehr nützlich empfunden wird. Das Ziel besteht dabei darin, diesen Austausch von Informationen, Erfahrungen und Eindrücken auch nach der Qualifizierungsmaßnahme zu pflegen.

- **Blended Learning Kompetenz erfordert Vergleichsmaßstäbe**

Die Qualifizierung zum Blended Learning Experten ergibt nur in der praktischen Umsetzung Sinn. Alle Trainingsteilnehmer entwickeln deshalb aus ihrem eigenen Handlungsbereich einen Kurs oder überarbeiten ein Blended Learning Konzept. Modellhafte Kursausschnitte oder auch beispielhafte komplette Kurse werden in die Virtual Community eingestellt, so dass alle Teilnehmenden sich ein Bild von Kursinhalten und Kursdidaktik und -methodik machen können.

- **Blended Learning Kompetenz erfordert Lernwegflankierung durch Praxis-Tandems und Erfahrungsgruppen**

Partnerschaftliche Unterstützung ist eine wesentliche Form, erfolgreiche Lernprozesse zu garantieren. Besonders tragfähige Formen sind Lerntandems und Erfahrungsgruppen. Jedes Tandem und die Lerngruppen stellen ihre Arbeitsergebnisse in die Learning Community ein. Zu den Ergebnissen gibt es wieder Rückmeldungen durch Experten und durch Lernpartner. In einem gemeinsamen Prozess der Analyse, Bewertung und Weiterentwicklung von Vorschlägen entsteht ein gemeinsamer Wissenspool, der sich zielgenau an den Bedürfnissen der Teilnehmer orientiert.

- **Blended Learning erfordert Präsenzphasen**

Präsenzphasen im Blended Learning stellen hohe Anforderungen an die Moderatoren. Wesentliche Voraussetzung für die Effizienz von Blended Learning Konzeptionen ist die Verknüpfung der Selbstlern- und Präsenzphasen. Nur dann ist es möglich, die Workshops mit den Moderatoren wie ein »Konzentrat« der Lernprozesse zu gestalten, in dem die Ergebnisse der Tandems und Lerngruppen gemeinsam ausgewertet und angewandt werden.

Dies gilt insbesondere für die handlungsorientierten Elemente des Trainings der Blended Learning Experten. Deshalb sollte ein Teil der Qualifizierung für Präsenzphasen reserviert werden. Erstens gibt es viele Sachverhalte, die in Präsenz aller Lernenden besonders sinnvoll zu klären sind. Dazu gehören das persönliche Kennenlernen des Tutors und der Experten sowie der Teilnehmer untereinander, der Erfahrungsaustausch, das Vermitteln erster Lernstrategien, das Bilden von Lerntandems und Lerngruppen, das Vertrautmachen mit der netzbasierten Lernwegflankierung, das offene Feedback und die Entwicklung kreativer Lösungen.

Je nach Lernziel und Erfahrung der Teilnehmer werden mehrere Präsenzphasen mit Selbstlernphasen kombiniert. Was wird nun in den Präsenzphasen inhaltlich geleistet? Es wird weiterführendes Wissen vermittelt, vor allem im Bereich des impliziten Wissens, d.h. der Erfahrungen und Eindrücke, das in WBT nur schwer abgebildet werden kann. Darüber hinaus tauschen die Lernenden ihre Erfahrungen über das Lernen in den Selbststudienphasen aus. Sie erhalten technische und lernstrategische Hilfen für die Zeit des selbstgesteuerten Lernens. Schließlich wird auch die jeweils nächste Selbststudienphase in Hinblick auf Einzel-, Tandem- und Kleingruppenarbeit organisiert. In einzelnen Präsenzphasen haben die Teilnehmenden darüber hinaus die Möglichkeit, ihre Kompetenzen als Moderator und Coach zu trainieren und zu demonstrieren. Zu den gezeigten Leistungen erhalten sie Videofeedback oder ein persönliches Feedback der Experten und Lernpartner.

Die konkrete Struktur eines Trainings für Blended Learning Experten ergibt sich beispielhaft aus nachfolgender Darstellung.

Beispiel einer Qualifizierung zum E-Trainer

Dieses Qualifizierungskonzept für Tutoren, Moderatoren und Online-Experten zielt auf Trainer und Ausbilder, die bereits Erfahrungen mit »klassischen« Lehr- und Lernformen haben. Die Dauer der Qualifizierung richtet zielt auf Kompetenzen der Teilnehmer und den Zielen, die erreicht werden sollen. Beispielhaft wird nachstehend eine Qualifizierung dargestellt, die sich über zwei Monate erstreckt und drei Präsenztage sowie zwei Online-Trainingsphasen mit flankierenden und steuernden Elementen enthält.

Design der Qualifizierungsmaßnahmen für Blended Learning Experten

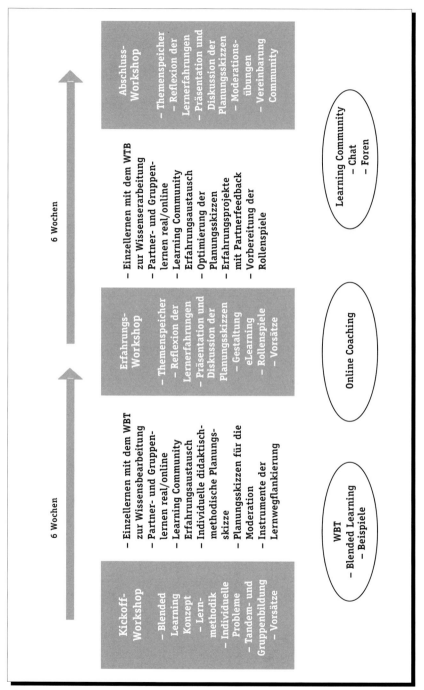

Abb. 84: Ablauf einer Qualifikation zum E-Trainer (Quelle: Steinbeis Hochschule, Berlin)

Lernprozesssteuerung und Wissensvermittlung: Web Based Training »E-Training«

Das WBT »E-Training« steuert die individuellen Lernprozesse der Teilnehmer entsprechend ihrer Vorkenntnisse. Es enthält

Trainingsaufgaben für

- Einzelarbeit
- Praxistandems
- Praxiskleingruppen

Da die Teilnehmer bereits didaktisch-methodische Vorkenntnisse besitzen, werden die Aufgaben betont praxisnah gestaltet. Der größte Teil der Aufgaben hat deshalb offenen Charakter. Standardisierte Aufgaben geben ein vorgegebenes Feedback, die Lösungen der offenen Aufgaben werden mit Lernpartnern analysiert und bewertet, in der Learning Community mit den Gruppenmitgliedern oder Experten diskutiert sowie im Workshop präsentiert bzw. angewandt und ausgewertet.

Handlungsorientiertes Training im Workshop

- **Einführungs-Workshop**
  - **Didaktisch-methodische Konzeption des Blended Learning**
  - **Zielgruppengerechtes Lernen** in Blended Learning Systemen: Vereinbarung der »Spielregeln«
  - **Wissensvermittlung** in Blended Learning Systemen: Gestaltungsprinzipien der WBT-Entwicklung und der Learning Community
  - **Wissensverarbeitung** in Blended Learning Systemen: Vom Einzellernen, über Partner- und Gruppenlernen zum Lernen in Workshops und Projekten.
  - **Vorstellung der individuellen Problemstellungen der Teilnehmer:** Bildung von Allianzen
  - **Vereinbarung von Lernpartnerschaften** und -gruppen
  - **Aufträge** für die Praxis- und Lernphasen: Die Teilnehmer vereinbaren konkrete Aufgaben bzw. Projekte, die sie in den Selbstlernphasen allein, mit Lernpartnern oder in Gruppen bearbeiten wollen.

- **Mehrere Erfahrungsworkshops**
  - **Reflexion** der subjektiven Lernerfahrungen
  - **Erfahrungsberichte** der Teilnehmer mit Analyse und Diskussion

- Vorstellung und Diskussion **konzeptioneller Entwürfe** für Blended Learning Lösungen aus dem Handlungsbereich der Teilnehmer
- **Rollenspiele** zum Tutoring, zum Online-Coaching und zur Moderation von Workshops

➢ **Abschlussworkshop**

- Vorstellung von selbst entwickelten Blended Learning Lösungen mit Rollenspielen zur Moderation und zum Tutoring bzw. Coaching ➔ Zertifikat
- Abschlussdiskussion
- Nach Möglichkeit Vereinbarung einer Learning Community zum Wissensmangement der Gruppe nach der Qualifizierung.

Selbstgesteuertes Lernen: Lerntandems und -gruppen

➢ Während der Selbstlernphasen regelmäßige Tandemtreffen, real oder online, zur gemeinsamen Bearbeitung von Aufgaben sowie zum gegenseitigen Coaching
➢ Dokumentation der Ergebnisse der Tandemarbeit im Gruppenraum der Learning Community
➢ In jeder Selbstlernphase ein reales Kleingruppen-Treffen zur Analyse, Bewertung und gemeinsamen Weiterentwicklung von Lösungskonzepten.
➢ Dokumentation der Ergebnisse der Gruppenarbeit im Gruppenraum der Learning Community
➢ Vorstellung ausgewählter Gruppenergebnisse für alle Qualifizierungsteilnehmer im »Schaufenster«

Individuelles, problemorientiertes Lernen: Entwicklung einer bedarfsgerechten Blended Learning Lösung

➢ Jeder Teilnehmer stellt in den Workshops die didaktisch-methodische Planung eines Blended Learning Konzeptes für den eigenen Handlungsbereich vor.
➢ Jeder entwickelt eine Detail-Planung mit konkreten Beispielen für die Selbstlernphase. Neben Aufgaben, die in der Learning Community gestellt werden, kann bei Bedarf eine Trainingsphase für die Entwicklung von WBT mit Hilfe eines Content-Produktionssystems eingebaut werden.
➢ Jeder Teilnehmer entwickelt Planungsskizzen für die Moderation der Workshops.

> Die Teilnehmer erstellen eine Detail-Planung für die Lernwegflankierung in der Rolle des Tutors.
> Die Blended Learning Konzepte sind – nachdem die Lerngruppen und der Trainer Feedback gegeben haben und die Planung entsprechend optimiert worden ist - im Schaufenster der Learning Community allen Teilnehmenden zugänglich.

Lernwegreflexion

Das Blended Learning Konzept dieser Qualifizierung konfrontiert die Teilnehmer mit neuen Lernerfahrungen. Deshalb ist eine Lernwegreflexion erforderlich, die eine Auseinandersetzung mit dem Qualifizierungsprozess ermöglicht. Sie erfolgt überwiegend während der Workshops in metakommunikativer Form. Die Sozialformen reichen von Partnerarbeit über Kleingruppenarbeit bis zum Plenumsdiskurs.

Dokumentation in der Learning Community

E-Training	Teilnehmer	Lerntandems	Lerngruppen
Persönlicher Lernstand	Visitenkarte	Übersicht und Kontakte	Übersicht und Kontakte
Gruppenraum	Arbeitsaufträge	Tandem-Arbeitsaufträge	Gruppen-Aktivitätstabelle
Gruppenraum	Individuelle Entwürfe ➢ Did. methodische Kurskonzeption ➢ Detailplanung Selbstlernphase, evtl. WBT-Entwurf ➢ Detailplanung Workshop ➢ Detailplanung Lernwegflankierung	➢ Protokolle der Arbeitsergebnisse ➢ Erfahrungsberichte der Tandems ➢ Vorschläge für die Lerngruppe	➢ Protokolle der Arbeitsergebnisse ➢ Zusammenfassung der Lerngruppentreffen ➢ Ausarbeitungen der Lerngruppen ➢ Wissensmanagement: Erfahrungsaustausch, Eindrücke, Meinungen
Schaufenster	Methodensammlung mit Anwendungsbeispielen Beispielhafte Kursdesigns (Best Practice)		
Forum	Diskussion der Beiträge und Entwürfe mit Lernpartnern und Experten		
Chat	Diskussion ausgewählter Aufgaben und aktueller Problemstellungen		

E-Training Community

Nach dem Auflösen der sozialen Strukturen (Plenum, Kleingruppen, Tandems) soll eine E-Training Community aufgebaut werden. Insbesondere die Best Practice-Galerie, die Methodensammlung und News sollten allen Teilnehmenden und allen Interessenten in der Learning Community zugänglich bleiben.

6.5 Bildungscontrolling – Bewertung von Blended Learning Systemen

Nur auf die Kosten von Bildungsmaßnahmen zu schauen, negiert völlig, dass Menschen auf sehr unterschiedliche Art und Weise lernen.

Andreas J. Meirich, athemia GmbH

Das Ziel des betrieblichen Lernens besteht letztendlich darin, dass alle Mitabeiter und Führungskräfte eigenverantwortlich und effizient auf die Umsetzung der strategischen Ziele des Unternehmens hin arbeiten. Deshalb ist eine Bildungscontrolling erforderlich, das die betrieblichen Lernprozesse koordiniert und steuert.

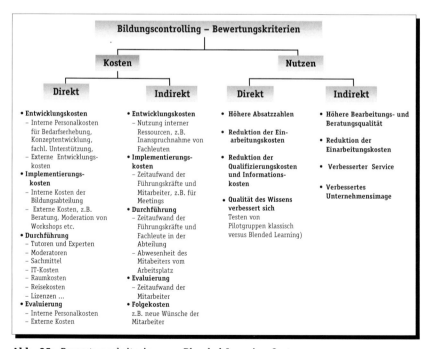

Abb. 85: Bewertungskriterien von Blended Learning Systemen

Bildungscontrolling setzt damit bereits in der Anfangsphase des Projektes mit der systematischen Analyse und Interpretation der Unternehmensziele in Hinblick auf die erforderlichen Qualifizierungsprozesse an. Daraus leiten sich die operationalen Ziele der Qualifizierungsmaßnahmen ab. Erst auf dieser Grundlage können die Lernsysteme sinnvoll evaluiert werden.

In der Praxis werden diese Systeme aber oftmals sehr einseitig unter dem Aspekt der Kosten oder der Zeiterspamis bewertet. Betriebliche Qualifizierung ist aber vielmehr als eine Investition in das Humankapital einer Unternehmung zu sehen, deren Bewertung vielfältige Aspekte aufweist.

Während die direkten Kosten und der direkte Nutzen meist relativ gut quantifizierbar ist, sind die indirekten Kosten- und Nutzenaspekte oftmals schwer zu fassen. Trotzdem ist es notwendig, diese Analysen durchzuführen, damit bei den Beteiligten und den Entscheidungsträgern die Sensibilität für die wesentlichen Handlungsfelder geschaffen wird.

6.6 Blended Learning – quo vadis?

Wir stehen vor den Toren, das zu erreichen, was Reformpädagogen vergangener Jahrhunderte zum Ziel hatten – formulierend sich gegen aktuellen Zeitgeist aufbäumend und dann in den Bibliotheken der Verstaubung anheim gegeben: Autonomes, selbstreguliertes Lernen.

Joachim Klaus, Universität Karlsruhe

Die Prognosen über die Entwicklung des E-Learning und des Blended Learning driften weit auseinander. Von Euphorie bis zu hoher Ernüchterung finden sich alle Vorhersagen. Blended Learning Systeme werden aber mit hoher Wahrscheinlichkeit in der Zukunft eine immer wichtigere Rolle spielen, einfach weil die Unternehmen immer mehr internet- und intranetbasierte Systeme nutzen. Dies kann nicht spurlos an den Lernsystemen vorbeigehen.

Blended Learning Konzepte werden ihre Stärken letztendlich dann voll zutage bringen können, wenn sie in ganzheitliche Organisations- und Personalentwicklungskonzepte eingebettet werden. Gelingt dieser Integrationsprozess, können die Unternehmen der Vision der Lernenden Organisation einen wesentlichen Schritt näher kommen. Die Rolle der Entwickler von Qualifizierungslösungen verändert sich damit immer mehr in Richtung eines Veränderungsmanagers, der die Möglichkeiten innovativer Lernsysteme systematisch nutzt.

Die Zeit der standardisierten Qualifizierungslösungen in einer Präsenzform neigt sich dem Ende zu. Es wird immer mehr differenzierte Lernlösungen geben, die die Lerner nach ihren individuellen Bedürfnissen dann nutzen, wenn sie einen Qualifizierungsbedarf haben. Damit verändern sich die Anforderungen an die Lerner, die Entwickler und Begleiter von Lernsystemen fundamental. Diese Veränderungsprozesse benötigen aber Zeit. Umso wichtiger ist, rasch damit zu beginnen, die Lernarrangements in den Unternehmen und bei überbetrieblichen Bildungsanbietern in diese Richtung zu verändern.

Anhang 1:
Praxisbeispiele

1. ELBA – Blended Learning Diplomstudiengang E-Commerce

Multimedialer, internetbasierter Vertiefungsstudiengang der baden-württembergischen Berufsakademien für Handel, Banken und Industrie

Die baden-württembergischen Berufsakademien entwickelten von 1999 bis 2000 im Rahmen eines vom **Land Baden-Württemberg** (www.virtuelle-hochschule.de/mmedia) und der **Deutschen Telekom AG** (www.global-learning.de) geförderten Projekts ein virtuell gestütztes Studienangebot **Multimedialer Diplom-Studiengang Electronic Commerce – ELBA**.

Die grundlegende Zielsetzung des **Projektes** bestand darin, für die Berufsakademien in Baden-Württemberg ein effizientes und problemorientiertes E-Learning-System am Beispiel des Vertiefungsstudienganges E-Commerce zu entwickeln und zu implementieren, das den Studierenden individuelle Lernwege in einer innovativen Studienkonzeption mit zahlreichen Formen der Lernwegflankierung und Lernwegsicherung ermöglicht.

Im September 2000 hat die erste Studiengruppe mit dem *Diplom-Betriebswirt (BA) – Bank/Handel/Industrie Vertiefung E-Commerce* abgeschlossen. Seit Mai 2000 bietet die **eba – school of E-business** (www.eba-school.com) online-basierte Studiengänge E-Commerce für die berufsbegleitende Weiterbildung an. Weitere virtuelle Studiengänge, z.B. Medienwirtschaft, folgten ab Herbst 2000 (www.ba-heidenheim.de).

Didaktisches Konzept

Das **Studienkonzept** legt nach dem Modell einer **Virtuellen Berufsakademie** den Schwerpunkt auf Lernen im Rahmen von **praxisnahen Problemstellungen** sowie **online-gesteuerten Lernprojekten** am Arbeitsplatz. Der Lernprozess liegt primär in der Verantwortung der Studierenden und wird über problemorientierte Trainings-WBT gesteuert. Die notwendigen Informationen beschaffen sich die Studierenden über Informations-WBT, Internetrecherchen und in der Kommunikation mit Lernpartnern und Experten.

Die didaktische Analyse erfolgte deshalb nach dem Prinzip des problemorientierten, exemplarischen Lernens:

Anhang 1

> 1. Definition des **Absolventenprofils**: *Was sollen die Studierenden nach der Qualifikation für Kompetenzen aufweisen?*
> 2. Beschreibung **typischer Problemstellungen** aus der zukünftigen Anwendungspraxis der Studierenden: z.B. *Welche typischen, repräsentativen Problemstellungen haben die Lerner bei der Einführung von E-Commerce-Konzepten in der Praxis zu lösen?*
> 3. Formulierung von **problemorientierten Lernzielen** (Primat der Lernziele)
> 4. Beschreibung entsprechender Szenarien für die **Trainings-Module**
> 5. Definition der erforderlichen Inhalte der **Info-Module**
> 6. Festlegung der notwendigen weiteren Informations- und Wissensquellen, z. B. Verlinkungen auf Datenbanken oder Informationsdienste.

Das Anforderungsprofil bildete damit die Basis für die Curriculumsentwicklung. Deshalb wurde es auf der Basis einer empirischen Erhebung bei den Partnerunternehmen entwickelt.

> Der Absolvent des Berufsakademie-Vertiefungsstudienganges **Electronic Commerce** ist ein **Betriebswirt** mit einem **speziellem Leistungsprofil** im Bereich **E-Commerce**. Er soll in den Unternehmen als E-Commerce-Beauftragter spezifische E-Commerce-Kompetenz bündeln und dabei in der Lage sein, sich auf der Basis eines breiten Basiswissens selbstständig in einzelne betriebliche Bereiche des E-Commerce einzuarbeiten.

Auf dieser Grundlage wurden die Lernziele, jeweils orientiert an typischen Problemstellungen aus dem Bereich des E-Commerce, sowie die exemplarischen Inhalte für die Projektphase definiert. Diese Inhalte beschreiben die Handlungsfelder, in denen die Studierenden lernen und arbeiten. Während die Lernziele einen dauerhaften Rahmen bilden, sollen diese Inhalte im Sinne des exemplarischen Lernens jeweils der aktuellen Entwicklung angepasst werden.

Methodisches Konzept

Der Lernprozess wies folgende Grundstruktur auf:

> 1. **Wissensaufnahme:** Einzelarbeit mit Hilfe der Info-WBT, Informationsrecherchen, Links ....
> 2. **Wissensverarbeitung:** Aufgaben mit wachsender Komplexität, zunächst in Partnerarbeit, evtl. auch in Gruppenarbeit. Vielfältige Formen der Reflexion, des Feedbacks, der Diskussion ....
> 3. **Wissenstransfer:** Anwendung in simulativer, praxisnaher Umgebung
> 4. **Wissensbroking:** Fortdauernder, organisationaler Lernprozess in Form des Austauschs von Erfahrungen, Eindrücken, aktuellen Infos, vertiefenden Quellen ...

Folgende Lernelemente sollten kombiniert werden. Die **Spannung** sollte durch vielfältige, abwechslungsreiche Methoden gefördert werden.

- **Aufnehmendes Lernen:** primär Info WBT, evtl. zusätzlich spezifisches Wissen für das jeweilige WBT (z.B. spezielles Wissen über Internet-Marketingsysteme...) ➔ vielfältige Links

- **Entdeckendes Lernen:** Trainings-WBT, die durch erlebte Problemlösungsprozesse eigenständige Erkenntnisse der Lernenden fördern. Gleichzeitig wird im Doppeldeckerprinzip der Umgang mit online-basierten Systemen, die Selbstorganisation und Kooperation gefördert. ➔ vielfältige Links

- **Simulatives Lernen:** Wissensverarbeitung mittels einer simulativen Aufgabe

- **Projektlernen:** Projektaufträge, z.B. Recherchen

- **Praxisbezogenes Lernen:** Fortlaufender Wissensaustausch über den Wissensbroker

Im Rahmen des Projektes ELBA wurden in Kooperation mit den Partnerunternehmen folgende komplexe Trainings-WBT zu Problemstellungen des E-Commerce enwickelt:

Anhang 1

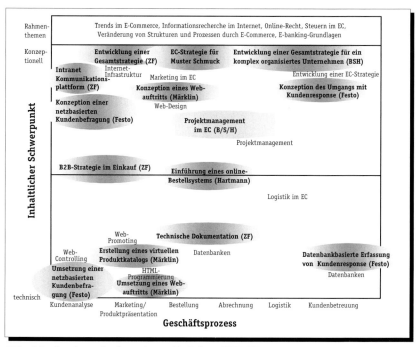

Abb. 86: Struktur der komplexen Trainings-WBT ELBA

Aus diesen Anforderungen ergibt sich folgender, grundlegender Ablauf des Lernprozesses:

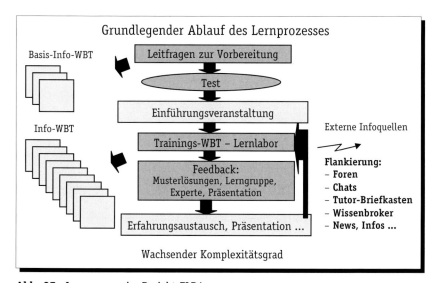

Abb. 87: Lernprozess im Projekt ELBA

Erfahrungen

Das Projekt ELBA wurde in Zusammenarbeit mit der Universität Stuttgart Fraunhofer Institut IAT (Leitung Prof. Bullinger) evaluiert. Hierbei wurde ein vierstufiges Evaluationsmodell zugrunde gelegt:

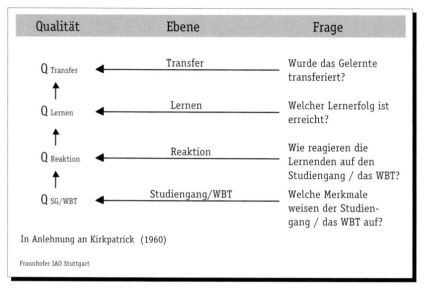

Abb. 88: Evaluationsmodell im Projekt ELBA

Hierbei wurden mehrere Elemente kombiniert:

- Mehrere **Untersuchungsdesigns** wurden realisiert:
  Quer- und Längsschnitt, Quasi-experimentelles Design
- Mehrere **Perspektive**n wurden berücksichtigt:
  Lehrende, Lernende, Autoren
- Mehrere **Methoden** kamen zum Einsatz:
  Beobachtung, Befragung (mündl./schriftl.)
- Mehrere **Dimensionen** (Evaluationskriterien) wurden berücksichtigt:
  z. B. TN-Zufriedenheit, Lernerfolg, Transfer

Die Evaluation zeigt, dass diese innovative Form des Studiums eine grundlegend **neue Lernkultur** schaffen kann, die sich durch hohe Eigenverantwortung und Selbststeuerung auszeichnet. Die **Rolle der Dozenten** hat sich fundamental verwandelt. Sie initiieren, steuern und flankieren Lernprozesse, die sich zunehmend an Problemstellungen aus der betrieblichen Praxis orientieren.

Zur virtuellen Lernumgebung wurden insbesondere folgende Rückmeldungen gegeben:

- **Perspektive der Studierenden:** Während die stärkere Selbstorganisation des Studiums als positiv erlebt wurde, äußerten die Studierenden jedoch auch Motivations- und Koordinationsprobleme sowie Defizite im Gemeinschaftsgefühl durch die virtuellen Lernphasen. Ein großes Problem im Studium stellte die virtuelle Betreuung dar, die nach Meinung der Studierenden in beiden Semestern, vor allem in Kursen mit einer Reduzierung der Präsenzzeit auf ca. 20%, nicht ausreichte. Dies äußerte sich auch in der Forderung nach deutlich mehr Präsenzveranstaltungen pro Kurs, was den Lernerfolg ihrer Meinung nach positiv beeinflusst hätte. Den Transfer schätzen die meisten Studierenden als machbar ein, gefördert hätten ihn jedoch ihrer Meinung nach praxisnähere Inhalte

- Perspektive der **Dozenten:** Studierende kommen mittelmäßig bis eher gut mit Selbstorganisation zurecht, besitzen aber kaum Vorerfahrung im Bereich des selbstgesteuerten Lernens; die zeitliche Beanspruchung wurde als vergleichbar mit anderen Studierenden, die kognitive Beanspruchung als größer eingeschätzt

In der ersten Phase des Projektes haben die Experten, die gleichzeitig Autoren und Dozenten waren, im Rahmen der vereinbarten Gesamtkonzeption WBT entwickelt, die noch eine relativ geringe multimediale Aufbereitung erhalten hatten. In einer zweiten Bearbeitungsrunde wurden diese WBT inhaltlich und mit professioneller Unterstützung multimedial neu gestaltet. Dabei wurden insbesondere die Kritikpunkte im Bereich der Navigation, der Übersichtlichkeit, der Vernetzung, der Interaktivität und der Lernstandstransparenz umgesetzt.

Insgesamt fällt auf, dass die **Attraktivität der WBT** weniger durch grafische Animation als durch Transparenz, hohen Praxisbezug, Aktualität, Kommunikation und gezieltes Feedback geschaffen wird.

Bei den Studierenden besteht der **Wunsch nach Steuerung und Flankierung** insbesondere durch

- Förderung der Lerngruppenorganisation, z.B. über Teamsprechermodelle,
- verbindliche und moderierte Chattermine in Kleingruppen mit konkreten Aufgabenstellungen,
- verbindliche Teilnahme an Diskussionsforen,
- feine Taktung der Aufgaben mit häufigem Feedback und verbindlichen Meilensteinen,
- regelmäßige Präsenzveranstaltungen, in denen sie mit den Lernpartnern und Experten kommunizieren können. Es zeigte sich, dass Kom-

binationen, in denen ca. 40–50% der bisherigen Stunden in Präsenzform stattfanden, einen höheren Zufriedenheitsgrad erzeugten, als die Angebote mit geringen Präsenzanteilen.

Insgesamt fällt auf, dass die Studierenden im Regelfall wenig Erfahrung mit selbstgesteuertem Lernen in Gruppen haben. Der Dozent wird nach wie vor in einer stark steuernden Rolle gesehen; dies deckt sich auch überwiegend mit deren Selbstbild. Aufgrund der relativ straffen Studienorganisation sind es die Studierenden im Regelfall gewohnt, Vereinbarungen mit den Dozenten einzuhalten.

Aus der Lernkultur einer schulisch organisisierten Bildungsinstitution erklärt sich auch der Wunsch nach einem relativ hohen Präsenzanteil. Denkbar ist ein flexibles Modell, in dem sich diese Anteile in Abstimmung mit den Studierenden sukzessive verändern.

Die Konzeption von ELBA ist deshalb bewusst so gestaltet, dass einerseits möglichst viel Lernzeit individuell gestaltet werden kann, dass aber andererseits sehr viel getan wird, um die Lernenden in ihrem einzigartigen Lernprozess möglichst umfassend zu unterstützen. Die Abbruchquote im Projekt ELBA betrug 0%.

Die Evaluationsergebnisse belegen, dass es sich aus Sicht aller Beteiligten lohnt, diese Konzeption nachhaltig zu implementieren und laufend weiterzuentwickeln. Im Projekt ELBA konnten wertvolle Erfahrungen in der Anwendung neuer didaktischer und methodischer Ansätze gesammelt werden. Auf dieser Basis können weitere Schritte zur nachhaltigen Implementierung und Weiterentwicklung eines E-Learning-Systems eingeleitet werden, das auf die besonderen Bedürfnisse der Berufsakademien zugeschnitten ist.

Voraussetzung dafür sind:

- Aufbau einer **Infrastruktur** zur Pflege und Betreuung des E-Learning-Systems. Angesichts der relativ hohen Kosten der inhaltlichen und multimedialen Entwicklung der E-Learning-Module ist ein **Kompetenzzentrum** erforderlich, welches diese Prozesse mit einem Experten-Netzwerk professionell steuert.

- **Qualifizierung und Coaching** der Kollegen, die E-Learning-Elemente in ihre Studienkonzeption integrieren wollen. Hierfür ist ein Qualifizierungskonzept erforderlich, das die Kollegen in einem schrittweisen Entwicklungsprozess auf diese neuen Anforderungen vorbereitet.

- Effiziente Lern- und Wissensmanagement-Plattform

- Anpassung der **Rahmenbedingungen** der Berufsakademien an multimedia-basierte Lernsysteme, insbesondere im Bereich der Stellenbeschreibungen, Deputats- und Honorierungsregelungen.

Insgesamt war das Projekt **ELBA** sowohl für die Studierenden als auch die Dozenten und Professoren ein **umfassendes Lernprojekt**, das von allen Beteiligten eine große Fähigkeit zur Veränderung verlangt. Sie müssen Lehr- und Lerngewohnheiten, die sie sich zum Teil über Jahrzehnte angeeignet haben, ablegen und Kompetenzen, insbesondere im Bereich des Gruppenlernens und der Kommunikation, ausbauen. Dies erfordert einen **langfristigen Veränderungsprozess**.

2. Blended Learning Qualifizierung zum »Zertifizierten Anlageberater«

Blended Learning Qualifizierung für Bankmitarbeiter in Kooperation mit

- **Raiffeisenverband Südtirol, Bozen**
- **Vereinigung für Bankberufsbildung e.V. – vbb, Frankfurt**
- **Deutsches Aktieninstitut e.V. Frankfurt**

Die Qualifizierungsmaßnahme zum »*Zertifizierten Anlageberater*« wird seit Anfang 2002 als Blended-Learning-System, das heißt in einer lernfreundlichen Kombination aus Online-Training, Partner- und Teamtraining sowie Präsenzveranstaltungen angeboten und durchgeführt. Zielgruppe dieses Angebotes sind Bankberater, die in der Wertpapieranlage eingesetzt werden.

Didaktisch-methodische Konzeption

Dieses internet- bzw. intranetgestützte Lernsystem verknüpft Präsenzveranstaltungen in Form eines praxisorientierten, eintägigen **Workshops** mit einer daran anschließenden dreiwöchigen Phase des selbstgesteuerten Lernens. Nachdem sich die Lerner, meist in Einzelarbeit zuhause oder am Arbeitsplatz, das für ein Kapitel erforderliche Wissen mit Hilfe der **WBT (Web Based Training)** – bestehend aus Trainingsmodulen, der Wissensbasis mit systemtischem Wissen sowie einem Wissensbroker mit aktuellen Informationen und Erfahrungen (z.B. aktuelle Kursdatenbanken, Charts, Musterdepots, Expertenmeinungen oder aktuelle Meldungen) – erarbeitet haben, lösen Sie gemeinsam mit einem Lernpartner komplexe Anwendungsaufgaben – online oder offline. Sie haben dabei die Möglichkeit, ihr Wissen mit einem **Virtuellen Depot** ohne Risiko unter realen Bedingungen anzuwenden. Eine Woche vor dem nächsten Workshop treffen sich Lerngruppen, die sich selbst steuern, um Problemlösungen oder Analysen und deren Präsentation sowie Rollenspiele typischer Beratungssituationen für den Workshop mit einem Experten vorzubereiten.

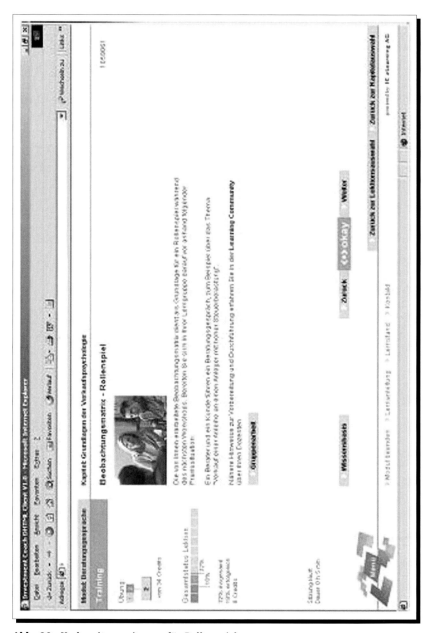

Abb. 89: Vorbereitungssitzung für Rollenspiele

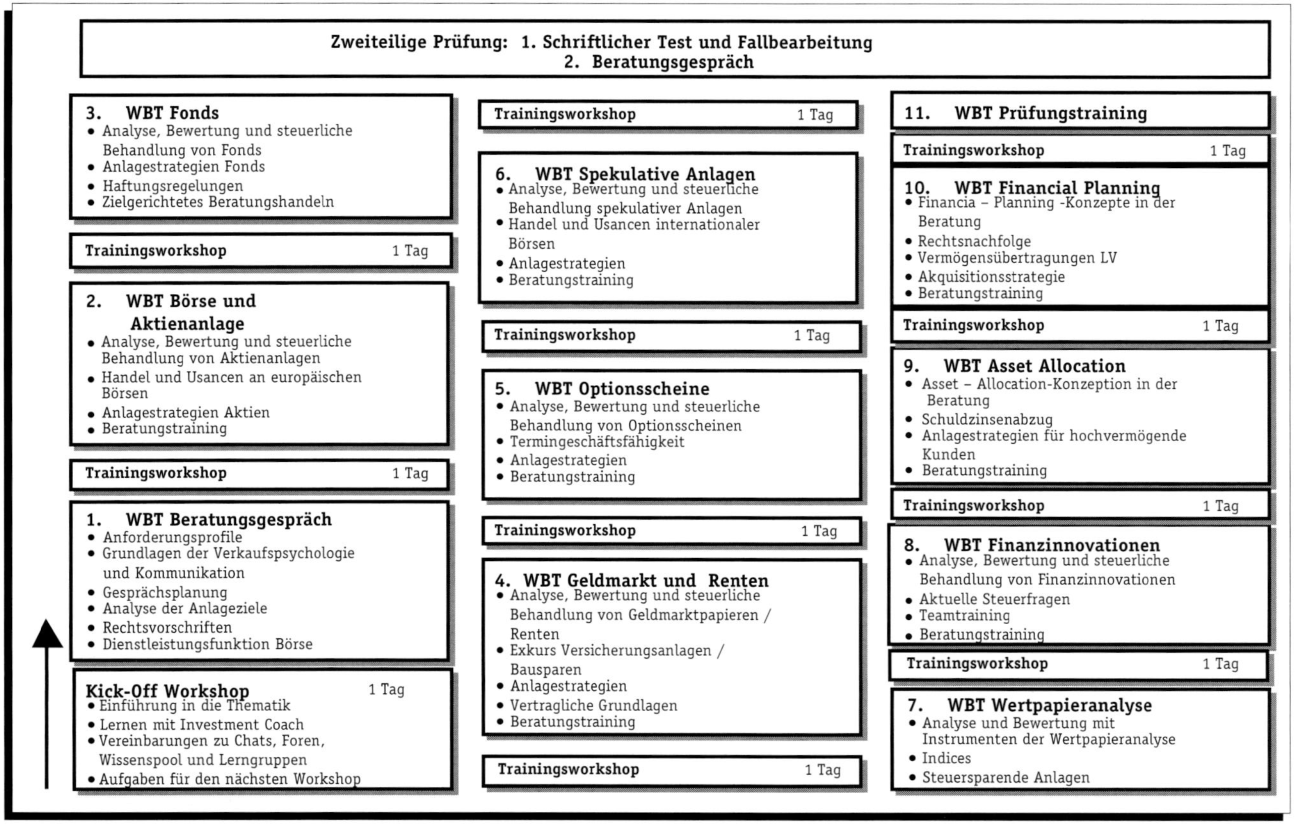

Anhang 1

Zweiteilige Prüfung: 1. Schriftlicher Test und Fallbearbeitung
2. Beratungsgespräch

11. WBT Prüfungstraining — 1 Tag

Trainingsworkshop

10. WBT Financial Planning — 1 Tag
- Financia – Planning -Konzepte in der Beratung
- Rechtsnachfolge
- Vermögensübertragungen LV
- Akquisitionsstrategie
- Beratungstraining

Trainingsworkshop

9. WBT Asset Allocation — 1 Tag
- Asset – Allocation-Konzeption in der Beratung
- Schuldzinsenabzug
- Anlagestrategien für hochvermögende Kunden
- Beratungstraining

Trainingsworkshop

8. WBT Finanzinnovationen — 1 Tag
- Analyse, Bewertung und steuerliche Behandlung von Finanzinnovationen
- Aktuelle Steuerfragen
- Teamtraining
- Beratungstraining

Trainingsworkshop

7. WBT Wertpapieranalyse — 1 Tag
- Analyse und Bewertung mit Instrumenten der Wertpapieranalyse
- Indices
- Steuersparende Anlagen

Trainingsworkshop — 1 Tag

6. WBT Spekulative Anlagen
- Analyse, Bewertung und steuerliche Behandlung spekulativer Anlagen
- Handel und Usancen internationaler Börsen
- Anlagestrategien
- Beratungstraining

Trainingsworkshop — 1 Tag

5. WBT Optionsscheine
- Analyse, Bewertung und steuerliche Behandlung von Optionsscheinen
- Termingeschäftsfähigkeit
- Anlagestrategien
- Beratungstraining

Trainingsworkshop — 1 Tag

4. WBT Geldmarkt und Renten
- Analyse, Bewertung und steuerliche Behandlung von Geldmarktpapieren / Renten
- Exkurs Versicherungsanlagen / Bausparen
- Anlagestrategien
- Vertragliche Grundlagen
- Beratungstraining

Trainingsworkshop — 1 Tag

---

3. WBT Fonds
- Analyse, Bewertung und steuerliche Behandlung von Fonds
- Anlagestrategien Fonds
- Haftungsregelungen
- Zielgerichtetes Beratungshandeln

Trainingsworkshop — 1 Tag

2. WBT Börse und Aktienanlage
- Analyse, Bewertung und steuerliche Behandlung von Aktienanlagen
- Handel und Usancen an europäischen Börsen
- Anlagestrategien Aktien
- Beratungstraining

Trainingsworkshop — 1 Tag

1. WBT Beratungsgespräch
- Anforderungsprofile
- Grundlagen der Verkaufspsychologie und Kommunikation
- Gesprächsplanung
- Analyse der Anlageziele
- Rechtsvorschriften
- Dienstleistungsfunktion Börse

Kick-Off Workshop — 1 Tag
- Einführung in die Thematik
- Lernen mit Investment Coach
- Vereinbarungen zu Chats, Foren, Wissenspool und Lerngruppen
- Aufgaben für den nächsten Workshop

Abb. 90: Inhaltliche Struktur

Die gesamte Dauer dieser Qualifizierungsmaßnahme erstreckt sich auf einen Zeitraum von bis zu 10 Monaten. Die Professional-Qualifizierung »Zertifizierter Anlageberater« ist **modular** aufgebaut und bedarfsgerecht **strukturiert**. Gestartet wird mit einem Einführungs-Workshop, in dem insbesondere die Lernmethodik des Blended Learning vermittelt wird.

Ziel der Qualifizierungsmaßnahme zum »Zertifizierten Anlageberater« ist es, Berater auf die Anforderungen der Wertpapierberatung vorzubereiten. In der Lernkonzeption steht das **handlungsorientierte Lernen** im Vordergrund.

- Der **Lernprozess** findet in einem Wechsel zwischen **Informationsaufnahme**, **subjektiver Verarbeitung** (in Form von Trainings, Übungsaufgaben, Simulationen oder Tests) sowie **Praxistransfer** statt.

- Dieser Lernprozess wird durch die Möglichkeit, Experten bzw. Tutoren zu befragen, sowie durch selbst gesteuerte **Lernpartnerschaften** und **Lerngruppen** flankiert. Damit werden Lernprobleme in Eigenverantwortung der Lernenden gelöst; die Lernmotivation wird gesteigert.

- Abgestufte **Tests** und regelmäßige **Erfolgskontrollen** (systemimmanent sowie tutoriell begleitet) geben dem Lernenden ein kontinuierliches Feedback zu seinem Lernerfolg. Die Überprüfung des Lernerfolges durch den **E-Coach** (Fachexperten) bzw. den **Tutor** schafft somit die Basis für das Zertifizierungssystem.

- Das E-Learning-Konzept des Investment Coachs verknüpft **systematisches Lernen** (online-basiertes, kooperatives Lernen durch die Trainings-Module), **situatives Lernen** (Kommunikation, aktuelle Recherchen im Wissensbroker) und **simulatives Lernen** (risikoloses Handeln durch die Virtuelle Börse).

Diese Konzeption zeichnet sich aufgrund des problemorientierten Ansatzes, der in den WBT und Trainingsworkshops realisiert wird, durch eine sehr hohe Praxisnähe aus. Die Kompetenz zum erfolgreichen Beratungshandeln wird während des gesamten Kurses in Rollenspielen systematisch gesteigert. Die Integration von fachlichen und handlungsorientierten Lernzielen ermöglicht eine sehr hohe Lerneffizienz. Damit ermöglicht der »Zertifizierte Anlageberater« eine Entwicklung der Mitarbeiter, die sich am gewandelten Bedarf der Banken orientiert.

Das Qualifizierungsangebot kann auch als Inhouse-Lösung, angepasst an die spezifischen Bedürfnisse eines Institutes, angeboten werden. Es besteht dabei die Möglichkeit, den Wissensbroker mit hauseigenen Tools zu füllen, sodass die Mitarbeiter über die WBT angeleitet werden, diese Angebote regelmäßig zu nutzen. Lernen und Arbeiten wachsen damit zusammen.

Erfahrungen

Die ersten Erfahrungen zeigen, dass dieses Blended Learning Konzept eine hohe Lerneffizienz aufweist, gleichzeitig die Lerner aber auch stark fordert.

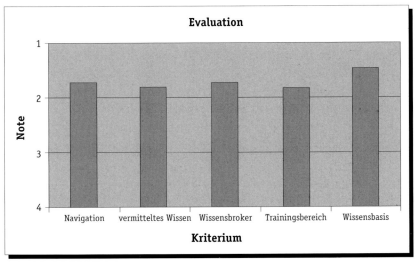

Abb. 91: Ergebnisse Qualifizierung Anlageberatung Raiffeisenverband Südtirol

Das System ist insbesondere im Bereich der Synchronisation von Präsenzveranstaltungen und Learning Community Aufgaben weiter zu optimieren.

3. E-Learning Qualifizierung »Garantiezertifikate«

Die DZ-Bank ist 2001 aus der Fusion der beiden genossenschaftlichen Zentralbanken DG -Bank und und GZ-Bank entstanden. Mit einer Bilanzsumme von 760 Mrd. € gehört sie zu den größten Banken Deutschlands. Als Dachinstitut der überwiegenden Anzahl der deutschen Raiffeisen- und Volksbanken übernimmt sie für insgesamt 1.400 Volksbanken und Raiffeisenbanken zentrale Aufgaben, z.b. im Bereich des Effektengeschäfts.

Mit der Fusion stellen sich neue Anforderungen an das somit neu enstandene Kreditinstitut. Die Synergieeffekte im Bereich der Finanzinnovationen und des bisherigen Dienstleistungsangebotes sollen nun an die Kunden, vor allem in den Bereichen der Anlageberatung und des Kreditgeschäfts, weitergegeben werden. Die DZ-Bank suchte nach einer kostengünstigen Lösung mit der sie schnelle und effiziente Produktschulungen für eine sehr große Zahl von Mitarbeitern in den Bereichen Produktinnovation und zu den bisherigen Produkten durchführen kann. Diese sind notwendig, damit alle Volksbanken und Raiffeisenbanken die gesamte Angebotspalette der DZ-Bank ihren Kunden als verbundweites Finanzdienstleistungsangebot zugänglich machen können.

Die DZ-Bank stand somit vor der Herausforderung, in kurzer Zeit viele tausend Mitarbeiter kostengünstig und effektiv zu schulen. Die technische Situation vor Ort ist durch lange Aufbauzeiten der Websites und durch relativ instabile Verbindungen gekennzeichnet. Dies stellt eine zusätzliche Anforderung an die Weiterbildung via E-Learning.

Für die DZ-Bank waren drei Kriterien hinsichtlich der Qualifizierungsinnovationen ausschlaggebend:

1. Einfacher Zugang für die Mitarbeiter und geringer Zeit- und Finanzaufwand für die Genossenschaftsbanken, um eine breitere Nutzung der Weiterbildungsangebote zu erreichen.
2. Einfache Anpassbarkeit der Inhalte und einfache Möglichkeit, neue Inhalte zu erstellen, um Produktinnovationen intern schneller einführen zu können.
3. Gute Kontrollmöglichkeiten hinsichtlich des Erfolges der Schulungsmaßnahmen.

Diese drei Hauptkriterien werden durch webbasierte Schulungsprogramme erfüllt:

- Das WBT kann von jedem an das Internet angeschlossenen Rechner über Browser und Login mit Passwort abgerufen werden.

- Bei einer Lernzeit von ca. 2 bis 3 Stunden können wesentlich höhere Lernerfolge als bei ganztägigen Schulungen vermittelt werden. Gerade die Ausfallzeiten am Arbeitsplatz durch Präsenzseminare wirken sich bei den relativ kleinen Genossenschaftsbanken besonders stark aus.
- Durch eine interne Lernstandserfassung sowie integrierte Fragebögen zur Einschätzung des Lernerfolges ist ein Monitoring der Qualifikationsstände und insgesamt eine Kontrolle des Erfolges der Maßnahmen leicht möglich.

Didaktisch-methodische Konzeption

Ziel des WBT »Garantiezertifikate« ist die verbundweite Schulung der Anlageberater im Bereich Garantiezertifikate als neue Anlageform in der Produktpalette der DZ-Bank. Das Konzept basiert auf repräsentativen Problemen aus der Beratungspraxis der DZ-Bank bzw. ihrer angeschlossenen Genossenschaftsbanken, die als Ausgangssituation für die Lernprozesse dienen. Dadurch erhalten sie die Möglichkeit, individuelle Problemstellungen in den Lernprozess einzubringen und Lösungen bzw. Erfahrungen aus dem Lernprozess in die konkrete Arbeitssituation zu transferieren. In diesem Kontext haben die Lernenden die Möglichkeit, ihre Kompetenzen auszubauen sowie den gemeinsamen Wissenspool durch eigene Beiträge aktiv mitzugestalten (lernbezogenes Wissensmanagement). So werden bereits in der Weiterbildung die Denk- und Handlungsweisen der Lernenden im Hinblick auf eine aktive Weitergabe und Nutzung von Wissen verändert.

Die E-Learning-Lösung integriert folgende Elemente:

- *Systematisches Lernen*, das auf der Basis der Zielvereinbarung mit dem Lernenden nach vorstrukturierten Lernplänen erfolgt und zu einem großen Teil über das WBT realisiert wird. Hier bestimmt der Lernende zusätzlich die Tiefe und Breite und somit sein eigenes Lerntempo.
- *Situatives Lernen* wird durch die Integration eines Wissenspools mit zielgruppengerechten Informationen (Datenbanken, Links) sowie durch die Dokumentation typischer Problemstellungen und Problemlösungen (Frequently Asked Questions [FAQ]) gefördert. Die *Kommunikation* wird mit Hilfe von E-Mails, Foren und Chats gefördert.

Praxisbeispiele

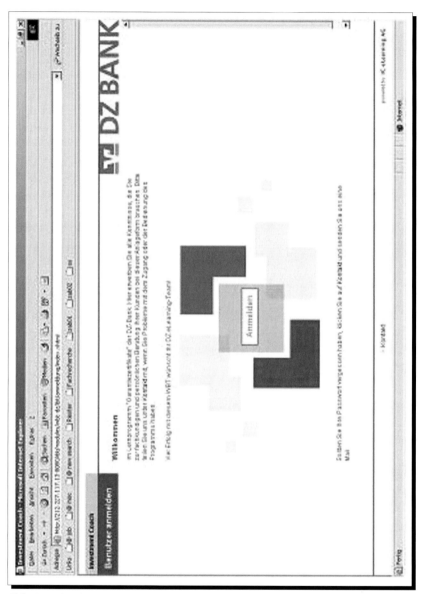

Abb. 92: Einstiegsseite

Die modularisierten Info-Module in der Wissensbasis geben detaillierteres Wissen zu den Themenbereichen der Aufgabenstellung. Aufgrund des Ansatzes des bedarfsorientierten Lernens lernt der Anwender nur, was er zur Problemlösung wirklich braucht. In den jeweiligen Aufgaben und Übungen wird das Wissen angewandt und gleichzeitig vertieft. Ein großer Vorteil ist dabei, dass sich der Anwender nicht durch schon bekanntes Wissen durcharbeiten muss, sondern zielgenau in die jeweilige Wissensbasis einsteigen kann.

Ausgehend von den drei Kundengruppen risikoscheuer, risikobereiter und versierter Anleger findet der Mitarbeiter als Einstieg zu jedem Kapitel eine klassische Beratungsgesprächsituation vor. Er verfolgt den Dialog zwischen den beiden Protagonisten (Bankberater, Kunde) und trifft nach Beendigung des Dialogs auf die Lektionsauswahl mit dem jeweiligen Fachwissen, das je nach Kapitel und Kundentyp von den ersten allgemeinen Informationen bis hin zu fachlichen Feinheiten im Bereich Garantiezertifikate reicht. Innerhalb von verschiedenen Aufgabentypen (z. B. Freitext, Drag and Drop, Rechenaufgabe) wird das Erlernte vertieft und das bisherige Wissen aufgefrischt. Hat der Mitarbeiter alle Lektionen absolviert, findet er einen Leitfaden, der erläutert, wie ein Beratungsgespräch effektiv für den jeweiligen Kundentyp vorbereitet wird und welche Fragen dieser stellen könnte. Am Ende des gesamten WBT steht eine Beratungsgesprächsituation, die der Mitarbeiter selber bestreiten muss. Zugangsvoraussetzung für diesen Test ist die Absolvierung des WBT zu 66%. Dies schafft einen zusätzlichen Anreiz, das WBT bis zum Ende durchzuarbeiten, denn nur dann kann er das Beratungsgespräch erfolgreich absolvieren.

Mit diesen Vorgaben und Leitfaden ist der Berater in der Lage ein auf die individuellen Bedürfnisse des Kunden abgestimmtes Beratungsgespräch zu führen. Es wird also nicht nur Fachwissen vermittelt, sondern der Berater erhält zusätzlich einen persönlichen Fahrplan für die Vorbereitung seiner Kundengespräche und findet gleichzeitig seine individuelle Beratungsstrategie. Diese lässt sich auf jedes andere Beratungsgespräch übertragen. Gleichzeitig zeigt der Mitarbeiter Beratungskompetenz und gibt somit dem kritischen Verbraucher das notwendige Vertrauen für Garantiezertifikate als die für ihn beste Anlageform.

Bewertung

In diesem Projekt bestand die Aufgabe darin, ausgewählten Anlageberatern aus den angeschlossenen Kreditinstituten die neuen Produkte zum Thema Garantiezertifikate zu erläutern und sie zu befähigen, diese in Kundengesprächen erfolgreich zu verkaufen. Da die Zielgruppe mehrere tausend Mitarbeiter umfasst, wurde eine Lösung gesucht, die es ohne Bindung von aufwendigen Personalressourcen, losgelöst von Ort und Zeit, erlaubt, alle Mitarbeiter innerhalb weniger Wochen mit dieser Zielsetzung zu qualifizieren.

Wesentliche Vorteile des Qualifizierungssystems sind:

- Die Weiterbildung setzt an den konkreten Problemstellungen der Praxis an.
- Die Mitarbeiter lernen mit hoher Verbindlichkeit.
- Der Mitarbeiter hat durch diese Form des Lernens die Möglichkeit, seinen Lernpfad selbst zu gestalten und sein Lerntempo selbst zu bestimmen.
- Arbeiten und Lernen wachsen zusammen.
- Lernen erfolgt mit den Arbeitsplatzmedien – also ohne Medienbruch.
- Der Wissenserwerb erfolgt effizient und mit hoher Aktualität.
- Qualifizierung erfolgt flexibel und wirtschaftlich.

In einem ersten Pilotprojekt wurden 150 Mitarbeiter der DZ-Bank mit diesem System qualifiziert. Die Erfahrungen waren sehr positiv. Obwohl angesichts der geplanten Teilnehmerzahl von ca. 14.000 ein reines E-Learning-System realisiert werden musste, war die Lerneffizienz deutlich höher als in entsprechenden Präsenzseminaren. Dies ist insbesondere auf die problemorientierte Ausrichtung der Lernszenarien sowie die Begrenzung der Lernziele auf die Produkte und Verkaufsargumente zurückzuführen. Handlungsorientierte Lernziele wurden nicht angestrebt, so dass auf Präsenzphasen verzichtet werden konnte.

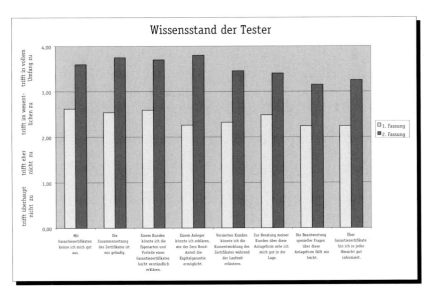

Abb. 93: Evaluationsergebnisse DZ-Bank

Anhang 1

Dieses innovative Qualifizierungskonzept bildet den ersten Schritt der DZ-Bank in Hinblick auf eine neue Lernkultur unter konsequenter Nutzung der Möglichkeiten des E-Learning. Schrittweise kann dieser Ansatz zu einem integrativen Lernkonzept erweitert werden, das letztendlich die Rolle der Bildungsanbieter in der DZ-Bank vom Seminaranbieter zum Wissensbroker hin verändert.

Anhang 2: Methodensammlung

für handlungsorientiertes Blended Learning

Aquarium

WIE?

Die Teilnehmer bereiten sich auf der Basis von Aufträgen im WBT oder in der Learning Community zu einem kontroversen Thema vor. Jede Gruppe bestimmt die Teilnehmer, die anschließend im Workshop stellvertretend diskutieren.

Die Lernenden sitzen dort in **zwei** Kreisen. Im kleineren Innenkreis sitzt die Diskussionsgruppe, die stellvertretend für das Plenum einen Sachverhalt diskutiert. In der Regel sind im **Innenkreis** ein oder zwei Stühle frei, damit Lernende aus dem Außenkreis sich zeitweise an der Diskussion beteiligen und dann wieder in den Außenkreis zurückkehren können. Im größeren **Außenkreis** sitzen die Beobachter und verfolgen den Verlauf der Diskussion.

WO – WO NICHT?

Diese Methode bietet sich für konzentrierte Diskussionen im Plenum an. Günstig ist sie immer dann, wenn die Gruppe zu groß für eine fruchtbare Diskussion ist. Gut geeignet ist Sie auch, wenn die Sprecher von Meinungsgruppen auf diese Weise ihre Argumente austauschen können.

WARUM?

Das Aquarium ermöglicht wegen der kleinen Teilnehmerzahl im Innenkreis eine flüssige Diskussion. Es erlaubt den zurückhaltenden Lernern in die Beobachterrolle zu schlüpfen. Darüber hinaus kann das Handeln der Teilnehmer im Innenkreis Modellcharakter erhalten (Lernen durch Beobachtung) und zu sensiblerer Wahrnehmung von Gruppenprozessen führen (Sensibilisierung).

Blitzlicht

WIE?

Zu einer persönlichen oder auch inhaltlichen Frage sagt reihum jeder Teilnehmer seine Meinung bzw. stellt sie in die Learning Community (Forum oder Chat). **Zwischen** den einzelnen Aussagen darf **nicht** diskutiert werden. Wer keine Aussagen machen will, gibt das Wort weiter.

Im Anschluss an das **Blitzlicht** wird gemeinsam überlegt, wie mit den Aussagen umgegangen werden soll. So kann sich die Gruppe z. B. entscheiden, wichtige Aussagen aufzugreifen und gemeinsam zu diskutieren.

WO – WO NICHT?

Günstig ist diese Methode als **Anfangsblitzlicht** im Plenum zum Erheben von Befindlichkeiten, Erwartungen und Interessen; als **Zwischenblitzlicht** zum Auffangen von offenen Fragen und Problemen; als **Abschlussblitzlicht** zum Erheben von Befindlichkeiten und von Rückmeldungen.

WARUM?

Jeder Lernende erhält automatisch das Wort. Somit kommen auch zurückhaltende Teilnehmer zum Sprechen. – Durch das **Verbot**, zwischen den Beiträgen zu diskutieren, wird erreicht, dass zunächst alle Aussagen gleichwertig nebeneinander stehen. Dies verhilft zu einem guten Überblick über den Stand der Meinungen und Befindlichkeiten.

Gruppenarbeit

WIE?

Gruppenarbeiten können in vielfältiger Form gestaltet werden. Entscheidend für den Erfolg dieser Lernform sind eindeutig klare Aufgabenstellungen und eine zielorientierte Arbeit in der Gruppe.

Arbeitsaufträge sollten, wenn sie sich nicht aus den WBT oder der Learning Community ergeben, im Regelfall schriftlich – auf Arbeitsblättern oder Flipcharts – erteilt werden. Damit werden weitgehend Missverständnisse, die zu Unsicherheit oder Frust führen können, vermieden

Vor der ersten Gruppenarbeit sollten den Teilnehmern, sofern sie nicht in Gruppenarbeit geübt sind, folgende Anregungen mitgegeben werden:

1. *Legen Sie vor Beginn der Gruppenarbeit fest, wer die Gruppenarbeit moderiert und wichtige Punkte festhält und diese nach der Diskussion präsentiert*
2. *Sammeln Sie zunächst mögliche Lösungen oder Ideen, ohne jeden Vorschlag sofort zu kritisieren oder zu zerreden. Versuchen Sie vielmehr, die Vorschläge Ihrer Partner weiterzuentwickeln.*

3. Bewerten Sie anschließend die einzelnen Vorschläge, und entwickeln Sie daraus eine Lösung.
4. Halten Sie wesentliche Aspekte stichwortartig (z.B. auf Karten) oder in einer Struktur auf einem Flipchart fest. Es genügen einzelne Begriffe, da Sie in der Präsentation weitere Erläuterungen geben können.
5. Präsentieren Sie kurz und prägnant. Es kommt nicht darauf an, alles zu ver mitteln, sondern nur die wesentlichen Aspekte aufzuzeigen. Versuchen Sie, möglichst frei zu sprechen, und benutzen Sie den Flip-Chart bzw. die Metaplanwand als »Gedankenstütze«.
6. Sammeln Sie während der Präsentation der anderen Gruppen die Fragen, welche anschließend diskutiert werden sollen.

WO – WO NICHT?

Gruppenarbeiten sind immer dann geeignet, wenn eigenverantwortliche Lernprozesse initiiert werden sollen.

WARUM?

Jeder Lernende kann in Gruppenarbeit aktiv werden und seine individuellen Fragen und Wünsche einbringen. Damit wird ein effizientes, zielorientiertes Lernen ermöglicht, das sich an den Erfordernissen des Teamlernens in der Praxis orientiert.

Gruppenpuzzle

WIE?

Die zu vermittelnden Lerninhalte werden, z.B. über das WBT oder die Learning Community, aufgeteilt. Jede Gruppe erhält eine spezifische Aufgabe bzw. Information, erarbeitet ihren Teil und wird dazu zu »Experten«. Deswegen wird dieser Teil der Gruppenpuzzles auch als **Expertenphase** bezeichnet.

Der Austausch der erarbeiteten Lösungen erfolgt im Workshop in **Puzzle-Gruppen**, d. h. in jeder PuzzleGruppe befindet sich je ein Mitglied jeder Expertengruppe.

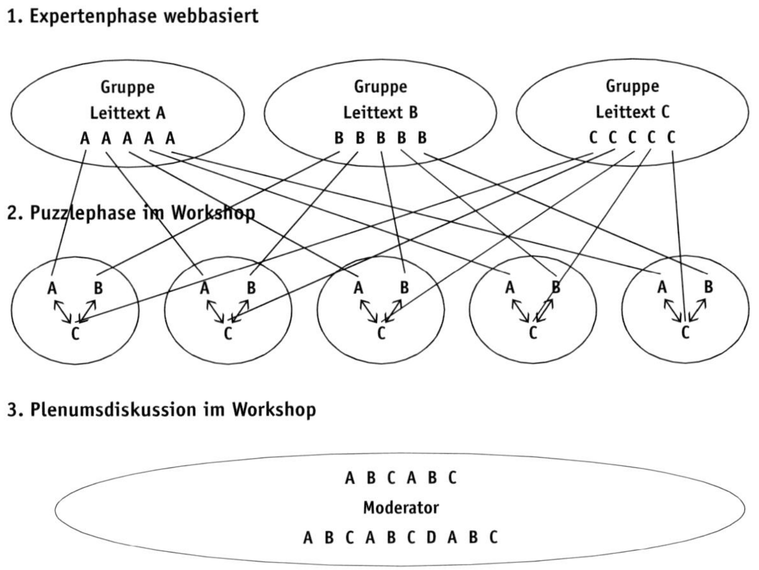

Anhang 2

1. Expertenphase webbasiert

| Gruppe Leittext A | Gruppe Leittext B | Gruppe Leittext C |
| A A A A A | B B B B B | C C C C C |

2. Puzzlephase im Workshop

(A B / C) (A B / C) (A B / C) (A B / C) (A B / C)

3. Plenumsdiskussion im Workshop

A B C A B C
Moderator
A B C A B C D A B C

Abb. 94: Gruppenpuzzle

Nach diesem Prinzip können ➔ **Rollenspiele** in der Weise durchgeführt werden, dass alle Teilnehmer in der Puzzlephase entweder als Kunde, als Berater oder als Beobachter aktiv werden.

WO – WO NICHT?

Gut geeignet ist dieser Lernprozess für die Vermittlung umfangreicher Informationen sowie für Rollenspiele. Er ist besonders gut dort einsetzbar, wo sich ein Inhalts- oder Wissensgebiet in Teilgebiete oder Teilfragen aufteilen lässt.

WARUM?

Die Hauptwirkung des Gruppenpuzzles ist in den **Puzzle-Gruppen** zu suchen. Dort berichtet jeder Teilnehmer **aktiv**, was er gelernt hat, oder er spielt selbst eine Rolle im Rollenspiel. Die Puzzlegruppe kann nur dann ihre Aufgabe lösen, wenn wirklich jedes Gruppenmitglied sich zuvor einen **Expertenstatus** erarbeitet hat. **Weil** die Teilnehmer dies wissen, arbeiten sie auch schon in den Expertengruppen intensiv und aktiv mit.

Gruppen – Rallye

WIE?

Die Gruppen-Rallye hat **drei** Phasen. Zuerst wird der Wissensstand jedes einzelnen Lerners – z.B. über einen standardisierten Test – ermittelt. Danach **üben** oder erarbeiten sie die Lerninhalte in leistungsheterogenen Gruppen. Abschließend wird durch eine neue Überprüfung des Wissensstandes der **persönliche Lernzuwachs** jedes einzelnen Teilnehmers festgestellt.

WO – WO NICHT?

Günstig zum Üben und Wiederholen von Lerninhalten; möglich auch zum Erarbeiten von Lerninhalten vergleichbar der Absicht des Gruppenpuzzles.

WARUM?

Die Rückmeldung des persönlichen Lernzuwachses ist eine der wichtigsten Motivationsquellen und steigert das Selbstwertgefühl bzw. verringert Resignation und Hilflosigkeit. – Das Lernen in heterogenen Gruppen führt zu höherer Leistung und zu wechselseitiger Akzeptierung, besonders aber zur Integration von Außenseitern.

Gruppen – Turnier

WIE?

Das Gruppenturnier hat **zwei** Phasen. In der ersten Phase erwerben die Lernenden Informationen, z. B. ähnlich wie bei Gruppenpuzzle und Gruppenturnier, in leistungsheterogenen Arbeitsgruppen. – In der zweiten Phase wird der Wissensstand durch ein Frage-/Antwortspiel geprüft, bei dem jeder versucht, möglichst viele Kärtchen zu gewinnen. Dabei ist wichtig, dass möglichst **gleichstarke** Teilnehmer in einer Turniergruppe sind.

WO – WO NICHT?

Günstig am Ende von Lernsequenzen, z. B. am Ende eines Workshops. Gut geeignet auch zur Wiederholung vor Prüfungen oder als Wiederholung »alten« Stoffes, bevor in den »neuen« Stoff eingestiegen wird.

WARUM?

Der spielerische Charakter des Gruppenturniers weckt Motivation und sorgt für eine intensive Auseinandersetzung mit schon behandeltem Stoff. Die Arbeit in kleinen Gruppen nimmt ein wenig die Versagensängste. Das Durcharbeiten des gesamten Stoffes in Frage-Antwort-Form hilft dem Einzelnen, seine Lücken zu schließen.

Kugellager

WIE?

Die Teilnehmer sitzen, einander zugewandt, in einem Innen- und einem Außenkreis. Die jeweils sich gegenübersitzenden Personen unterhalten sich zu einem Thema, das der Moderator vorgibt. Nach begrenzter Zeit (z. B. 3 Minuten) bewegen sich die Kreise in entgegengesetzter Richtung. So bekommt jeder Teilnehmer ein neues Gegenüber. Auf diese Weise laufen zwischen 2 und 4 Partnergesprächsphasen ab.

Geeignete Fragestellungen für den Einstieg in einen Workshop können z. B. sein:

1. *Welche Fragen sind bei der Bearbeitung der WBT offen geblieben?*
2. *Welche konkreten Erwartungen haben Sie für den Workshop?*
3. *Was möchten Sie im Workshop **nicht** erleben (Welche Befürchtungen haben Sie für den Workshop)?*

WO – WO NICHT?

Diese Methode ist sehr geeignet für einen lebendigen Einstieg in einen Workshop, insbesondere wenn sich die Lernenden nicht persönlich kennen.

Zwischen den Lernphasen können auf diese Weise Meinungen ausgetauscht, Vorkenntnisse wachgerufen oder Lerninhalte wiederholt werden. Ungünstig ist diese Methode für große Gruppen (Geräuschpegel!)

WARUM?

Das »Kugellager« dient zum Überwinden der Redeschwelle. Es arbeitet gegen das Gefühl der Unsicherheit zu Veranstaltungsbeginn an. Es hilft, Kontakte zu knüpfen und in Partnergesprächen Kenntnisse und Erfahrungen zu aktivieren. Es dient auch der Orientierung bei der Meinungsbildung.

Impulsreferat

WIE?

Der Teilnehmer oder Moderator vermittelt in ca. 10 bis 20 Minuten mit Medienunterstützung konkrete und aussagefähige Informationen in gebündelter Form. Das Referat sollte knapp und ansprechend gestaltet sein und das Wesentliche abdecken. Auf der Basis dieses Referates lösen die Teilnehmer entsprechende Aufgaben.

WO – WO NICHT?

Gut gestaltete Impulsreferate sind eine sehr effiziente Form der Informationsvermittlung, sofern die Teilnehmer anschließend die Zeit erhalten, die Neuigkeiten entsprechend ihrer individuellen Lerngeschwindigkeit zu verarbeiten.

Im Rahmen von Blended Learning Systemen können die Teilnehmer in ihren Lerngruppen arbeitsteilig komplexe Problemstellungen lösen und im Workshop präsentieren. Der Experte moderiert die anschließende Präsentation, gibt sein Feedback und ergänzt bei Bedarf mit einem ➜ Impulsreferat.

WARUM?

Die Lernenden können bis zu 20 Minuten konzentriert einem Referat folgen, sofern es optisch unterlegt ist. Die Kombination von optischen und akustischen Kanälen kann eine Steigerung der Lerneffizienz von bis zu 50% zur Folge haben.

Leittext

WIE?

Die wesentlichen Informationen zu einem Thema werden in einen übersichtlichen, gut gegliederten Leittext gefasst. Jeder Lernende arbeitet diesen Text, der die wichtigsten **Ankerbegriffe** enthält, in **Einzelarbeit** durch und beantwortet danach Aufgaben zum Text in Einzel-, Partner- oder Kleingruppenarbeit (z. B. in einem Gruppenpuzzle).

WO – WO NICHT?

Leittexte sind einsetzbar, wo wichtige Informationen vermittelt werden sollen und wo es zugleich um günstige gedächtnismäßige Verankerung geht (**Ankerbegriffe**). Die Wissensbasis in Web Based Trainings wird idealerweise nach diesem Prinzip gestaltet.

WARUM?

Durch die Leittext-Methode wird der Lernstoff in einer übersichtlichen Weise strukturiert und dadurch gedächtnismäßig gut speicherbar. Der Lernende erfährt, welches die zentralen Begriffe sind und kann diese zu seinem bisherigen Wissen in Beziehung setzen, sozusagen in seinem Gedächtnis »verankern«.

Kartenabfrage

WIE?

Die Lernenden erhalten Karten und Stifte mit dem Auftrag, Stichpunkte zu einer Erhebung oder Aufgabe festzuhalten. Diese Aufgabe kann in Einzelarbeit, Partnerarbeit oder Gruppenarbeit bearbeitet werden. Die Karten werden von den Lernenden in der Learning Community präsentiert oder an eine Pinnwand gesteckt und erläutert. Die Lernpartner oder der Dozent strukturieren und kommentieren die Karten.

Wichtig ist, dass die Teilnehmer auf die Karten lediglich Stichworte in gut leserlicher Form schreiben. Sie erhalten bei Bedarf die Gelegenheit, diese Begriffe zu erläutern.

WO – WO NICHT?

Günstig ist diese Methode zum Erheben von Erwartungen, Befürchtungen oder Meinungen. Gut geeignet zum Erfassen von komplexen Lösungen, die gemeinsam in eine strukturierte Lösung gebracht werden sollen.

WARUM?

Alle Teilnehmer haben die Möglichkeit, in Ruhe ihre Gedanken zu sammeln und zu formulieren bzw. ihr Lerntempo individuell zu bestimmen. Gleichzeitig können alle Beiträge gesammelt und gemeinsam ausgewertet werden.

Metareflexion

WIE?

Die Lernenden erhalten über die Learning Community oder im Workshop einen Bogen mit Fragen zu ihrem eigenen Handeln oder zu ihren Erfahrungen, den sie in Einzelarbeit, Partnerarbeit oder in Gruppenarbeit beantworten. Diese Einsichten werden auf entsprechende Aufgaben übertragen oder in der Gruppe bzw. im Plenum besprochen.

WO - WO NICHT?

Günstig zum Einstimmen auf Aufgabenstellungen, die den Handlungsbereich betreffen oder für Aufgabenstellungen, die eine gewisse Betroffenheit der Lernenden erfordern.

Diese Methode eignet sich vor allem nach einzelnen Lernsequenzen, um die Teilnehmer über ihre eigenen Erfahrungen bzw. Eindrücke nachdenken zu lassen.

Bewährt haben sich z.B. »Lernprotokolle«, die entweder am Schluss einer Lerneinheit oder zu Beginn einer neuen Sequenz zunächst von jedem Lernenden 10 Minuten alleine beantwortet werden, um sie dann anschließend 10 bis 20 Minuten mit ein bis zwei Lernpartnern zu diskutieren. Im Plenum werden die wesentlichen Eindrücke und Wünsche diskutiert.

Im Lernprotokoll können Sie z.B. folgende offene Fragen stellen:

1. *Welche Lerninhalte waren heute (gestern) besonders wichtig für Sie?*
2. *In welchen Bereichen sind noch Fragen offen geblieben?*
3, *Was sollte im nächsten Workshop/Lerngruppen-Treffen zusätzlich angesprochen werden?*

WARUM?

Alle Teilnehmer haben die Möglichkeit, in Ruhe ihre Erfahrungen zu sammeln bzw. über ihr eigenes Verhalten in bestimmten Situationen nachzudenken, so dass sie für kritische Themen eher aufnahmebereit sind.

Motorische Eisbrecher

WIE?

Die **kognitive** Orientierung des Workshops wird unterbrochen bzw. aufgelockert durch **motorische** Übungen, die jedoch nur eine oder wenige Minuten dauern. Dazu gehören **isometrische** Übungen, Reaktionsübungen oder der Gordische Knoten usw. ...

WO - WO NICHT?

Zu Beginn eines Workshops oder einer Einheit geeignet. Besonders günstig nach Mahlzeiten (Mittagsloch!) oder zur Unterbrechung ermüdender Lernpassagen.

Bei **isometrischen Übungen** wird der Blutkreislauf angeregt, indem die Studierenden gemeinsam Übungen durchführen, in denen Sie sich etwa 10 Sekunden lang extrem, beispielweise durch auseinanderziehen der ineinander verhakten Hände, anstrengen. In der Literatur finden Sie eine Vielzahl von entsprechenden Übungen.

In der Übung »**Gordischer Knoten**« stehen sich eine gerade Zahl von Studierenden in einem engen Kreis gegenüber. Jeder gibt einem gegenüberstehenden Partner die rechte Hand; anschließend reicht er einem anderen die linke Hand. Die Studierenden haben nunmehr die Aufgabe, den »Gordischen Knoten« aufzulösen, ohne dass eine Hand losgelassen wird.

WARUM?

Die körperliche Bewegung macht Spaß, bringt die Lernenden zum Lachen. Darüber hinaus wird die Blutzirkulation angeregt.

Hinterher fällt es den Teilnehmern deutlich leichter, sich wieder den Lerninhalten zu widmen. Motorische Eisbrecher haben also einen vergleichbaren Effekt wie Pausen.

Netzwerk

WIE?

Die zentralen Begriffe einer Lerneinheit werden auf Kärtchen geschrieben und evtl. vorab in die Learning Community gestellt. Es hat sich bewährt, etwa drei Karten mehr als die Zahl der Teilnehmer zu beschriften. Die Teilnehmer sitzen in einem offenen Kreis, die Karten werden in die Mitte gelegt. Jeder nimmt sich ein Kärtchen. Anschließend können die Lernenden die Kärtchen austauschen (Tauschhandel) und sich vergewissern, ob sie zum Kärtchen etwas sagen können (Vergewisserung). Danach beginnt ein beliebiger Teilnehmer mit der Erklärung seines Begriffes. Es fährt jener fort, der glaubt, sein Begriff passe dazu usw.. Wer fertig ist, legt sein Kärtchen sichtbar vor sich hin.

WO - WO NICHT?

Gut geeignet am Ende einer Lernsequenz zur Wiederholung und gedanklichen Ordnung. Der Moderator hat hier die Gelegenheit, zum Abschluss einer Sequenz »seine Gruppe« zu einer Abschlussrunde zusammenzufassen. Als sinnvoll hat sich diese Methode auch in der Einstiegsphase zum Erfassen des Vorkenntnisstandes erwiesen.

Gut geeignet zur Vorbereitung der ➜ **Struktur-Lege-Technik.**

W A R U M ?

Durch die Phasen des Tauschhandels und der Vergewisserung wird den Lernenden ein Teil der Auftrittsangst genommen. Über die nicht festgelegte Reihenfolge werden die vielfältigen Verknüpfungen der Begriffe untereinander deutlich. – Alle Lernenden tragen zum Ergebnis bei. Die spielerische Form wirkt motivierend.

Partner-Interview

W I E ?

Der Moderator oder Dozent gibt schriftlich, z.B. über einen Flipchart, oder mündlich eine oder mehrere Fragen vor. Die Partner unterhalten sich über diese Fragen oder sollen sich **abwechselnd** diese Fragen stellen und die Antworten des Gegenübers notieren.

Im Anschluss daran bringen die Teilnehmer die Antworten ins Plenum ein.

W O – W O N I C H T ?

Besonders geeignet ist diese Methode, wenn der Dozent oder Moderator erreichen möchte, dass alle in Ruhe über eine Fragestellung nachdenken. Damit wird vermieden, dass sich – wie bei der fragend-entwickelnden Unterrichtsmethode – fast immer die gleichen Teilnehmer melden. Besonders in großen Gruppen, in denen Gruppenarbeiten nur schwer durchführbar sind, erhalten die Lerner die Gelegenheit, aufgenommene Informationen zu verarbeiten, ohne dass ein Platzwechsel erforderlich ist.

Günstig ist das Partnerinterview auch zum Wiederholen von Lerninhalten oder zum Erfassen von Vorwissen und Interessen.

W A R U M ?

Alle Teilnehmer kommen zum Sprechen. Die Paarbildung minimiert Leistungs- und Auftrittsängste. Das Partnerinterview hilft, Kontakte zu knüpfen. Es dient auch der Orientierung bei Entscheidungsprozessen und bei der Meinungsbildung.

Rollenspiel

WIE?

Rollenspiele, die nach folgendem Grundschema ablaufen, haben sich bewährt:

E-Learning-Phase

- ○ Vorbereitung in differenzierten Gruppen, z. B. als Kunde, als Berater und Beobachter 40–60 Minuten

Workshop

- ○ Rollenspiel, zunächst einmal im Plenum, dann getrennt jeweils ein Berater, ein Kunde, ein Beobachter
  jeweils 20–30 Minuten
- ○ Feedback durch den Beobachter jeweils 20–30 Minuten
- ○ Besprechung im Plenum jeweils 30–90 Minuten

Die Rollenspiele werden jeweils nach dem Prinzip des ➔ **Gruppenpuzzles,** z. B. mit folgenden Gruppen durchgeführt:

- Kunden
- Beratern
- Beobachtern

Diese Gruppen bereiten sich z. B. im Rahmen der WBT vorab in den selbstgesteuerten Lerngruppen ca. 40–60 Min. mit Hilfe von Leitfragen auf ihre jeweilige Rolle vor. Dabei soll erreicht werden, dass sich die Lernenden abwechselnd in unterschiedliche Perspektiven der Problemstellung bzw. der Lösung hineinversetzen.

Das Rollenspiel weist insgesamt folgende Phasen auf. Während das **erste Rollenspiel** sinnvollerweise mit jeweils einem Spieler aus jeder Gruppe im Plenum stattfindet, werden die weiteren Rollenspiele parallel durchgeführt. Dabei übernimmt jeweils ein Teilnehmer die Beobachterrolle. Das erste Rollenspiel läuft nach folgendem Schema ab:

1. Vorbereitungsphase: Die Vorbereitung der Rollenspiele erfolgt auf der Basis von differenzierten Aufgabenstellungen aus dem Blickwinkel der jeweiligen Beteiligten.

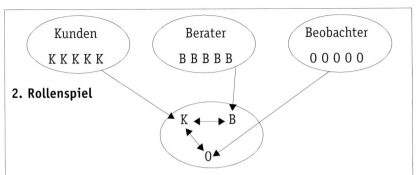

2. Rollenspiel

Ein Rollenspiel findet unter Beobachtung aller Teilnehmer statt. Ein Beobachter gibt stellvertretend Feedback. Vorher kann er sich zehn Minuten mit seiner Beobachtergruppe beraten.

3. Plenum

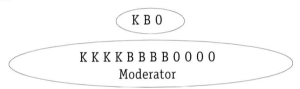

Abb. 95: Gruppenpuzzle mit Rollenspiel im Plenum

Die Gruppe gibt den Rollenspielern und dem Beobachter Feedback. Anschließend werden die Konsequenzen aus den Erkenntnissen diskutiert. Bei Bedarf fügt der Dozent ein Impulsreferat ein.

Bei den **folgende Rollenspielen** ändert sich die Phase der Rollenspiele und des Feedbacks. Alle Teilnehmer übernehmen eine aktive Rolle, indem sie entweder als Berater, Kunde oder Beobachter, jeweils abwechselnd, tätig werden. Damit entstehen verschiedene Puzzlegruppen, die eigenverantwortlich ihr Rollenspiel absolvieren. Der Dozent betreut die einzelnen Gruppen als Coach.

Nach dem Rollenspiel geben die Beobachter jeweils ein individuelles Feedback. Im Plenum berichten sie anschließend über die besonderen positiven und kritischen Eindrücke. Auf dieser Basis werden wesentliche Probleme diskutiert. Der Moderator kann wiederum bei Bedarf ein
➔ **Impulsreferat** einfügen.

Anhang 2

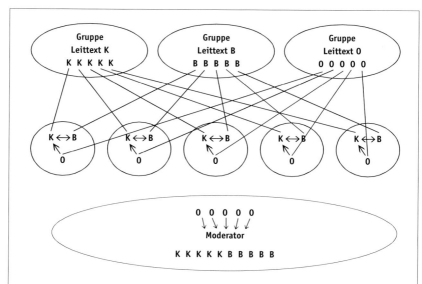

Abb. 96: Gruppenpuzzle mit paralellen Rollenspielen

WO - WO NICHT?

Günstig ist dieses Lernkonzept zum Transfer der Teilnehmerergebnisse auf praxisnahe Beratungs- und Problemsituationen und zum ersten Einüben von Handlungskompetenzen.

WARUM?

Durch die intensive Vorbereitung der einzelnen Rollen erhält jeder Lernende Hinweise darauf, wie er beim Rollenspiel agieren könnte. Das gibt ihm eine gewisse Sicherheit. Diese Sicherheit wird noch dadurch erhöht, dass bis auf das erste Rollenspiel mit Freiwilligen keine dritten Personen das Rollenspiel beobachten. So kann die übliche Scheu vor Rollenspielen deutlich verringert werden. – Das Rollenspiel selbst dient zum »Übersetzen« oder Übertragen des Gelernten in konkretes beobachtbares Handeln und kann als erster Schritt zum Aufbau von Handlungskompetenzen dienen.

Quattro

WIE?

Jeder Teilnehmer erhält 4 farbige Kärtchen. Die Farben sind abgestuft und bedeuten (1) volle Zustimmung, (2) überwiegende Zustimmung, (3) überwiegende Ablehnung, (4) volle Ablehnung. – Zu einer ganz konkreten Frage entscheidet sich jeder Teilnehmer für eines der vier Kärtchen und legt es **sichtbar** vor sich hin.

Der Moderator lässt dann **jeden** Lernenden begründen, warum er sein Kärtchen gewählt hat, und zwar **geordnet** nach den einzelnen Farben.

WO – WO NICHT?

Günstig ist diese Methode dort, wo sich jeder Teilnehmer eine Meinung bilden und diese begründen können soll. Hilfreich ist sie auch dann, wenn eine Gruppe zu wichtigen Entscheidungen kommen will, ungünstig dann, wenn keine Zeit ist, die Meinung begründen zu lassen.

WARUM?

Die vier Kärtchen sind ein Anreiz, sich selbst zu fragen, welche Position er selbst einnimmt. Die Quattromethode hilft also zum Klären von Standpunkten. Darüber hinaus visualisiert sie alle Meinungen in der Gruppe und regt zum Meinungsaustausch an. Durch das Festlegen auf eine (eigene) Meinung wird der Rückzug auf unverbindliche Aussagen erschwert.

Sandwich

WIE?

Der methodische Ablauf des Lernprozesses wird so geplant, dass sich – wie bei einem Sandwich – verschiedene »Lagen« ergeben. So können sich Phasen des aufnehmenden (rezeptiven) Lernens, z. B. gestaltet durch Kurzreferate oder Leittexte, **abwechseln** mit Phasen der Wissensverarbeitung, z. B. gestaltet durch Partnerarbeit, Kleingruppenarbeit, Netzwerk, Strukturlegetechnik, Puzzlegruppen usw. – Wichtig ist, dass die Zahl und Dauer der einzelnen Phasen den Lernenden angepasst wird.

WO – WO NICHT?

Günstig dort, wo längere Lernsequenzen untergliedert werden sollen.

WARUM?

Der Wechsel von rezeptiver Informationsaufnahme und aktiver Weiterverarbeitung der Information sorgt für eine bleibende Aneignung. Darüber hinaus wirkt sich die ständige Abwechslung in der Beanspruchung günstig auf die Lernmotivierung aus. Das Sandwich verhindert überlange Phasen der Präsentation (z. B. lange Vorträge) und überlange Phasen der Einzel- oder Gruppenarbeit und beugt damit Ermüdungserscheinungen vor.

Strukturieren

WIE?

Zu Beginn des Workshops visualisiert der Moderator den **inhaltlichen** und **methodischen** Verlauf auf einzelnen Kärtchen. Sobald ein Lernschritt beendet ist, nimmt er das Kärtchen weg. Gibt es Änderungen im Ablauf, so können diese **gemeinsam** mit den Lernenden anhand der Kärtchen diskutiert werden. Die jeweils neue Struktur entsteht dann durch Umordnen der Kärtchen bzw. Hinzufügen neuer Kärtchen.

WO-WO NICHT?

Günstig dort, wo eine inhaltliche und methodische Struktur vorliegt, auf die sich die Lernenden einstellen sollen. Insbesondere Erwachsene erwarten eine klare Strukturierung des Workshops, die zu Beginn offengelegt wird.

WARUM?

Die Visualisierung der Struktur macht das Vorgehen des Moderators transparent. Die Lernenden können sich auf Inhalte und Methoden einstellen und zugleich Bedenken oder Wünsche anmelden, wenn das Vorgehen nicht ihren Interessen entspricht (Prinzip der Mitwirkung). Das Weglegen der abgearbeiteten Kärtchen macht deutlich, wie die Gruppe vorankommt.

Struktur – Lege – Technik

WIE?

Die zentralen Begriffe werden auf Kärtchen geschrieben. Die Lernenden bekommen die Aufgabe, die Kärtchen in eine Struktur zu legen, so dass zu erkennen ist, wie sie inhaltlich zusammengehören. Die Aufgabe kann in Einzel-, Partner- oder Kleingruppenarbeit angegangen werden. Die gelegten Strukturen werden anschließend im Plenum miteinander verglichen. Diese Aufgabe kann über die Learning Community in die E-Learning Phase verlagert werden.

WO - WO NICHT?

Gut geeignet am Ende einer Lernsequenz zur gedanklichen Ordnung und Wiederholung. Möglich auch in der Einstiegsphase, um den Zusammenhang der Lerninhalte zu verdeutlichen. – Empfehlenswert in direktem Anschluss an die ➔ **Netzwerk-Methode**.

WARUM?

Durch die Struktur-Lege-Technik wird die individuelle Ordnung und Speicherung der Lerninhalte unterstützt. Die spielerische Form macht deutlich, dass vielfältige Verknüpfungen unter den Begriffen möglich und sinnvoll sind. Der Vergleich verschiedenartiger gelegter Strukturen regt zu neuen gedanklichen (Um-) Ordnungen an und unterstützt die Flexibilität der Informationsverarbeitung.

Themenspeicher

WIE?

In der Learning Community oder auf einer Pinnwand können alle Teilnehmer in jeder Phase der Qualifizierung ihre Themenwünsche offen legen. Der Moderator nutzt diese Hinweise zur Vorbereitung des Workshops. Zu Beginn erläutert er den Teilnehmern, dass sie immer dann eine Karte schreiben sollen, wenn sie den Wunsch verspüren, eine bestimmte Frage zu besprechen, dieses Thema aber im Moment nicht in den Workshop passt.

Der Moderator nimmt diese Anregungen regelmäßig auf, klärt evtl. einzelne Fragen ab und bespricht den Themenspeicher zwischen zwei Lernsequenzen.

WO - WO NICHT?

Diese Methode ist insbesondere in längeren Workshops und Blended Learning Konzepten mit einer komplexen Themengestaltung sinnvoll.

WARUM?

Die Teilnehmer erhalten die Gelegenheit, den Workshop aktiv mit zu gestalten und ihre individuellen Fragen und Lernprobleme einzubringen. Dadurch kann erreicht werden, dass der Workshop eine hohe Lerneffizienz erhält.

Anhang 3

Glossar

A

Accessibility

Design einer Website, das Personen mit Behinderungen ermöglicht, sie zu nutzen und zu verstehen.

ADL (Advanced Distributed Learning)

Eine Initiative des US Verteidigungsministeriums, um Kompatibilität zwischen Computer und internetbasierter Lernsoftware durch die Entwicklung eines gemeinsamen technischen Rahmens zu erreichen, welcher Inhalte in Form von immer wieder verwendbaren Lernobjekten enthält. ➔ SCORM und ➔ ADL Website (www.adlnet.org).

ADSL (Asymmetric Digital Subscriber Line)

Eine Art von ➔ DSL, die den Großteil der Bandbreite verwendet, um Informationen an den Benutzer zu senden und einen kleinen Teil, um Daten vom Nutzer zu empfangen.

AICC

Aviation Industry Computer-based Training Committee. Ein internationaler Verband von technologiebasierten professionellen Ausbildern, der Richtlinien für Trainings in der Luftfahrtindustrie entwickelte. AICC entwickelt Normen für Kompatibilität von rechnergestützter Lernsoftware für verschiedene Industriezweige. ➔ AICC Website (www.aicc.org).

Analog

Ein Signal, das in derselben Form empfangen wird in der es gesendet wurde, obwohl die Amplitude und Frequenz variieren können.

Animation

Bewegtbilder in Lernprogrammen mit dem Ziel, die Lerninhalte anschaulicher und motivierender zu gestalten. Animationen können als einfache Bildsequenz, als Bilder-Animation oder trickfilmähnlich (z.B. in ➔ Flash) gestaltet werden. Ergänzend können Sprache, Musik und Signale eingesetzt werden. Vielfach werden Animationen interaktiv gestaltet.

Antivirenprogramm

Ein Softwareprogramm, um Computerviren zu erkennen, zu diagnostizieren und zu zerstören.

Anwendung

➜ Application

AoD (audio on demand)

➜ CoD

API (application program interface)

Dienste des Betriebssystems, die Anwendungen zur Verfügung stehen, die unter diesem Betriebssystem laufen.

Applet

Eine kleine Anwendung. ➜ Java Applet

Application

Anwendungssoftware (Programm), die ein Benutzer aktiviert, um an einem Computer zu arbeiten. Es gibt viele Arten von Software, die in die Kategorie der Anwendung einzuordnen sind. Anwendungssoftware ist von anderen Formen der Software wie z.B. Betriebssystem- und Zusatzsoftware zu unterscheiden.

Application Service Providing – ASP

Der Provider richtet für Kunden auf seinem Server Softwareapplikationen – z. B. ➜ WBT – ein und pflegt sie. Der Kunde erhält das Nutzungsrecht, wird aber nicht Eigentümer der Software. Die Distribution erfolgt meist über das Internet oder Intranets. ASP erlaubt Unternehmen Geld, Zeit und Ressourcen durch teilweise oder komplette Auslagerung (Outsourcing) ihres informationstechnologischen Bedarfs zu sparen.

Application-Sharing

Multipoint Dataconferencing – Synchrone Verwendung von Softwareanwendungen über das Netz. Die Lerner können gemeinsam ein Dokument überarbeiten. Ein Lerner kann die Zugriffsrechte der anderen Nutzer definieren.

ASCII (American Standard Code for Information Interexchange)

Eine Computersprache, die genutzt wird, um Briefe, Zahlen und Steuerzeichen in digitale Codes umzuwandeln, die von den meisten Computern verstanden werden.

ASP (Active Server Pages)

Eine Programmierbereich, der Elemente von HTML und Skripten kombiniert. Mit ASP aufgebaute Webpages können sich durch Eingaben des Nutzers dynamisch verändern.

ASP ➔ Application Service Provider

Assessment

Ein Prozess, der systematisch die Fähigkeiten oder den Wissenslevel eines Lernenden erfasst.

Assessment Item

Eine Frage oder Aktivität zur Beurteilung, um zu bestimmen, ob der Lernende sein Lernziel erreicht hat.

Asychronous Learning

Asynchrones Lernen. Lernform, bei der die Interaktion zwischen Lernendem und Lehrer durch eine Zeitverzögerung unterbrochen ist. Beispiele dafür sind interaktive Kurse via Forum oder CD-ROM, Online-Diskussionsgruppen und E-Mail-Foren.

ATM (Asynchronous Transfer Mode)

Eine Netzwerktechnologie für Hochgeschwindigkeitsdatenübertragungen. Die Informationen werden in Pakete gleicher Größe eingeteilt, um eine reibungslose Übertragung zu ermöglichen. ATM unterstützt die Übertragung von Sprache, Video und Daten in Echtzeit und kann Geschwindigkeiten von bis zu 10 Gbps erreichen.

Audio bridge

Ein für Telefonkonferenzen verwendetes Gerät, das mehrere Telefonleitungen verbindet.

Audioconferencing

Es besteht eine Sprachverbindung zwischen mehr als zwei Nutzern unter Verwendung von Standard-Telefonleitungen.

Audiographics

Rechnergestützte Technologie, die während einer interaktiven Kommunikation zwischen dem Online-Tutor und allen Teilnehmern die gleichzeitige Übertragung von Sprach- und Datenkommunikation sowie Grafiken über vorhandene Telefonleitungen ermöglicht.

Authoringtool/Autorentool/Autorensysteme/Authorware

Eine Anwendungssoftware oder ein Programm, das einer Person erlaubt, eine eigene E-Learning Software zu erstellen. Diese Tools beinhalten instruktionsorientierte Autorentools, Werkzeuge zur Erstellung und Programmierung von Websites, vorlagenbasierte Autoren-Tools, Systeme zur Wissenserfassung sowie Text- und Dateierstellung. Im Idealfall kann der Autor über das System die WBT direkt erstellen.

Avatar

(Sanskrit: *»Fleischwerdung (Inkarnation) eines Geistes«*) Virtueller Repräsentant eines Lerners in einem Lernsystem oder einer ➔ Learning Community, der grafisch gestaltet werden kann. Das Ziel dieser Lösungen besteht darin, diese Avatare so weiterzuentwickeln, dass sie aktiv neue Beiträge, Lösungen oder Lernpartner für den Lerner identifizieren.

B

Backbone

Basisnetz bzw. Hauptleitung eines Netzwerkes. Ein Hauptkommunikationspfad, der mehrere Benutzer verbindet.

Band

Ein Bereich von Frequenzen zwischen definierten Ober- und Untergrenzen.

Bandwidth

Bandbreite. Kapazität, die einem Kommunikationskanal zum Transport von Informationen zur Verfügung steht.

Baud

Ein Maß der Datenübertragungsgeschwindigkeit. Bei niedrigen Geschwindigkeiten ist ein Baud gleich den Bits, die pro Sekunde gesendet werden. Mit höheren Geschwindigkeiten kann ein Baud mehr als ein Bit sein

BBS (Bulletin Board System)

Eine Online-Gemeinschaft (»Online Community«), die auf einem Zentralcomputer geführt ist, in den sich die Benutzer einwählen oder einloggen können. BBS-Benutzer können Nachrichten an öffentliche Diskussionsforen senden, E-Mails verschicken und empfangen, mit anderen Benutzern plaudern (»chatten«) sowie Dateien hoch- und herunterladen. BBS sind textbasiert und oft auf die Hobbys oder Interessen ihrer Macher ausgerichtet.

Behaviorismus

Behaviorismus ist eine ältere Lerntheorie, die den Lernenden als eine »blackbox« betrachtet. Deshalb konzentriert sie sich auf die Handlungsweisen der Menschen, die der Lehrer mit vielfältigen Motivationsfaktoren (extrinsische Motivation) zu beeinflussen sucht. In diesem Ansatz steht der Lehrer im Mittelpunkt, der über objektiv richtiges Wissen verfügt, das er möglichst vereinfacht darstellt. Die Lerner sind tendenziell eher passiv.

Benutzeroberfläche

Grafisch gestaltete Benutzeroberflächen ermöglichen es den Lernern, System- und Programmfunktionen intuitiv zu nutzen.

Bildungsbroker/Education Brokerage

Makler zwischen den Anbietern und Nachfragern nach Bildung, insbesondere im E-Learning-Bereich, die Beratungs- und Betreuungsleistungen übernehmen. Als Netzwerker bilden sie Allianzen zwischen den Beteiligten, als Berater bringen sie primär ihre Erfahrungen und ihre Marktkenntnis ein. Insbesondere innerbetriebliche Bildungsanbieter übernehmen zunehmend diese Rolle des Bildungsbrokerage.

Binärer Code

Ein Verschlüsselungssystem, das nur die Ziffern 0 und 1 verwendet.

Bit

Die Basiseinheit der Informationen eines Computers. Entsprechend dem binärem Code ist jedes Bit entweder als eine 1 oder eine 0 dargestellt. Alle anderen auf dem Computer gespeicherten Informationen sind aus Kombinationen von Bits zusammengesetzt.

Blended Learning → multi-method learning → hybrides Lernen

Blended Learning basiert auf der Erfahrung, dass ein reines E-Learning-System nur eine begrenzte Lerneffizienz aufweist. Es kombiniert deshalb E-Learning und Lernen in Präsenzform bzw. verschiedene Lernmedien. Die Kursinhalte werden sowohl in Präsenzveranstaltungen als auch über WBT, CD-Rom oder Printmedien geschult. Der Lernende ist nicht an ein spezifisches Trainingsmedium gebunden, sondern es wird ihm die Möglichkeit geboten, sich seinen individuellen Präferenzen anzupassen. Blended Learning entsteht somit, wenn E-Learning mit klassischen Lernformen zu einem sinnvollen Gesamtkonzept verknüpft wird.

Blog (Weblog)

Eine Erweiterung einer persönlichen Website. Ein Blog besteht aus normalen verzeichnisähnlichen Einträgen, die auf einer Website veröffentlicht werden. Blogs enthalten Links zu anderen Webseiten mit Gedanken, Anmerkungen und Persönlichem des Erstellers.

Bookmarks

→ Lesezeichen

Bps

Bits pro Sekunde. Messung der Datenübertragungsgeschwindigkeit in einem Kommunikationssystem. Die Anzahl von gesendeten oder empfangenen Bits pro Sekunde.

Bridge

Ein Gerät, das zwei oder mehrere Abschnitte eines Netzwerkes verbindet.

Broadcast

(Substantiv) Sendung. Fernseh- und Radiosignale wurden entwickelt, um ein Massenpublikum zu erreichen. Einige Websites bieten Live-Sendungen an oder veröffentlichen bereits ausgestrahlte bzw. gespeicherte Sendungen.

(Verb) Simultanes Senden von E-Mails oder Faxnachrichten an mehrere Empfänger. In einem Netzwerk ist es möglich, Informationen gleichzeitig an jeden angeschlossenen Nutzer zu senden. ➔ Multicasting ➔ Unicasting.

Broadband

Breitband-Hochgeschwindigkeitsübertragung. Die spezifische Geschwindigkeit, die zur Definition von Breitband genutzt wird, ist subjektiv. Meist impliziert Broadband jede Geschwindigkeit über das derzeit zur Verfügung stehenden. ➔ Narrowband.

Browser

Dieses Programm dient dazu, Dokumente aus dem World Wide Web (WWW) darzustellen. Die verbreiteten Browser sind Netscape Navigator und Microsoft Internet Explorer.

Business TV

Medium der internen und externen Unternehmenskommunikation mit Videoübertragungen von Informations- oder Lehrsequenzen für meist geschlossene Nutzergruppen. Business TV kann passiv – mit oder ohne Rückkanal – und interaktiv gestaltet sein. Zunehmend werden Business TV Lösungen mit ➔ E-Learning-Komponenten zu einem Gesamtssystem verknüpft.

Byte

Eine Kombination von 8 Bits.

C

C –Learning

➔ instrutor-led training.

Cable Modem

Kabelmodem. Ein Modem, das die Koaxialkabel des Kabelfernsehens verwendet, um Daten schneller zu übertragen als Modems, die Telefonleitungen nutzen.

CAI (Computer-Aided/Assisted Instruction)

Die Verwendung eines Computers als ein Medium der Instruktion für Tutorien, Ausbildung und Übung, Simulation oder Spiele. CAI wird sowohl für Erstausbildung als auch für Weiterbildung verwendet und es ist normalerweise nicht erforderlich, dass der Computer mit einem Netzwerk verbunden ist oder mit Ressourcen außerhalb des eigentlichen Kurses (z. B. Webpages) verbunden ist. ➔ CBT.

CAL (Computer Aided/Assisted Learning)

➔ CBT

CBL (Computer-Based Learning)

➔ CBT.

CBT (Computer-Based Training)

Ein Sammelbegriff für die Anwendung von Computern sowohl in der Instruktion als auch in der Stuerung der Lehr- und Lernprozesse. CAI (computer-assisted instruction) und CMI (computer-managed instruction) sind im Begriff des CBT eingeschlossen. Die Begriffe CBT und CAI werden mitunter synonym verwendet.

CD-ROM (Compact Disc Read Only Memory)

Ein Speichermedium ähnlich der Audio-CD, das mehr als 600 Megabytes schreibgeschützte digitale Information enthalten kann.

Chat

Engl. quatschen, schwätzen, unterhalten. Synchrone schriftliche Unterhaltung mehrer Lerner zu einem Thema. Die Chats können moderiert oder unmoderiert sein.

Classroom Training ➔ instructor-led training

CMC (Computer-Mediated Communication)

Computervermittelte Kommunikation, überwiegend mit ➔ eMail, ➔ Foren und ➔ Chat.

CMI (Computer Managed Instruction): Die Steuerung des Lernprozesses durch den Computer. Beinhaltet Tests und die Aufzeichnung relevanter Daten. ➔ LMS ➔ LCMS.

CMS (Content Management System): Softwareanwendung, die den Prozess der Gestaltung, des Testens, der Erprobung und Veröffentlichung von Webpages optimiert.

CoD (Content on Demand)

Lieferung eines in einem Medienformat verpackten Angebots zu jeder Zeit an jeden Ort über ein Netzwerk. Mögliche Varianten sind »Audio on Demand« (AoD) und Video auf Abruf (VoD – »Video on Demand«).

Codec (coder/decoder)

Dieses Gerät wird zum Umwandeln von analogen in digitale Signale benötigt und verwandelt die Signale beim Empfänger erneut zurück. Bei der Übertragung werden die Daten komprimiert, um eine kostengünstigere Übertragung zu erreichen.

Collaborative Learning

→ Kooperatives Lernen

Collaborative Tools

Ermöglicht Lernenden mit anderen via E-Mail, in Diskussionen oder mittels Chat zusammenzuarbeiten.

Computer-Based-Training (CBT)

CBT steht ganz allgemein als Oberbegriff für verschiedenartige Formen der Computernutzung zu Lernzwecken. CBT-Programme können dabei mehr oder weniger multimedial aufbereitet sein, sie können auch über das Internet distribuiert werden.

Common Carrier:

Netzbetreiber. Eine private Gesellschaft unter staatlicher Regulierung, die die Öffentlichkeit mit Telekommunikationsdienstleistungen versorgt (z.B. Telefongesellschaft).

Community

→ Online community.

Competency Management

Kompetenzmanagement. Ein System, das es ermöglicht, die Fähigkeiten, das Wissen und die Leistung einer Organisation zu identifizieren. Ermöglicht einer Organisation, Schwächen zu entdecken und das Training, die Vergütungs- sowie die Rekrutierungsprogramme für neue Mitarbeiter auf Grundlage des gegenwärtigen oder zukünftigen Bedarfs einzuführen.

Compressed File

Komprimierte Datei. Eine Computerdatei, die in ihrer Größe durch Kompressionssoftware reduziert worden ist. Der Benutzer muss diese Datei dekomprimieren, bevor er sie verwenden kann.

Compressed Video

Komprimiertes Video. Komprimierte Videosignale erlauben einen Datentransfer mit geringerer Leitungskapazität.

Computerunterstützte Lernarrangements

➔ Blended Learning

Connect Time

Verbindungszeit. Die Zeit, in der ein Terminal oder ein Computer mit einem anderen Computer oder Server für eine Sitzung verbunden ist.

Content

Inhalt. Die Möglichkeit, Wissen an eine Person weiterzugeben. Die verschiedenen Formate für E-Learning umfassen Text-, Ton-, Video-, Animations- und Simulationsinhalte.

Content Management System

Diese Systeme übernehmen die Aufgabe, die Inhalte einer E-Learning-Umgebung zu administrieren, zu aggregieren und zu visualisieren. Weiterhin stellt das System Suchsysteme zur Verfügung. Diese Systeme weisen zwei Ausprägungen auf:

- Entwicklungspool für WBT-Entwickler, die auf eine Datenbank mit wieder verwendbaren Lernobjekten zugreifen können.
- Wissenspool für die Lerner ➔ Wissensmanagement

Content Provider

Content Provider erstellen und vertreiben Informationen und Lerninhalte. Die Spannbreite erstreckt sich von reinen Online-Anbietern bis zu klassischen Bildungsanbietern.

Convergence

Konvergenz. Ein Ergebnis der digitalen Ära, in der verschiedene Arten digitaler Informationen wie Text, Sprache und Videos und deren Empfänger (Fernseher, Telekommunikationen und Heimelektronik) miteinander zu neuen Medien verbunden werden. Web-TV ist ein Beispiel für Konvergenz zwischen Fernsehern und Computern.

Cookie

Auf dem Computer eines Benutzers gespeicherte Information nach dem Surfen auf einer Website. Zeichnet Daten über den Nutzer auf. Cookies können im Browser deaktiviert werden.

Corporate Universities

Unternehmensinterne Bildungsakademien, die sich primär an den strategischen Bedürfnissen der Muttergesellschaft orientieren.

Courseware

Unterrichtssoftware. Jede Art des Unterrichtskurses, der über ein Anwendungsprogramm oder über ein Netzwerk zur Verfügung gestellt wird.

CPU (Central Processing Unit)

Teil des Computers, der den Mikroprozessor, die Stromversorgung, die Festplatte und die Diskettenlaufwerke enthält.

Credit Point Systeme

Die Lerner erhalten sukzessive für jede Teilleistung Punkte (credit points), die im Verlaufe des Kurses addiert werden. Bei Erreichen einer definierten Punktzahl ist der Kurs bestanden.

CRM (Customer Relationship Management)

Methoden, Software und Internetfähigkeit, die einem Unternehmen helfen, Kundenbeziehungen zu managen und zu organisieren. Hilft dabei Kunden zu identifizieren und zu kategorisieren.

CSCL (Computer Supported Cooperative Learning)

Lernlösungen, die das kooperative Lernen in Lernpartnerschaften und Gruppen durch entsprechende Aufgaben und Tools in der ➔ Learning Community initiieren unterstützen.

CUI (computerunterstützte Instruktion)

➔ CBT

CUL (computer-unterstütztes Lernen)

➔ CBT

Customer-focused E-Learning

Netzbasierte Lernprogramme zielen auf derzeitige und potenzielle Kunden ab. Durch Online-Ausbildung von Kunden erschließen Unternehmen neue Geschäfte und machen Personen mit elektronischen Transaktionen (»E-Transactions«) vertrauter.

Curriculum

Didaktische Konzeption mit Lernzielen, Lerninhalten und evtl. methodischen Hinweisen.

Cyberspace

Der virtuelle Raum, in dem Personen über Computernetzwerke interagieren. Dieser Ausdruck wurde von William Gibson in »Neuromancer« geprägt.

D

Default

Eine Einstellung, die das Computersystem automatisch verwendet, es sei denn, sie wird vom Benutzer geändert.

Delivery

Anlieferung von Daten. Jede Methode der Übertragung von Angeboten zu den Lernenden. Mögliche Varianten sind instruktionsgeführte Ausbildung, netzbasiertes Fernstudium, Online-Labor, CD-ROM und Bücher.

Desktop Videoconferencing (DTVC)

Videokonferenz mit Echtzeitbild und -ton auf einem Personalcomputer.

Dial up

Anrufen. Herstellen einer Verbindung zwischen dem Computer eines Nutzers und einem anderen Computer über ein Modem.

Didaktik

Im weiteren Sinne Theorie und Praxis des Lehrens und Lernens, im engeren Sinne umfasst die Didaktik das »Was« des Lernprozesses, d.h. die Bedarfserhebung, die Lernzielformulierung und die Definition der Inhalte.

Digital

Ein elektrisches Signal, das in diskreten Schritten in Spannung, Frequenz, Amplitude, Standort usw. variiert. Digitalsignale können schneller und genauer als Analogsignale gesendet werden.

Digital Divide

Der existierende Abstand zwischen jenen, die sich eine Technologie leisten können, und jenen die es nicht können. Damit wird das Problem der neuen »Zweiklassen-Gesellschaft« beschrieben.

Diskussionsforen

Foren im Internet oder Intranet, an die Nutzer Nachrichten und Meinungen senden können, die andere Personen dort zeitversetzt lesen und kommentieren können.

Distance-, Virtual-, Tele-Learning

Unter Distance Learning wird Fernlernen in Form von z.B. Fernsehsendungen, Radio, Telefon und Internet verstanden. Der Begriff Virtuelles Lernen bezeichnet ein System, in dem die Kommunikation zwischen

Lehr- und Lernenden nicht in physischer Präsenz der Beteiligten stattfindet, sondern elektronisch-medial vermittelt wird, z.B. über Videokonferenz. Bei Tele-Learning besteht oftmals eine Kommunikation zwischen mehreren Beteiligten am Lernprozess. Tele-Learning wird oft synonym zu Distance-Learning genannt.

Download

Herunterladen. Die elektronische Übertragung oder Kopie einer Datei von einem Computer auf einen anderen. Dateien können von einem anderen angeschlossenen Computer, einem Computernetzwerk, einem kommerziellen Onlinedienst oder aus dem Internet heruntergeladen werden.

Drag & Drop

Elemente auf der Benutzeroberfläche werden durch Anklicken und Bewegen in den passenden Korb o. ä. gezogen. Diese Aufgabenform eignet sich für Zuordnungsaufgaben.

Drill Practice Software

Übungs- und Testsysteme, die sich auf das Wiederholen von Wissen und das Auswendiglernen von Wissen, z.B. bei Vokabeln, konzentrieren. Diese Trainingsform basiert auf dem Ansatz des ➜ Behavorismus.

Dropout Quote (Abbrecherquote)

Prozentualer Anteil der Lerner, die während des Kurses abbrechen. Diese Abbrecherquoten schwanken zwischen Werten von 0 Prozent, insbesondere in ➜ Blended Learning Arrangements, und über 90%. Entscheidend für die Höhe sind die konsequente Steuerung der Lernenden über bedarfsgerechte Aufgabenstellungen sowie die Flankierung durch Tutoren, Experten und Lernpartner.

DS (Digital Signal)

Geschwindigkeit und Format von digitalen Signalen zum Beispiel DS-1 oder DS-3. Oft synonym mit T verwendet, wie in T1 oder T3, obwohl das T sich technisch auf die Art der Ausrüstung bezieht. ➜ T1 ➜ T3.

DSL (Digital Subscriber Line)

Breitbandzugang zum Internet, wobei die Daten über Standardtelefonleitungen mit Geschwindigkeiten bis zu 7Mbps gesendet werden. DSL ist für Teilnehmer (subscriber), die innerhalb einer gewissen Entfernung vom notwendigen Router leben, verfügbar.

DVD (Digital Versatile Disc)

Optische Speichermedien, in der Größe einer CD, die aber doppelseitig nutzbar sind und größere Speicherkapazitäten haben.

DVI (Digital Video Interactive)

Ein Format für das Aufzeichnen digitaler Videos auf CDs, unter Berücksichtigung von Datenkompression und vollbewegtem Video.

E

E-Coaching

Mediengestützte, aktive Lernpartnerschaften zwischen Tutoren oder Experten mit einzelnen Lernenden. Diese Unterstützung kann synchron oder zeitversetzt erfolgen.

Edutainment

Verknüpfung von Qualifizierung (Education) und spielerischen Elementen (Entertainment). Über den Spieltrieb soll die Motivation der Lerner gesteigert werden.

E-Learning

E-Learning bezeichnet das prozessorientierte Lernen in Szenarien, das mit Informations- und Kommunikationstechnologien (Basis- und Lerntechnologien) respektive mit darauf aufbauenden (E-Learning-) Systemen unterstützt bzw. ermöglicht wird. Das wesentliche Element sind hierbei ➔ WBT. Der Begriff »E-Learning« ist aber keineswegs auf diese technologischen Ebenen beschränkt, sondern umfasst vielfältige konzeptionelle Elemente des Lernens mit dem Ziel, selbstgesteuerte Lernformen zu fördern. Die Rolle der Tutoren und Experten kann dabei sehr unterschiedlich ausgeprägt sein.

E-Learning Provider

Der Markt der Anbieter und Serviceleister für E-Learning ist sehr differenziert. Grundsätzlich können drei Schwerpunkte unterschieden werden:

- → Content Provider: Anbieter von E-Learning Kursen. Der Schwerpunkt der Angebote liegt zur Zeit im Bereich der Informations Technologie und der Sprachen. Wachsende Zahl von → ASP-Lösungen.
- Service Provider: Anbieter von Bildungsportalen und Communities, z. T. als → ASP-Lösung
- Technology Provider: Anbieter von → Lernplattformen und Autorensystemen.

Einige Anbieter versuchen, am Markt ein »Full-Service-Angebot« zu platzieren.

E-Learning Standards

E-Learning Standards beziehen sich auf die Qualitätssicherung und die Möglichkeit, moulare Elemente auszutauschen. Bisher haben sich vor allem Standards mit der zweiten Zielsetzung durchgesetzt → AICC → SCORM

Electronic Business (E-Business)

Gestaltung der Geschäftsprozesse eines Unternehmens über das Internet und Intranet sowie der elektronische Handel mit Gütern, Informationen und Dienstleistungen → Electronic Commerce.

Electroninc Commerce (E-Commerce)

Anbahnung und Abwicklung von Geschäften über das Internet und elektronischer Handel mit Gütern, Informationen und Dienstleistungen.

E-Mail

Von einem Computernutzer an einen anderen Nutzer gesendete Nachrichten.

E-Mentoring

Mediengestützte, aktive und/oder passive Motivation oder Beratung einzelner Lernenden durch Tutoren. Diese Unterstützung kann synchron oder zeitversetzt erfolgen.

End User

Endnutzer. Die Person, für die eine Technologie gestaltet ist; die Person, die eine Technologie für seinen bestimmten Zweck verwendet. Beim E-Learning ist der Endnutzer normalerweise der Lernende.

End-to-end Solution

Ein von großen E-Learning-Anbietern verwendeter Marketingausdruck. Die Bedeutung impliziert, dass ihre Produkte und Dienstleistungen alle Aspekte des E-Learning erfüllen.

Entdeckendes Lernen

Der Lerner ist aktiv und selbstgesteuert. Er definiert Problemstellungen, sucht durch aktives Fragen und systematische Beobachtungen Lösungsansätze und entwickelt auf der Basis des ihm zu Verfügung stehenden Wissens eigene Lösungen.

Enterprise-wide E-Learning

E-Learning, das für alle oder die meisten Angestellten innerhalb eines Unternehmens bestimmt ist. Oft ein Teil einer strategischen Richtungsänderung in einem sehr kurzen Zeitrahmen. Wird auch verwendet, um Kernprozesse wie den Verkauf zu unterstützen.

EPSS (Electronic Performance Support System)

Eine Computeranwendung, die direkt mit einer anderen Anwendung verbunden ist. Wenn darauf zugegriffen wird, trainiert oder führt sie den Anwender schrittweise, damit er eine Aufgabe in der Zielanwendung lösen kann. Allgemeiner: ein Computer oder ein Gerät, das dem Lerner erlaubt, auf die Ressourcen oder Informationen zuzugreifen, die ihm helfen, eine Aufgabe zu lösen oder Leistungsanforderungen zu erfüllen.

Ergonomics

Ergonomie. Designprinzipien, die sich auf den Komfort, die Effizienz und Sicherheit der Nutzer beziehen.

ERP (Enterprise Resource Planning)

Eine Reihe von Aktivitäten eines Unternehmens werden durch Anwendungssoftware unterstützt. Die Software hilft dem Unternehmen, Kernbereiche seines Geschäfts wie Produktplanung, Beschaffung, Inventarverwaltung, Auftragsverwaltung und Kundendienst zu verwalten. Sie kann auch Module für Finanzen und Personalaktivitäten umfassen. Der Einsatz von ERP-Systemen kann mit Geschäftsprozessanalysen, Mitarbeiterumschulung und neuen Arbeitsverfahren einhergehen.

Ethernet

Eine Art des ursprünglich von Xerox entwickelten lokalen Netzwerkes, in dem Computer mit Hilfe von über Koaxialkabel gesendete Radiofrequenzsignalen kommunizieren.

E-Training

→ TBT.

Evaluation

Systematische Methode, um Informationen über die Wirkung und Effektivität von Lernsystemen zu erfassen. Ergebnisse der Messungen können verwendet werden, um z.B. das E-Learning Angebot zu verbessern, um zu bestimmen, ob die Lernziele erreicht worden sind sowie den Wert der Lehrveranstaltung für eine Organisation zu beurteilen.

Exemplarisches Lernen

Wesentliches Prinzip zur Gestaltung von E-Learning-Systemen, in denen die Lerner repräsentative Problemstellungen mit dem Ziel bearbeiten, ihre Problemlösungskompetenz zu entwickeln.

Extranet

Ein lokales (LAN) oder weitläufiges Netzwerk (WAN), das TCP/IP, HTML, SMTP und andere offene internetbasierte Standards verwendet, um Informationen zu transportieren. Ein Extranet ist nur für Personen innerhalb und für bestimmte Nutzer außerhalb einer Organisation verfügbar.

F

Facilitative tools

Elektronische Anwendungen, die in Onlinekursen als ein Teil der Kursbereitstellung genutzt werden. Beispiele sind Mailing-Listen, Chat-Programme, Audio- und Videoübertragung sowie Webpages.

Face-to-face

Kommunikation im Rahmen von Präsenzveranstaltungen.

Facilitator

Unterstützer. Der Instruktor des Onlinekurses, der beim Lernen in der (lernerorientierten) Onlineumgebung hilft.

Fallbasiertes Lernen

Die Lerner erarbeiten sich das Wissen über eine – reale oder erfundene – Fallstudie. Je mehr sich ➜ E-Commerce Lösungen in der Praxis durchsetzen, desto mehr bietet es sich an, Fallstudien im Rahmen eines E-Learning-Szenarios zu gestalten, damit kein Medienbruch entsteht.

FAQ

engl. frequently asked questions (»Frage-Antwort-Brett«), häufig gestellte Fragen zu einem Thema mit kurzen Antworten. Diese können sich aus einem Lernprozess heraus ergeben, vielfach werden sie aber auch durch die Entwickler des Lernsystems vorformuliert.

Feedback

Rückmeldung auf Antworten der Lernenden. Bei standardisierten Aufgaben erfolgt das Feedback durch den Computer, bei offenen Aufgaben durch Lernpartner oder Experten. Ein laufendes Feedback ist die notwendige Voraussetzung für erfolgreiches, selbstgesteuertes Lernen.

Fiber-optic Cable

Glasfasern, die für Laserübertragung von Video, Audio und/oder Daten verwendet werden. Diese Technologie hat weit größere Bandbreiten als konventionelle Kabel oder Kupferleitungen.

File Server

Computer mit einem großen Speichermedium in einem Netzwerk, das für das Speichern von Dateien und Software verwendet wird, die von verschiedenen Anwendern im Netzwerk gemeinsam genutzt werden können.

Firewall

Methode, bei der Nutzern der Zugang zum Internet gegeben wird, während gleichzeitig die interne Netzsicherheit bewahrt wird.

Flash

Animation, die auf Filme setzt, in denen Grafiken, Texte, Fotos und Sounds in einer eigenen Choreografie verknüpft werden. Während der Produktion wird das Verhalten aller beteiligten Filmelemente mit Hilfe einer Zeitleiste festgelegt. Überblendungen zwischen Bildern, Farbwechsel und bewegliche Schriftzüge gehören zum Standardrepertoire der Flash-Movies. Zum Abspielen der Flash-Movies benötigt der Browser zwingend den Flash-Player.

Footprint

Die Region auf der Erde, die ein Kommunikationssatellit mit seinem Signal versorgen kann. Auch: die durch die Computerausrüstung eingenommene (Stell-)Fläche.

Frequency

Frequenz. Der Abschnitt zwischen Wellen in einem Signal. Der Zeitabstand, in dem Wellen einen bestimmten Punkt überschreiten.

FTP-File Transfer Protocol

Ein Protokoll, das einem Nutzer ermöglicht, Dateien von einem entfernten Computer auf einen lokalen Computer mit Hilfe eines Netzwerkes (z.B. Internet) zu übertragen.

Full-motion Video

Signal, das spielfilmähnliche Aufzeichnungen von einem Standort zu einem anderen überträgt.

Fully Interactive Video

Nutzer an zwei Standorten interagieren mit Audio und Video, als wären sie an einem Ort.

G

GB (Gigabyte)

Über eine Milliarde Bytes. 1.000 Megabytes.

GIF

Dateiformat, das von CompuServe entwickelt wurde, um Grafiken zu speichern. GIF-Dateien unterstützen 256 Farben und werden oft für Grafiken im Internet verwendet, da sie sich stark komprimieren lassen.

Globalization

Globalisierung.

(1) Die Verarbeitung eines Angebots, um klare, grammatikalisch richtige Texte zu integrieren, die Slang, geschlechtsspezifische, kulturelle oder generationale Redewendungen entfernen.
(2) Der Prozess, ein einzelnes System weltweit einzusetzen, das vielfältigen Anforderungen entspricht.

Mehrere aktive Systeme werden in einem System integriert.

Groupware (Workgroup Support Systeme)

Software, die die Kommunikation und gemeinsame Bearbeitung von Dokumenten oder Datenbanken ermöglichen.

Gruppenraum

Geschützter Bereich einer Lerngruppe für die Kommunikation und Bereitstellung von Dokumenten. ➔ Virtuelles Klassenzimmer

Gruppenlernen/Group Learning

➔ Kooperatives Lernen

GUI (Graphical User Interface)

Computerschnittstelle, die Icons oder Bilder verwendet. Zum Beispiel Macintosh, Windows und grafische Simulationen.

H

Hard Skills

Technische Fertigkeiten. ➔ soft skills.

HDTV (High-Definition TV)

Hochauflösendes Fernsehen. Ein Fernseher, der eine fünfmal so hohe Auflösung im Vergleich zu einem Standardfernseher hat. Erfordert eine außergewöhnliche Bandbreite.

Homepage

Ein Dokument mit einer Adresse (URL) im World Wide Web. Gepflegt von einer Person oder einer Organisation, enthält es Hinweise auf andere Informationen.

Host

Zentral-/Hauptcomputer. Ein Netzwerkcomputer, der Information von anderen Computern empfangen kann.

Hosting

Auslagerung (»Outsourcing«) der Technologie- und Handelsbereiche des internetbasierten Lernsystems an eine externe Organisation.

HTML

Hyper Text Markup Language, eine häufig verwandte Dokumentenbeschreibungssprache für die Erstellung von Webseiten. HTML ist damit keine Programmiersprache, sondern ein Tool zur Erstellung von Dokumenten. Es wird im E-Learning häufig verwendet, weil es relativ leicht zu bearbeiten ist.

HTTP (Hypertext Transfer Protocol)

Das Übertragungsprotokoll wird gebraucht, um eine Internetseite als eine World Wide Web-(WWW) Seite zu definieren.

Hub

Ein Gerät in einem Netzwerk, das verschiedene Kommunikationsleitungen miteinander verbindet.

Hybrides Lernen

➔ Blended Learning

Hypermedia

Ein Programm, das dynamische Links zu anderen Medien wie Audio-, Video- oder Graphikdateien enthält.

Hyperlink

Markierte Worte oder Grafiken in einem HTML-Dokument, die mit anderen Dokumenten in Beziehung stehen. Beim Anklicken wird dieses Dokument geöffnet.

Hypertext

Ein System für das explorative Aufrufen der Informationen von Servern im Internet mit Hilfe der WWW-Client Software. Hypertext besteht aus Schlüsselwörtern oder Wortteilen in einer WWW-Seite, die elektronisch mit anderen Websites oder Seiten im Internet verbunden sind. Damit soll der Lerner sein Wissen assoziativ vernetzen können.

I

IDC

International Data Corporation veröffentlicht regelmäßig Studien und Analysen zum IT-Markt. **IEEE (The Institute of Electrical and Electronics Engineers):** Das Institut der Elektro- und Elektronikingenieure. Deren »Learning Technology Standards Committee« arbeitet daran, technische Standards, Übungsempfehlungen und Leitfäden für die Implementierung von Bildungs- und Ausbildungssystemen auf Computern zu entwickeln.

ILS (Integrated Learning System)

Integriertes Lernsystem. Ein vollständiges Software-, Hardware- und Netzwerksystem, das für Instruktionen und Lernprozesse verwendet wird. Zusätzlich werden ein Lehrplan und Unterrichtseinheiten geordnet nach Schwierigkeitsgrad bereitgestellt. Ein ILS umfasst normalerweise verschiedene Tools wie Bewertungen, Speichern von Aufzeichnungen, Erstellung von Berichten und Nutzerinformationen, die dabei helfen, den Lernbedarf und -fortschritt zu erfassen und die Daten der Lernenden zu verwalten.

ILT (Instructor-Led Training)

ILT bezieht sich auf traditionelle Seminare, in denen ein Dozent lehrt. Der Ausdruck wird synonym mit den Begriffen »Ausbildung vor Ort« (onsite training) und Klassenzimmerausbildung (»classroom training« oder »c-learning«) verwendet.

IMS (Instructional Management System) Global Learning Consortium

Die Koalition von Regierungsorganisationen widmet sich der Definition und der Veröffentlichung offener Spezifikationen zur Sicherstellung der Kompatibilität von E-Learning-Produkten. ➔ IMS Website (www.imsproject.org).

Infastructure

Infrastruktur. Das zugrundeliegende System, mittels dessen Stimme, Video und Daten von einem Standort auf einen anderen übertragen und verarbeitet werden können.

Information Architect

➔ information architecture.

Information Architecture

Eine Beschreibung oder Designspezifikation dafür, wie Informationen behandelt und organisiert werden sollten. In Webdesign bezieht sich der Ausdruck auf die Einteilung des Onlineinhalts in Kategorien und die Herstellung einer Schnittstelle für das Anzeigen jener Kategorien.

Instant Messenger

Software, die die gewählten »buddies« (Freunde, *Lernpartner*, Kollegen usw.) der Nutzer auflistet, die gerade online sind und den Benutzern ermöglicht, kurze Textnachrichten hin und her zu senden. Einige Instant Messenger umfassen auch Sprach-Chat, Übertragung von Dateien und andere Anwendungen.

Instructional Designer (ID)

Eine Person, die eine systematische Methodik auf Grundlage der Unterrichtstheorie anwendet, um den Inhalt von E-Learning Unterricht zu gestalten.

Integration

Hardware, Software (und beim E-Learning Inhalts-) Komponenten verbinden, die zusammen als ein kompatibles System arbeiten. Der Prozess der Integration kann auch die Front-End-Planung und Strategie umfassen.

Interaktion

Handlungen in Form einer Zwei-Wege-Interaktion oder eines Zwei-Wege-Informationsaustauschs eines Lerners mit Lernpartnern, Tutoren und Experten oder dem Computer.

Interaktive Medien

Interactive Media. Diese dynamischen Medien ermöglichen es dem Lerner, den Prozess des E-Learning durch seine Aktionen zu steuern sowie auf Aktionen des Systems zu reagieren und Feedback zu erhalten. Lerner und System beeinflussen sich gegenseitig.

Interest Profiles

→ User Profiles

Internet

Ein von der US-Regierung initiiertes internationales Netzwerk, das zuerst Bildungs- und Forschungsnetze verband. Das Internet stellt heute Kommunikations- und Anwendungsdienstleistungen für eine breite internationale Basis von Unternehmen, Verbrauchern, Bildungsinstitutionen, Regierungen und Forschungsorganisationen bereit.

Internet-based Training

In erster Linie von TCP/IP Netzwerktechnologien wie E-Mail, Newsgroups, Anwendungsprogrammen usw. bereitgestellte Qualifizierung.

Internet Explorer

Die am weitesten verbreitete Browser Software, die Benutzern erlaubt, Webpages aufzurufen und zu nutzen.

Interoperability

Kompatibilität. Die Fähigkeit von Hardware- oder Softwarebestandteilen effektiv zusammenzuarbeiten.

Intranet

Ein LAN oder WAN, das Information transportiert. Ein Intranet gehört zu einem Unternehmen und ist nur Personen zugänglich, die in diesem Unternehmen arbeiten. Es wird vor Störungen von außen durch eine Kombination von Firewalls und anderen Sicherheitsmaßen geschützt.

IP (Internetprotokoll)

Die internationale Norm für das Adressieren und Senden von Daten über das Internet.

IP Multicast

Die Nutzung des Internetprotokolls für die Bereitstellung einer E-Learning-Veranstaltung für mehrere Teilnehmer aus einer einzigen Quelle über ein Netzwerk.

ISDN (Integrated Services Digital Network)

Ein Telekommunikationsstandard, der Kommunikationskanälen das simultane Weiterleiten von Sprache, Video und Daten ermöglicht.

ISO (International Organization for Standardization)

Internationale Organisation für Standardisierung. Eine internationale Föderation von nationalen Standardisierungsorganisationen. → ISO Website (www.iso.org).

ISP – Internet Service Provider

Internetdienstleister. Ein Wiederverkäufer von Internetzugangsdienstleistungen.

ITFS-Instructional Television Fixed Service

Mikrowellenbasierter, hochfrequenter Fernseher, der beim Empfang von Bildungsprogrammen eingesetzt wird.

IT- Information Technology

Informationstechnologie. Computer und deren Informationsverarbeitungsfähigkeiten.

IT-Training

IT-Ausbildung. Kombination von Arbeitsplatzausbildung und Informationssystemen sowie technischem Training. Umfasst die Ausbildung in den Bereichen wie Betriebssystem-, Anwendungs- und Anwendungsentwicklungsprogramme.

J

Java Applet

Kleines Java Programm, das durch einen Browser gestartet wird.

Java

Objektorientierte Programmiersprache, mit der plattformunabhängige Programme erstellt werden, die im ➔ Browser laufen.

JavaScript

Skriptsprache, die einfacher als Java gestaltet ist und Webpages Interaktivität hinzufügen kann. JavaScript-Befehle ermöglichen, dass Aufgaben vom Web Browser ausgeführt werden, wenn ein Benutzer eine Webpage betrachtet (z. B. eine Graphik ändern, indem der Benutzer den Cursor darüber bewegt).

JDBC (Java Database Connectivity)

Eine Schnittstelle des Anwendungsprogramms, die genutzt wird, um in Java geschriebene Programme mit den Daten in gängigen Datenbanken zu verbinden.

JPEG

Joint Photography Experts Group ist ein Kompressionsverfahren und Speicherformat für digitale Bilder.

Just-in-time

Charakteristisch für E-Learning ist, dass die Lernenden in der Lage sind, in dem Moment auf die benötigten Information zuzugreifen, wenn sie diese benötigen.

K

KB (Kilobyte)

1.024 Bytes; allgemein auch mit 1.000 Bytes verwendet.

Kbps (Kilobits per second)

Messung der Datenübertragungsgeschwindigkeit in einem Kommunikationssystem. Die Anzahl von Kilobits, die jede Sekunde gesendet oder empfangen werden.

KMS (Knowledge Management System)

➔ knowledge management.

Knowledge Map

➔ Wissenslandkarte

Knowledge Management

Wissensmanagement. Das Erwerben, Organisieren und Speichern von Wissen, d.h. Informationen, Eindrücken und Erfahrungen einzelner Lernender und Gruppen innerhalb einer Organisation und die gemeinsame Weiterverarbeitung durch alle Mitglieder dieser Organisation. Das Wissen wird in einer Datenbank gespeichert und kann nach Trägern (Wissenslandkarte) und Inhalten (Wissenspool) durchsucht werden.

Konstruktivismus

Lernen wird als Tätigkeit betrachtet, die vom Lernenden eigenverantwortlich und selbstständig durchgeführt wird. Er entwickelt in einem kreativen Prozess sein Wissen aus den angebotenen Informationen und Lerneinheiten. Der »Lehrende« arrangiert, flankiert und steuert diesen Prozess. ➔ Kooperatives Lernen

Kooperatives Lernen (Collaborative Learning, Gruppenlernen)

Lernende in heterogenen Gruppen arbeiten an gemeinsamen Problemlösungen. Die Schwächeren profitieren hierbei von der Kompetenz der stärkeren Gruppenmitglieder; diese wiederum lernen, ihr Wissen zu strukturieren und gezielt zu vermitteln. Dieser Ansatz basiert auf dem
➔ Konstruktivismus

Künstliche Intelligenz – KI – Artificial Intelligence

Diese Konzepte haben zum Ziel, die Computer lernfähig zu machen, so dass sie Problemstellungen selbständig lösen können. Dabei werden die Denk- und Handlungsweisen der Menschen nachgeahmt ➜ Avatar.

Kursmanagement

Zusammenfassung aller administrativen Aktivitäten wie Dozenten- und Teilnehmerverwaltung, Anmeldung oder Prüfungsorganisation.

L

LAN: (Local-Area Network)

Eine Gruppe von Personalcomputern und/oder anderen Geräten, z. B. Drucker oder Server, die sich in einem relativ eingeschränkten Bereich, wie einem Büro, befinden und miteinander Informationen austauschen.

LCMS (Learning Content Management System)

Eine Softwareanwendung, die Trainern und Ausbildungsleitern erlaubt, sowohl die administrativen als auch die inhaltsbezogenen Funktionen des Trainings zu verwalten. Ein LCMS kombiniert die Kursleitungsfähigkeiten eines LMS (Lernmanagementsystems) mit der Inhaltsentwurfs- und Speicherfähigkeit eines CMS (Inhaltsmanagementsystems).

Learning Community

Lerngemeinschaft. *(System-)* Element des E-Learning-Systems, das die online-basierte Kommunikation zwischen den Lernern und mit Experten und Tutoren ermöglicht. Meist geschieht dies über elektronische Foren oder Chats zu bestimmten Themen bzw. Problemen. Eine Community Plattform kann neben Foren und Chats redaktionelle Angebote, Linklisten oder Ressourcen aller Art enthalten.

(Lerngruppe) Zusammenschluss von Lernern sowie Tutoren und Experten mit gemeinsamen Lernaktivitäten. Hier treffen sich die Lernenden in einem moderierten oder selbstorganisierten, informellen Netzwerk und bilden eine Community (engl. Gemeinschaft). Die Mitglieder dieser »Learning Community« können sich über Problemstellungen, Aufgaben oder Erfahrungen austauschen. Diese Gruppen sind für die Motivation und das Durchhaltevermögen der Lerner von hoher Bedeutung.

Learning Environment

Lernumgebung. Eine softwaregestaltete Komplettlösung, die Onlinelernen für eine Organisation erleichtern kann. Kurse, die innerhalb der Lernumgebung erstellt wurden, können die gleichen Fähigkeiten wie ein Lernmanagementsystem (LMS) verfolgen. Die Lernumgebung ist jedoch nicht in der Lage, Kurse, die außerhalb des Systems erstellt wurden, zu verfolgen. Die meisten Lernumgebungen umfassen auch ein Autorensystem, das die Fähigkeit besitzt, zusätzliche Kurse zu erstellen.

Learning Management Systeme – LMS

LMS bieten die Möglichkeit, ➔ Lernplattformen mit vielfältigen Funktionen anzureichern. Hierzu gehören insbesondere die Definition der Qualifizierungsziele, die Analyse von Lernbedürfnissen, die Auswahl von Lernangeboten sowie die Steuerung von Lernprozessen. Weiterhin können die Lernressourcen, wie Verfügbarkeit von einzelnen Tools organisiert und verteilt werden.

Learning on Demand (Just-in-time-Training)

Lernangebote werden vom Lerner bei Bedarf abgerufen. Deshalb sind diese Lernformen meist arbeitsplatznah, im Idealfall werden Bearbeitungs- und Lernsoftware integriert. Diese Form des Lernens stellt sehr hohe Ansprüche an die Selbststeuerungsfähigkeit der Lerner.

Learning Portal

Lernportal. Jede Website, die Lernenden oder Organisationen Zugang zu Lern- und Ausbildungsressourcen verschiedener Quellen anbietet. Betreiber von Lernportalen werden auch als »Distributor« oder »Host« bezeichnet.

Learning Space

Ein imaginärer Platz, an dem sich das lernende Unternehmen (weiter-)entwickelt. »Learning Space« wurde zunächst von Marktanalysten dargestellt und von Unternehmensberatern gefördert und ist ein neuer Teil der Geschäftslandschaft.

Lebenslanges Lernen

Lifelong Learning. Die Veränderungen in Gesellschaft und Arbeitswelt erfordern eine lebenslange Qualifizierung. Durch E-Learning kann dieses Ziel flexibler, wirtschaftlicher und arbeitsplatznäher erreicht werden.

Lernermodellierung

Lernangebote werden in Abhängig vom ➜ User Profile individuell gestaltet.

Lernfortschrittskontrolle

Quantitative Informationen zum individuellen Lernstand sowie zu den Lernfortschritten von Gruppen.

Lerngemeinschaft

➜ Learning Community

Lernlabor

Lernerfahrungen können im Rahmen von praxisnahen Simulationen, z. B. Virtuelle Börse oder Unternehmensplanspiel, gesammelt werden ➜ Lernlabor

Lernobjekt – Learning Objects

Kleine Dateien, aus denen Lernkapitel und ➜ WBT zusammengestellt werden. In modularisierten Systemen werden Lernobjekte benutzerorientiert zusammengefügt. Ein wiederverwendbarer, medienunabhängiger Teil der Informationen, der als modularer Baustein für den Inhalt einer E-Learning-Lösung verwendet wird. Objekte sind am effektivsten, wenn sie von einem ➜ Meta-Data-Klassifizierungssystem organisiert und in einem Datenlager, wie ➜ LCMS gespeichert werden.

Lernpartnerschaft (Tandem)

Zusammenschluss von zwei bis drei Lernern, die gemeinsam Aufgaben bearbeiten und sich gegenseitig Feedback geben.

Lernplattform

Software mit einer Schnittstellenfunktion zum Lerner, die über das Internet oder Intranet genutzt werden kann. Über eine intuitiv gestaltete Benutzeroberfläche können wesentliche Funktionen für den E-Learning-Prozess genutzt werden. Hierzu gehören vor allem der Aufruf und die Administration der Lernenden, der ➜ WBT, der ➜ Learning Community, der ➜ Wissensbroker, der ➜ Simulationen.

Lernumgebung

Medial gestaltete Umgebung mit den erforderlichen Funktionalitäten für den E-Learning-Prozess.

Lernziel (Learning objective)

Überprüfbare Definition der angestrebten Handlungsweisen der Lerner nach einem Lernprozess.

Lesezeichen

Bookmarks. Sammlung von ➔ Links, die der Lerner anlegt.

Link

Das Ergebnis der HTML-Textbeschreibung. Ein Link markiert einem Browser, dass Daten innerhalb eines Dokuments automatisch entweder mit untergeordneten Daten oder einer externen Datenquelle verbunden sind.

Listserv

Ein Anwendungsprogramm zur Erstellung und Automatisierung von Mailing-Listen und Diskussionsgruppen in einem Computernetzwerk über das Internet. Eine Form von »one-to-many«-Kommunikation, die E-Mail verwendet.

LMS (Learning Management System)

Bei einem Lernmanagementsystem handelt es sich um eine Software, die die Verwaltung von Trainings automatisiert. Das LMS meldet Benutzer an, führt einen Kurskatalog und zeichnet Daten über die Nutzer auf. Zudem liefert es Berichte an das Management. Ein LMS ist typischerweise so aufgebaut, dass Kurse von verschiedenen Autoren und Anbietern integriert werden können. Es ist gewöhnlich kein Autorensystem integriert, es sei denn, das LMS soll Kurse verwalten, die aus einer Vielzahl verschiedener Quellen stammen.

Log in/Log on

Anmelden. Ein Prozess, bei dem eine Verbindung über ein Netzwerk oder Modem mit einem entfernten Computer hergestellt wird, um Informationen abzurufen oder auszutauschen.

Log off

Abmelden/ausloggen. Die Verbindung zu einem Computer oder Netzwerk beenden.

Lokalisierung

Die Bearbeitung eines Angebotes, um den Bedarf einer Region, eines Produkts oder einer Zielgruppe zu decken.

LRN

Microsoft Learning Resource Interchange ist ein Format, das Herstellern von Inhalten einen Standard zur Identifikation sowie das Aufteilen, Aktualisieren und Erstellen von Onlineinhalten und Unterrichtssoftware vorgibt. LRN ist die erste kommerzielle Anwendung der ➔ IMS-Spezifikationen.

LSP (Learning Service Provider)

Ein spezialisierter ➔ ASP, der Lernmanagement- und Trainingssoftware anbietet oder vermietet.

Lurking

Das Lesen der Beiträge in einem Diskussionsforum ohne selbst zur Diskussion beizutragen.

M

Markup

Text oder Codes sind zu einem Dokument hinzugefügt, um Information über dieses zu übermitteln. Normalerweise verwendet, um das Layout eines Dokuments zu beschreiben oder Verbindungen zu anderen Dokumenten oder Informationsservern zu schaffen. ➔ HTML ist eine übliche Form des Markup.

MB (Megabyte)

1.048.576 Bytes, allgemein auch mit 1.000.000 Bytes verwendet.

Mbps (Megabits per second)

Messung der Datenübertragungsgeschwindigkeit in einem Kommunikationssystem. Die Anzahl von Megabits, die jede Sekunde gesendet oder empfangen werden.

Mediendidaktik

Der Bereich der Didaktik, der sich mit der Frage beschäftigt, mit welchen Medien die jeweiligen Ziele erreicht werden können.

Meta data

Metadaten. Informationen über den Inhalt, die es ermöglichen, diesen in einer Datenbank zu speichern und wieder aufzurufen.

Metatag

Eine Kennzeichnung in ➔ HTML, das den Inhalt einer Website identifiziert. Diese häufig im Metatag zu findenden Informationen umfassen Copyright, Schlüsselwörter für Suchmaschinen und Formatierungsbeschreibungen der Seite.

Microwave

Mikrowellen. Elektromagnetische Wellen, die sich geradlinig bewegen und bei der Übertragung von und zu Satelliten sowie für den Datenaustausch in relativ kurzen Entfernungen bis zu 50 Kilometern genutzt werden.

M-Learning (Mobile Learning)

Lernen, das über drahtlose Geräte, wie Mobiltelefone, tragbare Minicomputer (PDA) oder Laptops stattfindet.

Modem

Technisches Gerät, das Computern ermöglicht, miteinander über Telefonleitungen zu kommunizieren, indem es Digitalsignale in analoge verwandelt und diese überträgt. Beim Empfang verwandelt das Modem die analogen Signale wieder zurück in digitale.

MP3

Ein Format für Datenreduktion, das dem Nutzer ermöglicht, Musik über das Internet herunterzuladen.

MPEG (Moving Picture Experts Group)

Eine Norm für das Komprimieren digitaler Videoaufzeichnungen.

Multicasting

Die Übertragung von Informationen zu mehr als einem Empfänger, z.B. das Versenden einer E-Mail an eine Reihe von Personen. Tele- und Videokonferenz können auch Multicasting verwenden. ➔ broadcasting und unicasting.

Multimedia

Integration verschiedener Medien, wie Text, Grafik oder Animation in einem System, die der Lerner auswählen kann.

Multimethod Learning

➔ Blended Learning

Multiple Choice

➔ Lernfortschrittskontrollen mit geschlossenen Frage-Antwort-Mustern.

N

Narrowband

Geschwindigkeiten von 50 Bps bis 64 Kbps in der Datenübertragung. ➔ broadband.

Navigation

Grafische Leitelemente zur Bedienung des E-Learning-Systems.

Nesting

Das Einfügen von Dokumenten in andere Dokumente. Ermöglicht einem Benutzer, auf Material in einer nicht linearen Art und Weise zuzugreifen. Die Grundvoraussetzung für die Entwicklung von Hypertext.

Netiquette

Netzwerketikette. Online-»Manieren«. Die Verhaltensregeln für Online- oder Internetnutzer.

Netscape Navigator

Ein Beispiel für eine Browser-Software, die es Benutzern erlaubt, Webpages zu betrachten.

Network

Netzwerk. Zwei oder mehrere Computer, die verbunden sind, sodass Benutzer Dateien und Geräte (z.b. Drucker, Server und Speichergeräte) gemeinsam nutzen können.

Newsgroup

Thematische Diskussionsforen im Internet oder Intranet.

O

ODBC (Open Database Connectivity)

Schnittstelle eines Anwendungsprogramms, die auf Informationen verschiedener Datenbanken einschließlich Access, dbase, DB2 usw. zugreift.

Onground Environment

Die traditionelle Klassenzimmerumgebung, die durch den direkten Kontakt (F2F-face-to-face) von Lehrer und Lernenden charakterisiert ist. ➔ ILT.

Online

Der Zustand, in dem ein Computer mit einem anderen Computer oder Server durch ein Netzwerk verbunden ist. Der Computer kommuniziert mit einem anderen Computer.

Online Community

Treffpunkt für Personen im Internet. Aufgebaut, um Interaktion und Zusammenarbeit von Personen, die gemeinsame Interessen und Bedürfnisse teilen, zu erleichtern. Onlinegemeinschaften können allen oder nur angemeldeten Mitgliedern zugänglich sein. Ebenso ist es möglich, dass die Online Communities von einer Person moderiert sind.

Online Learning

Online lernen. Der Lernstoff wird durch netz- oder internetbasierte Technologien bereitgestellt. ➔ Web-based training ➔ Internet-based training.

Open-Distance-Learning

Lernmaterialien auf einem Server können von den Lernern online bearbeitet und eingestellt werden. Teilweise werden diese Angebote durch Lerngruppen, Foren oder Chats ergänzt.

Open Source Software

Software, für die der Quelltext verfügbar gemacht wird, so dass Nutzer diesen Quellcode einsehen und verändern können, z. B. das Betriebssystem Linux.

Origination Ssite

Der Standort, an dem eine Telekonferenz entsteht.

P

Paket

Ein Bündel von Daten, das über ein Netzwerk gesendet wird. Die Pakete haben keine feste Größe. Die Größe der Pakete kann sich von einem bis zu hunderten von Zeichen erstrecken.

PDA (Personal Digital Assistant)

Handheld-Computer, der genutzt wird, um persönliche Informationen wie Adressdaten, Termine usw. zu verwalten. Die Daten können normalerweise an einen Desktop-Computer durch ein Kabel oder eine drahtlose Übertragung (z.B. Infrarot) weitergeleitet werden.

PDF (Portable Document Format)

Dateiformat, das von Adobe-Systems entwickelt wurde, um Benutzern die Betrachtung von Dokumenten, genauso wie sie gestaltet wurden – mit Schrifttypen, Abbildungen, Links und Layouts im ursprünglichen Design – zu ermöglichen, unabhängig davon, welche Hardware- oder Softwareplattform sie benutzen.

Personalentwicklung

Ziel der Personalentwicklung ist, den Arbeitnehmer planmäßig und systematisch zu qualifizieren. Durch Vermittlung von neuem oder zusätzlichem Wissen können Arbeitnehmer am neuen Arbeitsplatz eingesetzt werden oder Aufgaben am aktuellen Arbeitsplatz in der Zukunft besser gelöst und bewältigt werden.

Personalentwicklung ist somit eine personalwirtschaftliche Funktion, die zum Ziel hat, Mitarbeitern aller hierarchischer Stufen Qualifikationen zur Bewältigung der gegenwärtigen und insbesondere der zukünftigen Anforderungen zu vermitteln. Der Begriff »Qualifikation« umfasst individuelle Fähigkeiten, Fertigkeiten und Kenntnisse, die ein Organisationsmitglied zur Realisierung arbeitsplatzspezifischer Aufgabenstellungen im Berufsleben benötigt. Personalentwicklung beinhaltet weiterhin die individuelle Förderung der Anlagen und Fähigkeiten der Mitarbeiter, vor allem unter Berücksichtigung der Veränderungen der zukünftigen Tätigkeitsanforderungen und im Hinblick auf die Verfolgung betrieblicher sowie individueller Ziele.

Personalisierung

Das Personalisieren des Netzinhalts auf einen einzelnen Benutzer. Dies kann erreicht werden, indem ein Benutzer seine Präferenzen in das System eingibt oder ein Computer die Vorlieben des Benutzers ermittelt.

Pinnwand

Kommunikationsbereich für kurze Nachrichten auf der Lernplattform, der von allen anderen eingesehen werden kann.

Planspiel

Lernszenario, in dem der Lernende im Rahmen möglichst realistischer Bedingungen allein oder im Team Problemstellungen analysiert und Entscheidungen trifft. Diese Parameter wirken sich wiederum auf das Lernszenario aus.

Plug-in

Ein Zusatzprogramm, das dem Hauptprogramm Fähigkeiten hinzufügt. Es wird u.a. auf Webpages verwendet, um Multimediainhalt anzuzeigen (z.B. Macromedia Flash-Player).

PNG (Portable Network Graphics)

Ein patentfreies Grafikkompressionsformat, das Macromedia entwickelte, um GIF zu ersetzen. PNG bietet fortschrittliche Grafikmerkmale wie 48-Bit Farbe.

Point of presence

Der geographische Standort eines Umsetzers (»switch«) z.B. für den Internetzugang. Von diesem Punkt aus erfolgt die Anbindung an ein Netzwerk oder einen Service.

Point-to-multipoint

Übertragung zwischen verschiedenen Standorten durch Verwenden einer »Bridge«.

Point-to-point

Übertragung zwischen zwei Standorten.

Portal

Eine Website, die als ein »Eingang« zum Internet oder einem Teil des Internets fungiert und meist einen thematischen Schwerpunkt hat. ➔ learning portal.

Post

Eine Nachricht in ein öffentliches Nachrichtenforum stellen. Auch: eine HTML-Seite in das World Wide Web stellen.

Präsenzveranstaltungen

Lernformen wie Tandemlernen, Gruppenlernen oder Workshops, bei denen sich die Lernenden im selben Raum befinden. ➔ Blended Learning

Private Communication

Private Kommunikation. E-Mails werden im Gegensatz zu einem öffentlichen Konferenzforum an die persönlichen Mailboxen von einer oder mehreren Personen gesandt.

Projection system

Ein Gerät, um Video-, Fernseher- oder Computerbilder auf eine große Fläche zu projizieren (z.B. Videoprojektor).

Protocol

Protokoll. Bestimmte Standards, Regeln oder Formate für das Austauschen von Daten, um die Einheitlichkeit von Computern und Anwendungen zu sichern.

Public Communication

Öffentliche Kommunikation. Bei elektronischer Kommunikation werden an ein öffentliches Konferenzforum, ein öffentliches Listserv oder eine öffentliche Mailing-List Nachrichten gesendet, wo eine Nachricht an alle Mitglieder verteilt wird.

Publishing Tool

Eine Softwareanwendung oder ein Programm, das Personen erlaubt, eine eigene E-Learning-Kurssoftware an einem bestimmten Ort wie einem Internetserver zu veröffentlichen.

Pull Technologie

In Bezug auf das Internet oder andere Onlinedienste, die Technologie, bei der Personen mit bestimmter Software wie einem Webbrowser Information ausfindig machen, um diese »herunterzuladen« (»pull«). ➔ push technologie.

R

Real Audio/Video

Verfahren zur Übertragung von Audio oder Video im Internet im ➔ Streaming-Modus.

RAM – Random-Access Memory

Arbeitsspeicher. Temporäres Speichern von Daten und Programmanweisungen.

Real-time Communication

Kommunikation, in der Informationen in (annähernd) dem Augenblick erhalten werden, in dem sie gesandt wurden. Echtzeit ist ein Merkmal synchroner Kommunikation.

Receive Site

Eine Webseite, die beim Onlinelernen Daten von einem anderen Standort empfängt.

Resolution

Auflösung. Die Auflösung einer Abbildung auf dem Videobildschirm.

RFP (Request For Proposal)

Ausschreibung. Ein von einem Unternehmen entwickeltes Dokument, das den Bedarf von Waren und Dienstleistungen darstellt und an potenzielle Anbieter verteilt wird. Die Lieferanten unterbreiten dann Vorschläge auf Grundlage der angegebenen Kriterien der Ausschreibung.

RIO (Reuable Information Object)

Die Sammlung von Inhalten, Übungen und Beurteilungselementen, die sich alle einem bestimmtes Lernziel zuordnen lassen. ➔ RIO sind aus Vorlagen (»templates«) aufgebaut und abhängig davon, ob es das Ziel ist, ein Konzept, einen Fakt, einen Prozess, ein Prinzip oder einen Ablauf zu kommunizieren.

RLO (Reuseable Learning Object)

Sammlung von ➔ RIO, eine Übersicht bzw. Zusammenfassung und Beurteilungen, die ein bestimmtes Lernziel unterstützen.

ROI (Return On Investment)

Allgemein das Verhältnis des erhaltenen Nutzens bzw. Gewinnes im Vergleich zur gegebenen Investition oder den Kosten der Investition. Im Bereich des E-Learning wird der ROI am häufigsten durch das Verhältnis der Ergebnisse der Ausbildung (z. B. einer Zunahme von produzierten Einheiten oder einer Verminderung der Fehlerquote) zu den Kosten für die Trainingsmaßnahme berechnet.

S

Satellite TV (Satellitenfernsehen)

Video- und Audiosignale werden durch einen Satelliten, der um die Erde kreist, übermittelt.

Scanner

Ein Gerät, das eine gedruckte Seite oder Abbildung in eine elektronische Darstellung umwandelt, die auf einem Computer betrachtet und verändert werden kann.

Schaufenster

Bereich des Lernsystems, in dem ausgewählte Lösungen aus den Lerngruppen allen Kursteilnehmern zugänglich gemacht werden.

SCORM

Shareable Courseware Reference Model dient der Standardisierung von Lernobjekten. Das Ergebnis der ADL-Initiative des Verteidigungsministeriums ist, dass SCORM-konforme Elemente von Unterrichtssoftware relativ einfach mit anderen kompatiblen Elementen, z.B. Lernplattformen, verbunden werden können, um ein modulares System von Ausbildungsmaterialien bereitzustellen.

Screen Reader

Computersoftware, die Text auf den Bildschirm vorliest. Oft von sehbehinderten Personen verwendet.

Script

Ein Programm oder eine Reihe von Anweisungen, die nicht vom Computerprozessor, sondern von einem anderen Programm ausgeführt werden. Der Code wird erst während der Laufzeit interpretiert, anstatt in bereits ausführbarem Format gespeichert zu werden.

Scripting Language

→ Script.

Scroll

Text und Abbildungen werden auf einem Computerbildschirm in einer bestimmten Richtung hinunter, hinauf, nach rechts oder links bewegt.

Seamless Technology

Technologie, die leicht anzuwenden und intuitiver Natur ist. Ihr Fokus ist nicht die Lernerfahrung. Auch als transparente Technologie bezeichnet.

Self-assessment

Selbstbeurteilung. Der Prozess, bei dem der Lernende sein persönliches Wissensniveau und seine Fähigkeiten *selber* bestimmt.

Self-paced learning

Selbstgesteuertes Lernen. Angebot, bei dem der Lernende das Tempo und den Zeitpunkt der Bereitstellung von Inhalten selbst bestimmt.

Server

Ein Computer mit einer speziellen Funktion in einem Netzwerk – im Allgemeinen, zum Empfangen und Verbinden des eingehenden Informationsflusses.

Simulationen

Hoch interaktive Anwendungen, die dem Lernenden das Spielen einer Rolle oder das Bewegen in einem Szenario erlauben. Simulationen ermöglichen dem Lernenden, bestimmte Fähigkeiten oder das Verhalten in einer bestimmten Situation ohne Risiko zu üben. ➔ Lernlabor

Skalierbarkeit

Der Grad, zu dem eine Computeranwendung oder Komponente in Größe, Volumen oder der Anzahl der Benutzer variiert werden kann und weiterhin problemlos funktioniert.

Skill Gap Analysis

Vergleicht die Fähigkeiten einer Person mit den Fähigkeiten, die für eine Aufgabe benötigt werden, die sie gerade ausführt bzw. in Zukunft ausüben wird. Eine einfache Analyse der Schwächen im Bereich der Fähigkeiten besteht aus einer Liste von Anforderungen und einer Einschätzung der Ausprägung dieser Fähigkeiten bei einer Person. Bewertungen unterhalb eines vorher bestimmten Wertes identifizieren eine Schwäche bei dieser Fähigkeit.

SLIP (Serial Line Internet Protokoll)

Ein Protokoll, das einem Benutzer eine direkte Verbindung über ein Hochgeschwindigkeitsmodem mit dem Internet ermöglicht. ➔ PPP. SLIP ist älter und wird seltener verwendet als PPP.

Slow Scan Converter

Sender oder Empfänger eines Standbildes über schmalbandige Kanäle. In Echtzeit müssen die Objekte vor der Kamera bewegungslos bleiben um die höchste Auflösung zu erreichen.

SME (Subject Matter Expert)

Eine Person, die anerkanntermaßen Kenntnisse und Fähigkeiten in einem speziellen Themen- oder Sachgebiet hat.

Soft Skills

»Weiche« Kompetenzen wie Kommunikation und Präsentation, Führungsvermögen und Leitungsfähigkeiten, Personalwesen, Verkauf und Marketing, berufliche Weiterbildung, Projekt- und Zeitmanagement, Kundendienst, Teambildung, Verwaltung, Buchführung und Finanzen, Einkauf und persönliche Entwicklung.

Software

Ein Reihe von Anweisungen, die einem Computer sagen, was zu tun ist.

Source Code

Quelltext. Die Programmanweisungen, die ein Softwareentwickler schreibt und dann von einem Kompiler in Maschinensprache übersetzt werden, die der Computer verstehen kann.

SQL

Sprache für den Zugriff auf Informationen in einer Datenbank und Aktualisierung von Einträgen.

Storyboard

(*Substantiv*) Ein Entwurf eines Multimediaprojektes, wobei jede Seite einen Bildschirm darstellt, der später entwickelt werden soll. (*Verb*) Ein Storyboard entwerfen.

Streaming Media (Streaming Audio or Video)

Audio- und Videodaten werden abgespielt, während sie aus dem Internet heruntergeladen werden. Der Nutzer muss nicht warten, bis die Datei vollständig heruntergeladen ist. Die Nutzung von Streaming Media erfordert einen Media Player (z.B. Real Player)

Synchronous Learning

Synchrones Lernen. Eine in Echtzeit dozentengesteuerte Online-Lehrveranstaltung, bei der alle Teilnehmer gleichzeitig angemeldet sind und direkt miteinander kommunizieren. In dieser virtuellen Klassenzimmersituation behält der Dozent die Kontrolle über die Klasse mit der Möglichkeit, Teilnehmer »zu besuchen«. Auf den meisten Plattformen können die Lernenden und der Lehrer ein ➜ »Whiteboard« – eine elektronische Tafel – verwenden, um den Arbeitsfortschritt zu sehen und um ihr Wissen zu teilen. Die Interaktion kann auch über Audio- oder Videokonferenz, Internettelephonie oder Zwei-Wege Live-Sendungen stattfinden.

Synergy

Die dynamische energische Atmosphäre, die in einer Onlineklasse existiert, wenn Teilnehmer interagieren und produktiv miteinander kommunizieren.

System Requirements

Systemanforderungen. Die technologischen Bedingungen, die für die Anwendung einer Software notwendig sind. Die Systemanforderungen umfassen das Betriebssystem, die Programmiersprache, die Datenbank, die Konfiguration der Hardware, Bandbreite, Verarbeitungsleistung usw.

T

T-1 (DS-1)

Sehr schneller digitaler Datenkanal, der große Mengen an Sprache und/ oder Daten übermitteln kann. Oft wird er für datenreduzierte Videokonferenzen verwendet. T-1 hat 24 Sprachkanäle.

T-3 (DS-3)

Ein digitaler Kanal, der eine bedeutend höhere Rate kommuniziert als T-1.

TBT (Technology-Based Training)

Technologiebasierte Ausbildung. Die Bereitstellung von Inhalten über Internet, ➔ LAN oder ➔ WAN (Intranet oder Extranet), Satelliten, Audio- oder Videoband, interaktives Fernsehen oder CD-ROM. TBT umfasst sowohl ➔ CBT als auch ➔ WBT.

TCP (Transmission Control Protocol)

Ein Protokoll, das sicherstellt, dass Datenpakete in der beabsichtigten Reihenfolge versandt und empfangen werden.

Telecommunication

Telekommunikation. Die Wissenschaft des Transports von Informationen unter Verwendung von Kabeln, Radiokanälen, optischen oder elektromagnetischen Kanälen zur Übertragung und dem Empfang von Signalen für Sprach- und Datenkommunikation.

Telecommuting

Telearbeit. Zuhause arbeiten, aber mit dem Büro durch ein Computer-Netzwerk verbunden sein.

Teleconferencing

Elektronische Zwei-Wege-Kommunikation zwischen zwei oder mehreren Gruppen an verschiedenen Standorten über Audio-, Video- und/oder Computersysteme.

Tele-, Distance-, Virtual-Learning

Unter Tele-Learning wird Fernlernen in Form von z.B. Fernsehsendungen, Radio, Telefon und Internet verstanden. Der Begriff Tele-Learning bezeichnet ein System, in dem die Kommunikation zwischen Lehr- und Lernenden nicht in physischer Präsenz der Beteiligten stattfindet, sondern elektronisch-medial vermittelt wird, z.B. über Videokonferenz. Bei Tele-Learning besteht oftmals eine Kommunikation zwischen mehreren Beteiligten am Lernprozess. Tele-Learning wird oft synonym zu Distance-Learning genannt.

Tele-Teaching

Netzbasierte Lernformen, meist im Rahmen von ➔ Business TV, bei denen ein Lehrender passiven Zuschauern Inhalte vermitteln. Diese können per Telefon oder eMail evtl. Fragen stellen.

Telnet

Ein Dienstprogramm, das einem Benutzer erlaubt, sich auf einem Computer oder Server einzuloggen und auf seine Informationen von einem anderen Ort (z.B. von zu Hause oder einem entfernten Arbeitsplatz) aus zuzugreifen.

Template

Dateivorlage. Eine vordefinierte Zusammenstellung von Tools oder Formularen, die Struktur und Einstellungen eines Dokumentes festlegen. So können Inhalte schnell und einfach erstellt werden.

Thin Client

(1) Ein Netzcomputer, ohne Festplatten oder Diskettenlaufwerk, der auf Programme und Daten von einem Server zugreift, statt diese lokal zu speichern. (2) Software, die den Großteil ihrer Operationen auf einem Server anstatt dem lokalen Computer ausführt und deshalb weniger Speicher und Plug-ins benötigt.

Thread

Eine Anzahl von Nachrichten, die zu einem bestimmten Thema an ein Diskussionsforum gesendet werden.

Touch Screen

Ein Eingabegerät zur Vereinfachung der Eingabe von Daten und besseren Reaktionen auf dargestellte Sachverhalte. Der Nutzer berührt den Bildschirm, um den Output zu steuern, und arbeitet auf dem Bildschirm mit Menüs und Mehrfachauswahlfragen (»multiple choice«). Ein solcher Bildschirm erlaubt sogenanntes »hands-on training«, d.h. eine Person kann direkt bestimmte Teile einer Maschine oder eines anderen mit dem PC verbundenen Gerätes mit dem Finger ansteuern.

Training Management System

→ LMS.

Transparent Technology

Transparente Technologie. Technologie, die leicht anzuwenden und intuitiver Natur ist. Ihr Fokus ist nicht die Lernerfahrung. Auch als seamless technology (nahtlose Technologie) bezeichnet.

Transponder

Sender und Empfänger eines Satelliten, der ein Signal empfängt und verstärkt, bevor er es zu einer Basisstation auf der Erde zurücksendet.

Trojan Horse

Trojanisches Pferd. Ein schädliches Computerprogramm, das harmlos scheint, aber eine zerstörerische Datei oder Anwendung verbirgt. Im Gegensatz zu Viren replizieren sich trojanische Pferde normalerweise nicht, können aber immer noch einen großen Schaden verursachen, z.B. einen Zugang zu einem Computer für böswillige Nutzer schaffen.

Tutoring

Flankierung und Betreuung der Lernenden in E-Learning-Systemen per E-Mail, Chat, Forum oder Telefon, teilweise auch in Präsenzveranstaltungen. Tutoring ist ein wesentliches Element für erfolgreiche E-Learning-Systeme.

U

Unicasting

Kommunikation zwischen einem Absender und einem einzelnen Empfänger über ein Netzwerk, z.B. eine von einer Person zu einer anderen gesandte E-Mail.

Uplink

Die Kommunikationsverbindung von einer Sendestation auf der Erde zu einem Satelliten.

Upload

Hochladen. Eine Datei von einem Computer oder Server an einen anderen senden.

URL (Uniform Resource Locator)

Die Adresse einer Homepage im World Wide Web, z. B. http://www.ice-learning.com

Usability

Nutzbarkeit. Das Maß, wie effektiv und einfach eine Person mit einer Schnittstelle umgehen kann, Informationen findet und ihre Ziele erreichen kann.

User Profiles

Systematische Aufstellung der Lerner mit differenzierten Informationen über Interessen und Neigungen, Vorwissen oder Lernstandsentwicklungen. User Profiles dienen insbesondere in ➔ kooperativen Lernformen dazu, Lernpartnerschaften und -gruppen zu bilden. Im Rahmen des ➔ Tutoring erhält der Kursbetreuer differenzierte Informationen über die Lerner und Lerngruppen, die ihm die Möglichkeit bieten, gezielt zu intervenieren. Bei ➔ Customer Focused Learning Ansätzen können entsprechende Informationen über potenzielle Kunden gewonnen werden.

V

Value-added Services

Im E-Learning-Kontext umfassen diese wertsteigernden Dienstleistungen die Ermittlung des Trainingsbedarfs, eine Schwächenanalyse im Bereich der Fähigkeiten des Personals (skill-gap analysis), den Aufbau eines Trainingsplanes, Vor- und Nachbesprechungen sowie unterstützende Tätigkeiten, eine Effektivitätsanalyse des Trainings, Bereitstellung von Tools für Berichte und Datensammlung, Betreuung, Beratung zur Implementierung, Hosting und das Management von inter- bzw. intranetbasierten Lernsystemen, die Integration von unternehmensweiten Trainingssystemen sowie anderen Dienstleistungen.

Videoconferencing

Die Verwendung von Video- und Audiosignalen, um Teilnehmer an verschiedenen voneinander entfernten Standorten zu verbinden.

24/7 – Vierundzwanzig mal sieben

Lernanwendungen stehen rund um die Uhr, 24 h am Tag und 7 Tage die Woche zur Verfügung.

Virtual

Virtuell. Nicht greifbar oder physisch. Zum Beispiel hat eine völlig virtuelle Universität keine Gebäude und bietet den Unterricht über das Internet an.

Virtual Community

Virtuelle Gemeinschaft. ➔ online community.

Virtual-, Distance-, Tele-Learning

Unter Virtual Learning wird Fernlernen in Form von z.B. Fernsehsendungen, Radio, Telefon und Internet verstanden. Der Begriff »Virtuelles Lernen« bezeichnet ein System, in dem die Kommunikation zwischen Lehrenden und Lernenden nicht in physischer Präsenz der Beteiligten stattfindet, sondern elektronisch-medial vermittelt wird, z.B. über Videokonferenz. Bei Virtual Learning besteht oftmals eine Kommunikation zwischen mehreren Beteiligten am Lernprozess.

Virtual Reality – VR

Dreidimensionale, simulierte Umgebung, die am Computer erzeugt wurde. VR wird insbesondere in Computerspielen genutzt.

Virtuelles Klassenzimmer (Virtual Classroom)

Geschützter Bereich einer Lerngruppe für die Kommunikation und Bereitstellung von Dokumenten. ➔ Gruppenraum

Virus

Ein zerstörerisches Computerprogramm, das versucht, den normalen Betrieb des Computers zu unterbrechen, Informationen von Speichergeräten zu verändern oder zu löschen und in einigen Fällen physischen Schaden am Computer verursacht.

VoD-Video on Demand

➔ CoD.

VoIP- Voice over IP

Digitale Übertragung von Sprache unter Verwendung des Internetprotokolls (IP). Vermeidet Gebühren, die von Telefongesellschaften berechnet werden.

Vortal

Vertikales Portal; das sich an ein Nischenpublikum richtet.

VPN (Virtual Private Network)

Virtuelles privates Netzwerk. Ein privates Netzwerk, das in ein öffentliches Netzwerk eingebettet wurde. Es verbindet die Sicherheit des privaten Netzwerkes mit den Größenvorteilen und Leistungsfähigkeiten von öffentlichen Netzwerken.

W

W3C

World Wide Web Konsortium – eine Organisation, die Spezifikationen zur Kompatibilität, Software und Tools für das WWW entwickelt. Siehe www.W3C.org.

WAN (Wide-Area Network)

Ein Computernetzwerk, das einen relativ großen Bereich umfasst. Normalerweise ist es aus zwei oder mehreren lokalen Netzwerken zusammengesetzt. Das Internet ist ein WAN.

WAP (Wireless Application Protocol)

Eine Spezifikation, die ermöglicht, dass Internetinhalte auf drahtlosen Geräten (z.B. Mobiltelefonen) gelesen werden können.

Web-Basesd Learning

NetzbasiertesLernen. → Web-Based Training.

Web-Based-Training (WBT)

WBT steht für Web Based Training und bezieht sich vorrangig auf die didaktische Nutzung des World Wide Web (WWW) als ein Dienst des Internets sowie von Intranets bzw. Extranets bei Inhouse-Lösungen. Ein WBT kann multimedial aufbereitet sein. Der Begriff des WBT ist wenig präzise, da bei einem WBT neben dem WWW auch andere Internet-Technologien wie E-Mail, Newsgroup oder Konferenzen zum Einsatz kommen können. Ein wesentlicher Vorteil der WBT besteht in der Möglichkeit, im Rahmen von Learning Communities Lernerfahrungen auszutauschen und gemeinsames Wissen zu entwickeln. Weiterhin können WBT laufend aktualisiert werden.

Website

Ein Dokument im World Wide Web, das mit einem Browser – wie dem Internet Explorer oder Netscape Navigator – betrachtet werden kann. Eine Website kann aus einer oder mehreren Webpages bestehen.

Whiteboard

Eine elektronische Version einer Tafel, die den Lernenden in einem virtuellen Klassenzimmer ermöglicht, zu betrachten, was ein Ausbilder, Moderator oder Mitlernender schreibt bzw. zeichnet. Auch als Smartboard oder elektronische Tafel (»electronic whiteboard«) bezeichnet.

Wissen

Wissen entsteht in einem Prozess der Verarbeitung von Informationen, Eindrücken und Erfahrungen. Neben dem expliziten Wissen, das verbal, schriftlich oder elektronisch gespeichert werden kann, spielt das implizite Wissen, das persönliche Erfahrungen, Einsichten, Werte und Gefühle umfasst, eine große Rolle in Lernprozessen.

Wissensbasis

Systematisches Wissen, das in Form von knappen Erläuterungen meist kontextsensitiv, d.h. bezogen auf die jeweilige Übung, in ➔ WBT zur Verfügung gestellt wird.

Wissensbroker

Sammlung aktueller oder hauseigener Quellen zur praxisnahen Bereicherung der ➔ WBT. Dazu gehören z.B. Realtime-Börsenkurse, aktuelle Meldungen oder Gesetzestexte.

Wissensgesellschaft

Eine Wirtschafts- und Gesellschaftsform, in der nicht mehr die Produktionsfaktoren Arbeit, Boden und Kapital die entscheidende Rolle spielen, sondern Wissen die wichtigste Ressource ist. Wir bewegen uns aktuell auf dem Weg zur Wissensgesellschaft.

Wissenslandkarte (Knowledge Map)

Wissenslandkarten sind graphische Verzeichnisse von Wissensträgern, Wissensbeständen, Wissensstrukturen oder Wissensanwendungen. Sie stellen das relevante Wissen einer Unternehmung in einem logischen System dar und fördern damit den Wissensaustausch und Wissenstransfer.

Wissensmanagement

➔ Knowledge Management.

WML (Wireless Markup Language)

Eine auf ➔ XML basierende Sprache, die es erlaubt, eine inhaltlich reduzierte Form des Textes einer Webpage auf Mobiltelefonen und tragbaren Minicomputern (PDAs) anzuzeigen.

Workstation

Ein Gerät, oft ein Mikrocomputer, der als Schnittstelle zwischen einem Nutzer und einem Dateiserver oder Hauptcomputer dient. Ein Computer oder ein Computerterminal.

WORM (Write Once, Read Many)

Ein Speichermedium, das nur ein einziges Mal beschrieben werden kann, z.B. zur Archivierung von Daten. WORM-Speichermedien müssen vom selben Laufwerkstyp gelesen werden in denen sie auch beschrieben wurden, was eine breite Akzeptanz dieser Technologie verhindert.

Worm

Ein Computervirus, der sich mit dem Zweck, die Systemressourcen zu verzehren, häufig selbst repliziert und eventuell einen Computer oder Server überlastet. Dieser Virustyp wird am häufigsten an Mailserver wie Microsoft Exchange gerichtet und wird normalerweise aktiviert, wenn ein ahnungsloser Benutzer eine an eine E-Mail angehängte Datei (»attachment«) öffnet.

WWW (World Wide Web)

Ein graphisches hypertextbasiertes Internet-Tool, das den Zugang zu Webpages, die von Personen, Unternehmen und anderen Organisationen gestaltetet wurden, ermöglicht.

WYSIWYG (What You See Is What You Get):

(Gesprochen »wizzy wig,«)- Ein WYSIWYG-Programm erlaubt dem Designer, Text und Grafiken auf dem Bildschirm (statt im Programmcode) genau so zu sehen, wie sie aussehen werden, wenn sie ausgedruckt oder Online veröffentlicht sind.

X

XML-Extensible Markup Language

Standard zur Erstellung von Webpages, der Designern erlaubt, ihre eigenen Markup-Befehle zu programmieren, die dann so genutzt werden können, als wären sie Standard ➔ HTML-Befehle. Bildet die Basis für differenzierte Ausgaben, z. B. als Webangebot, CD-Rom oder Print. Layout und Inhalt eines Dokumentes werden deshalb getrennt.

Glossar

Z

Zertifizierung

Professionelle Zertifizierung dient als Auswahlinstrument und eine Erfassung von Fähigkeiten und Wissen. Zertifikate geben sowohl den Mitarbeitern als auch den Kunden einen Nachweis über die individuellen Qualifikationen einer Person in einem bestimmten Fachgebiet.

Literaturverzeichnis

Arnold, Rolf: Weiterbildung: Ermöglichungsdidaktische Grundlagen, München 1996

Autorengruppe E-Writing.de: E-Learning und E-Kooperation in der Praxis, Neuwied, Kriftel 2002

Back, Andrea/Bendel, Oliver/Stoller-Schai Daniel: E-Learning im Unternehmen – Grundlagen – Stratgegien – Methoden – Technologien, Zürich 2001

Beck, Uwe/Sommer, Winfried (Hrsg.): Learntec: 9. Europäischer Kongress für Bildungstechnologie und betriebliche Bildung, Tagungsband 2001 Karlsruhe 2001

Becker, Manfred: Aufgaben und Organisation der betrieblichen Weiterbildung, 2., vollständig überarbeitete Aufl. München/Wien 1999.

Behrendt, Erich: Multimediale Lernarrangements im Betrieb: Grundlagen zur praktischen Gestaltung neuer Qualifizierungsstrategien, Bielefeld 1998

Bliemel, Friedhelm/Fassott, Georg/Theobald, Axel: Electronic Commerce: Herausforderungen – Anwendungen – Perspektiven, Wiesbaden 1999

Boch, Dieter/Echter, Dorothee/Haidvogl, Gert A.: Wissen – Die Strategische Ressource: Wie sich die Lernende Organisation verwirklichen lässt, Weinheim 1997

Bruns, Beate/Gajewski, Petra: Multimediales Lernen im Netz: Leitfaden für Entscheider und Planer, Berlin/Heidelberg/New York usw. 2001

Capra, Fritjof: Wendezeit, München 1987

Christ, Michael/Frank, Gernold, P. (Hrsg.): Business-TV in der betrieblichen Weiterbildung, Wiesbaden 2000

Dietrich, Stephan (Hrsg.): Selbstgesteuertes Lernen in der Weiterbildungspraxis – Ergebnisse und Erfahrungen aus dem Projekt SeGel, Bielefeld 2001

Esser, Friedrich Hubert/Twardy, Martin/Wilbers, Karl (Hrsg.): E-Learning in der Berufsbildung, Telekommunikationsunterstützte Aus- und Weiterbildung im Handwerk, 2. Aufl. 2001

Fackiner, Christine: Konzepte für die Integration von Computer Based Training, Stuttgart, Marburg, Erfurt 1995

Graf, Jürgen (Hrsg.): Seminare 2002 – Das Jahrbuch der Management-Weiterbildung 2002, 13. Ausgabe Bonn 2001

Grüner, Herbert: Die Bestimmung des betrieblichen Weiterbildungsbedarfes, Frankfurt 2000

Hasebrook, Joachim: Multimedia-Psychologie, Heidelberg, Berlin, Oxford 1995

Heck, Arno: Strategische Allianzen: Erfolg durch professionelle Umsetzung, Berlin/Heidelberg 1999

Hedderich, Volker: Fernunterricht und handlungsorientiertes Lernen, Bochum 2002

Höfling, Siefried/Mandl, Heinz (Hrsg.): Lernen für die Zukunft – Lernen in der Zukunft: Wissensmanagement in der Bildung, München 1997

Hohenstein, Andreas/Wilbers, Karl (Hrsg.): Handbuch E-Learning – Expertenwissen aus Wissenschaft und Praxis, Köln 2002

Kerres, Michael: Multimediale und telemediale Lernumgebung: Konzeption und Entwicklung, München/Wien 2. Auflage 2001

Klafki, Wolfgang: Neue Studien zur Bildungstheorie und Didaktik: Zeitgemäße Allgemeinbildung und kritisch-konstruktive Didaktik, 5., unveränderte Aufl., Weinheim/Basel 1996

Kraemer, Wolfgang & Müller Michael (Hrsg.): Corporate Universities und E-Learning – Personalentwicklung und lebenslanges Lernen, Wiesbaden 2001

Lang, Martin & Pätzold, Jürgen: Multimedia in der Aus- und Weiterbildung – Grundlagen und Fallstudien zum netzbasierten Lernen, Köln 2002

Magnus, Stephan: E-Learning - Die Zukunft des digitalen Lernens im Betrieb, Wiesbaden 2001

Mohr, Hans: Wissen: Prinzip und Ressource, Berlin/Heidelberg/New York usw. 1999

Mutzeck, Wolfgang: Von der Absicht zum Handeln, Weinheim 1991

Nonaka, Ikujiro/Takeuchi, Hirotaka: Die Organisation des Wissens: Wie japanische Unternehmen eine brachliegende Ressource nutzbar machen (The Knowledge-Creating Company. Deutsche Übersetzung von Friedrich Mader), Frankfurt/Main, New York 1997

Pawlowsky, Peter/Bäumer, Jens: Betriebliche Weiterbildung: Management von Qualifikation und Wissen, München 1996

Picot, Arnold/Reichwald, Ralf/Wigand, Rolf T.: Die grenzenlose Unternehmung: Information, Organisation und Management – Lehrbuch zur Unternehmensführung im Informationszeitalter, 3., überarbeitete Aufl., Wiesbaden 1998

Probst, Gilbert/Raub, Steffen/Romhardt, Kai: Wissen managen – Wie Unternehmen ihre wertvollste Ressource optimal nutzen, Wiesbaden 1997.

Sander, Jörg: Mediengestütztes Bildungsmanagement: Virtuelle Lernwelten für Unternehmen, Diss., Wiesbaden 1999

Sauter, Werner: Vom Vorgesetzten zum Coach der Mitarbeiter, Weinheim 1994

Schäfer, Martina: Gestaltung von Lernenden Unternehmen unter Einsatz von multimedialen Technologien, Diss., Stuttgart 1996

Senge, Peter F.: Die fünfte Disziplin – Kunst und Praxis der lernenden Organisation, Stuttgart 1996

Seufert, Sabine/Mayr Peter: Fachlexikon E-Learning – Wegweiser durch das E-Vokabular, St. Augustin 2002

Schmidt-Lauff, Sabine: Kooperationsstrategien in der betrieblichen Weiterbildung: Unternehmen und Bildungsanbieter als Partner?, Diss., München/Mering 1999

Schulmeister, Rolf: Virtuelle Universität. Virtuelles Lernen, München 2001

Stiefel, Rolf Th.: Personalentwicklung in Klein- und Mittelbetrieben: Innovationen durch praxiserprobte PE-Konzepte, 2., bearbeitete und ergänzte Auf., Leonberg 1999.

Sydow J. (Hrsg.): Management von Netzwerkorganisationen – Beiträge aus der »Managementforschung«, 2. Auflage, Wiesbaden 2001

Vester, Friederick: Leitmotiv vernetztes Denken, Bonn 1990

Wahl, Diethelm: Handeln unter Druck – Der weite Weg vom Wissen zum Handeln bei Lehrern, Hochschullehrern und Erwachsenenbildnern, Weinheim, 1991

Wahl, Diethelm u.a.: Erwachsenenbildung konkret – Mehrphasiges Dozententraining. Eine neue Form erwachsenendidaktischer Ausbildung von Referenten und Dozenten, Weinheim 1993

Wahl, Diethelm: Grundkonzeption für die Ausbildug zum Teletrainer, internes Manuskript 2001

Wieselhuber & Partner: Handbuch Lernende Organisation: Unternehmens- und Mitarbeiterpotentiale erfolgreich erschließen, Wiesbaden 1997

LUCHTERHAND HUMAN RESOURCES

RECHT
MANAGEMENT
TRAINING
LOHN & GEHALT

Der Umgang mit Stress-Situationen und deren Vermeidung.

Stress-Situationen prägen den beruflichen Alltag. Die äußeren Zwänge lassen sich meist nicht verändern, doch das Erleben von Stress hängt häufig auch mit der inneren Einstellung zusammen. Ein adäquater Umgang mit Stress umfasst einerseits die Fähigkeit, in akuten Stress-Situationen die eigene Anspannung sehr schnell reduzieren zu können und damit leistungsfähig zu bleiben. Andererseits geht es darum, die Lebensumstände langfristig so zu gestalten, dass Stress-Situationen erst gar nicht entstehen.

Die praxisnahe Darstellung des Themas und die zahlreichen Übungen zeigen Führungskräften (und Trainern) auf, wie sie Selbstmanagement trainieren und ihr Verhalten verändern können.

Themen:

- Körperliche Reaktionen bei Stress
- Atmung als Möglichkeit zur Verringerung der Anspannung
- Aktivierung durch muskuläre An- und Entspannung
- Bedeutung der Gedanken für Anspannung
- Belastungsausgleich im Beruf
- Ausdauertraining zur Prävention
- Bedeutung der Bewegung
- Leitideen
- Verhaltenstraining

Hofmann
Weniger Stress erleben
Wirksames Selbstmanagement-Training für Führungskräfte
2001, 260 Seiten, gebunden,
€ 29,–/DM/SFR 58,–
ISBN 3-472-04672-4

Ein Buch, das jede Führungskraft gelesen haben sollte!

Luchterhand Verlag
Postfach 2352 · 56513 Neuwied
Tel. 08 00/7 76 36 65·Fax/8 01-80 18
info@luchterhand.de
http://www.luchterhand.de

Bestellen Sie jetzt: Telefax (08 00) 801 801 8, Telefon (08 00) 776 366 5 (gebührenfrei) oder über den Buchhandel

LUCHTERHAND HUMAN RESOURCES

RECHT
MANAGEMENT
TRAINING
LOHN & GEHALT

Professionell Präsentieren

Die professionelle Darstellung von Informationen in Form von Präsentationen gehört für viele Führungskräfte heute zum beruflichen Alltag. Arbeitsergebnisse müssen dargestellt und präsentiert, Mitarbeiter, Kollegen und Vorgesetzte informiert werden.
Das dazu notwendige Wissen und die hierfür relevanten Fertigkeiten werden in unserem Bildungssystem aber nur in geringem Maße vermittelt.

Im *ersten Teil* wird die Wirkung paraverbaler Signale bei der Präsentation beschrieben und Übungen zur Steuerung dieser Signale vorgestellt.

Der *zweite Teil* beschäftigt sich mit dem Aufbau einer Präsentation und dem Einsatz von Medien (Flip-Chart, Projektor, Pinnwand, PC).

Im *dritten Teil* steht die effiziente Kontrolle der Anspannung vor und während einer Präsentation im Mittelpunkt.

Hofmann
Professionell Präsentieren
Wie Manager selbstsicher und stressfrei vor Gruppen sprechen
2001, 204 Seiten, gebunden,
€ 34,–/SFR 68,–
ISBN 3-472-04889-1

Der ideale Ratgeber für Manager und Führungskräfte!

 Luchterhand Verlag
Postfach 2352 · 56513 Neuwied
info@luchterhand.de
http://www.luchterhand.de

Bestellen Sie jetzt: Telefax (08 00) 801 801 8, Telefon (08 00) 776 366 5 (gebührenfrei) oder über den Buchhandel